APA GUIDES

ATHENS

Herausgegeben von Martha Ellen Zenfell
Fotografiert von János Stekovics und anderen

APA PUBLICATIONS

ZU DIESEM BUCH

Höfer

Zenfell

Es lag von vornherein auf der Hand, daß der Versuch, einen *Apa Guide Athen* zu verfassen, eine Herausforderung für den Autor darstellen würde. Einer der Mitarbeiter aus dem Redaktions-Team brachte es auf den Punkt: „Wie soll man über eine Stadt, die man eigentlich unmöglich lieben kann, einen guten Reiseführer schreiben?" Und dann fährt er in der gleichen Tonart fort: „Athen ist keine Stadt, die dem Besucher gleich zu Beginn ihre besten Seiten zeigen würde: Ihre Gesamtarchitektur erscheint eher gewöhnlich und ihre Konturen sind schwer zu greifen, was vor allem auf den Smog und auf die zahllosen Reklametafeln zurückzuführen ist."

Nachdem uns dies bewußt geworden war, beschlossen wir, Athen gar nicht erst in eine Reihe mit London, Paris oder Manhattan zu stellen, sondern die Stadt zu zeigen, wie sie ist: Als eine vibrierende Metropole mit Problemen, aber auch Vorzügen, die nicht sofort ins Auge springen.

Die Herausgeberin **Martha Ellen Zenfell** machte sich keinerlei Illusionen über Athen. Als sie sich in London an **Brian Bell** wandte, um ihm den Folgetitel ihres *Apa Guide Griechische Inseln* vorzuschlagen, hielt sich seine Begeisterung in Grenzen. Trotzdem wurde der Vertrag schließlich unterzeichnet.

Der Rest ergab sich dann von selbst: Zuerst wurde ein Team von Autoren und Fotografen zusammengestellt, die sich zwar über die Doppelbödigkeit der Stadt im klaren waren, die aber trotzdem nicht krampfhaft versuchten, das Faszinierende in den Vordergrund zu stellen.

Eine Stadt genau zu beschreiben ist leicht, sie aber gut zu beschreiben, erfordert großes Einfühlungsvermögen. Die Einleitung am Anfang des Reiseführers von **Sloane Elliotts** stammt aus ihrem Buch *An Athenian Outlook*. Elliot, der nicht nur Herausgeber der englischsprachigen Monatsschrift *The Athenian*, sondern auch ein glänzender Essayist ist, verstand es, „die anfängliche Enttäuschung" darzustellen, die Athen-Besucher in den meisten Fällen überkommt. Es ist ihm aber auch gelungen, die Vorzüge der griechischen Metropole zu umreißen.

Wer von einer Stadt mit 5000jähriger Vergangenheit handelt, wird die Geschichte in den Mittelpunkt rücken. **Rowlinson Carter** übernahm die spannende Aufgabe, sie darzustellen. Seine Tätigkeit als Kriegsberichterstatter führte ihn bereits nach Indochina, in den Mittleren Osten und nach Afrika. Sein Interesse an Griechenland wurde wiederbelebt, als er nach dem Zweiten Weltkrieg über die Geheimoperationen der Widerstandskämpfer im Balkan recherchierte: „Je mehr man sich mit der Geschichte Griechenlands beschäftigt, um so mehr Überraschungen erlebt man." Carter hat, was er für die interessantesten Aspekte hielt, für den Geschichtsteil dieses Buches aufbereitet. Dabei ist er auch in etwas abgelegenere Regionen der griechischen Geschichte vorgedrungen.

John Carr untersuchte das Verhältnis, das zwischen den alten und den modernen Griechen besteht. Wo bestehen nach wie vor Ähnlichkeiten, und wo unterscheiden sich die heutigen Griechen von ihren Vorfahren? Seine überraschende Antwort auf diese Frage finden Sie auf Seite 79. Carr, der eine griechische Mutter und einen britischen Vater hat, ist ein vielseitiger Mann. Er verbindet eine große Leidenschaft für die Musik mit seiner journalistischen Begabung *(The Wall Street Journal, Billboard)* und arbeitet als Sprecher der englischsprachigen Nachrichten beim Rundfunksender Antenne 97.1 FM. Carr hat sich außerdem noch eines ganz aktuellen Themas ange-

Carter

Carr

nommen. Von ihm stammt das Kapitel „Die Zugführerin". Vorgestellt wird hier Athens erste Lokführerin. Was die griechische Verhältnisse betrifft, ist eine Frau in männlicher Berufsbekleidung auch heute noch eine Besonderheit.

Wie sind sie denn nun, die modernen Griechen? **Elizabeth Bolemann Herring** beschreibt sie in einem Artikel in *The Athenian* als „eitel und bescheiden, sensibel und abweisend, streng und allzu nachsichtig". Für einen möglichst realitätsnahen Beitrag zu diesem Thema hat sie **Alec Kitroeff,** einen Griechen aus Alexandria, vorgeschlagen, dessen Tätigkeitsfeld sich vom Militärdienst bei der Marine bis zum Journalismus, von der Öffentlichkeitsarbeit bis zur Werbung erstreckt. Elizabeth Herring selbst hat das überaus reizvolle Thema „Essen in Griechenland" angepackt. Zusammen mit J.A. Lawrence hat sie fernerdas Kapitel „Treffpunkte" zusammengestellt.

J.A. Lawrence, eine echte New Yorkerin, lebt zusammen mit vielen Katzen in einem ehemaligen Schulhaus. Die Verfasserin von Reiseführern, Science Fiction Stories und Romanen hat sich mit dem Syntagma-Platz beschäftigt. Über die Soldaten im Minirock, die das Parlament bewachen, sagt sie: „Diese pflichtbewußten jungen Männer stehen nicht nur zur Dekoration herum. Sie gehören einer durchtrainierten Spezialeinheit an, wenn auch einer mit außerordentlich schönen Beinen."

Stenzel

Um das Kapitel „Treffpunkte" abzurunden, wurden zwei weitere Fachleute hinzugezogen. Der Kalifornier **Marc S. Dubin** begann sofort nach seinem Studienabschluß in Berkeley zu reisen. Er hat nach Jahren, in denen Athen für ihn immer wieder nur Zwischenstop für Reisen zu anderen Zielen war, und als Reiseführer eine eher widerstrebende Zuneigung zu der Stadt entwickelt. Dubin war lange zu Fuß unterwegs: Für den Wanderführer „Greece on Foot" hat er neue Wege erschlossen und zum *Apa Guide Griechische Inseln* zahlreiche Photos beigesteuert.

Herring

B. Samantha Stenzel, eine leidenschaftliche Cineastin und Griechenland-Korrespondentin für *Variety* und den *International Film Guide,* beschäftigte sich mit Piräus und den Athener Festspielen. Sie entspannt sich besonders gerne mit Freunden in einem *Rembétika*-Klub, wo griechischer Blues gespielt wird.

Nigel Lowry lebte schon in London, Yorkshire, Australien und Athen. Der ehemalige Allround-Journalist hat sich inzwischen auf den Bereich Schiffahrt spezialisiert. Zu diesem Buch steuerte er einen Beitrag über das Segeln und die Strände der Stadt bei.

Dubin

Carol Reed hat schon im *Apa Guide Griechische Inseln* das problematische Thema Tourismus bearbeitet. Diesmal hat sie wieder ein heißes Eisen angefaßt, die Umweltverschmutzung, besonders den giftigen Néfos (Smog) in Athen.

Für die neue, komplett überarbeitete Auflage aktualisierte **Frauke Burian** die Sparten „Features" und „Orte & Plätze" sowie die Reisetips. **Sigrid Merkl** besorgte das Lektorat.

Leider können wir nicht alle Fotografen aufführen, die am *Apa Guide Athen* beteiligt waren. Wichtige Beiträge sind von **Janos Stekovics** (Ungarn/Halle), **Marcus Wilson Smith** (London), **Pierre Couteau, Markos G. Hionos** und **Michele Macrakis,** der die Griechenlandbilder und das Titelbild beisteuerte.

Besonders herzlich bedanken wir uns bei der Fluggesellschaft **Olympic Airways,** die den Autoren und Fotografen des Apa Guide großzügig Flüge zur Verfügung stellte, und beiden Vertretern der **Nationalen Griechischen Tourismusorganisation,** einer wichtigen Informationsquelle.

Macrakis

INHALT

INHALT

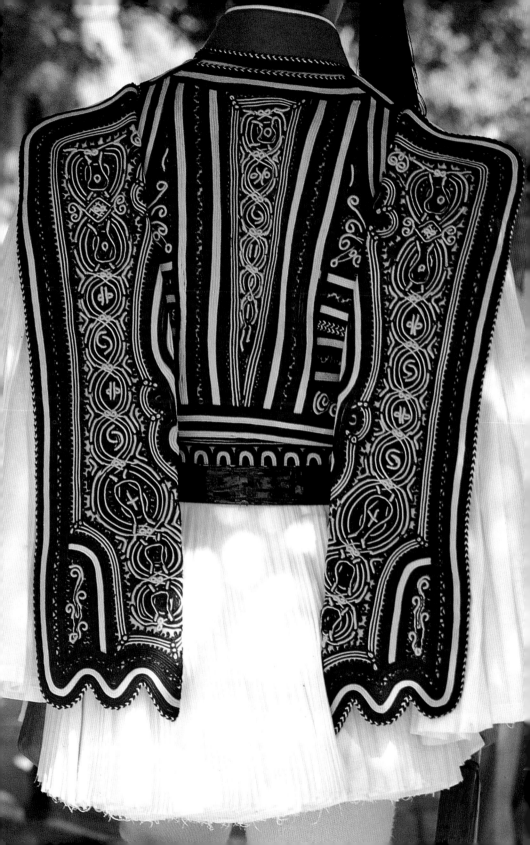

Athen mag kaum jemand auf den ersten Blick, denn diese Stadt enthüllt ihre Schönheit nicht sofort. Selbst dem unvoreingenommenen Besucher erscheint sie zunächst wie ein riesiger Moloch, und nur wer ein wenig Zeit und Geduld mitbringt, lernt auch die liebenswerten Seiten Athens kennen.

Ein erstes Zurückschrecken kann sich indessen als nützlich erweisen, um den erstaunten Besucher wieder auf den Boden der Tatsachen zurückzuholen. Athen räumt schnell auf mit herkömmlichen Klischees und offenbart schonungslos seine eigene Realität.

Im Vergleich zu anderen europäischen Städten ist Athen lauter, überfüllter und vor allem größeren Umweltbelastungen ausgesetzt. Es gibt nur wenige Parkanlagen und ebenso wenige Alleen. Wenn sich der Smog über die von Bergen umgebene Metropole legt, sind die architektonischen Kostbarkeiten Athens von einem dunstigen Schleier verdeckt, und die schier endlosen Reihen der Reklametafeln tun ein übriges, um das Stadtbild zu verzerren.

Volksweisheit und Mutterwitz: Das südländisch chaotische Durcheinander dieser Stadt sticht genauso ins Auge wie der Hang zum Improvisieren, den ihre unbekümmerten Einwohner fast ständig an den Tag legen. Ein typisches Beispiel sind ganze Wälder kahler Eisenstangen, die aus grauen Betonflächen herausragen und auf einen eventuellen Weiterbau warten. Gleichzeitig gelten die Athener als die Optimisten Europas: Sie nehmen das Leben wie es gerade kommt. 4000 Jahre Zivilisation mögen sich zwar nur wenig

im Stadtbild Athens widerspiegeln, aber der Volksweisheit, die aus dieser jahrtausendealten Tradition resultiert, begegnet man überall.

Die grandiose Vergangenheit Athens ist wohl auch einer der Gründe dafür, daß die meisten Besucher zu Beginn eine gewisse Enttäuschung überkommt. Denn würde es sich um eine Stadt wie jede andere handeln, gäbe es ja überhaupt keinen Grund zur Klage. Aber wo bitte schön findet man in diesem unüberschaubaren Beton-

dschungel das „altehrwürdige Griechenland", „die Wiege der Demokratie" oder „den wahren Menschen"?

Die Athener von heute kümmern sich wenig um die Beantwortung letzter Fragen. Zu sehr sind sie mit sich selbst, ihren Mitmenschen und diversen Transportproblemen beschäftigt. Erstaunlich, was sie im Laufe eines Tages von hier nach dort befördern. In anderen Städten trägt man Handtaschen oder Aktentaschen mit sich herum. Anders in Athen: Man braucht nur vor die Tür zu gehen und schon sieht man, wie Vogelkäfige, Stehlampen in allen Formen und Farben, ein Toilettensitz,

Vorhergehende Seiten: Willkommen in Athen. Statue vor dem Archäologischen Museum. Das Herodes-Attikus-Theater. Nicht nur Schotten tragen Röcke. Evzones, die Leibgarde des Staatspräsidenten, marschieren über den Blumenmarkt. Athen liegt in einem Kessel, von Bergen umgeben. 75 Prozent der Griechen besuchen den Gottesdienst. Café in Kolonáki. Alter und neuer Glanz in der Pláka. <u>Links</u>: Ein Spielmannszug versucht, den Verkehrslärm zu übertönen. <u>Rechts</u>: Der orthodoxe Wohlgeruch.

Zeitschriftenbündel, ein vergoldeter Rahmen ohne Bild und ein Fahrradreifen vorbeigetragen werden. Athen bietet ein wahres Kaleidoskop an Ungewöhnlichem und Exotischem. Erst dann aber, wenn sich der Besucher über dies alles eher amüsieren kann, ist er gerüstet: Das Abenteuer Athen kann beginnen!

Auf den Straßen erleben wir atemberaubende Szenen: Auf Lieferwagen und dreirädrigen Kastenwagen türmen sich ganze Haushalte. Die Fahrzeuge sind mit Christbaumbeleuchtung geschmückt und mit kompletten Muschelsammlungen verschönert, ausgestattet mit Hupen, die bekannte Melodien spielen, und über und

Lastwagen vor sich einer genaueren Betrachtung unterzieht.

Überhaupt sieht man in Athen viel Ungewohntes. Der bekannte Anblick der Akrópolis beispielsweise wird durch ganze Antennenwälder auf den Hausdächern verdeckt. Die Stadt zeigt dem Besucher immer wieder den Kontrast zwischen weltberühmten Altertümern und schwer einschätzbaren Neuerungen, die im Zeichen der Moderne stehen.

Obwohl es in Athen spektakuläre Aussichtsplätze gibt, wird wenig Aufhebens davon gemacht. Die Vergangenheit hinterließ hier und da ihre Spuren, doch die Athener denken nicht weiter darüber

über beklebt mit verblichenen Fotos von John F. Kennedy, Papst Johannes XXII. und Marilyn Monroe. Hinten auf den schwankenden Gefährten stapeln sich Mahagonischränke, uraltes Geschirr, Kerzenleuchter, Goldfischgläser und Fernseher, abgedeckt mit Tüchern, die mit dem „Letzten Abendmahl" bedruckt sind. Und ganz oben schaukeln Stapel mit Schellackplatten und antiquierte Nähmaschinen. Die Athener lieben ihr buntes Sammelsurium, und so kann der Tourist, sollte er in einem der gefürchteten Staus stecken, nebenbei die Stadtgeschichte kennenlernen, indem er den beladenen

nach. Denkmäler aus verschiedenen Jahrhunderten stehen direkt nebeneinander, und andere, die aus derselben Epoche stammen, sind durch Neubauten getrennt.

Die Stadt kümmert sich kaum um ihre Touristen, und die meisten Athener versuchen auch gar nicht, diesen Eindruck zu erwecken. Deshalb stößt man überall auf Straßenschilder – in grauenvollem Englisch –, die den Besucher auf eine wahre Schnitzeljagd durch die Stadt schicken. Oft ist auch die Schrift verblaßt oder die Schilder zeigen direkt in die Luft, woran allerdings meistens die häufigen Stürme die Schuld tragen.

Typisch Athen: Athen verfährt kompromißlos nach dem Motto: „Nimm mich wie ich bin, oder fahr wieder heim." Das mag zunächst abstoßend wirken, entpuppt sich aber bald als Hauptattraktion der Stadt. Sie finden hier kein malerisches Postkartenszenario, und es braucht Zeit und Geduld, um die liebenswerten und schönen Seiten der Stadt kennenzulernen. Beides haben die Athener selbst nicht.

Sie gehen völlig in der Gegenwart auf, und es scheint fast, als ob die Vergangenheit keine tieferen Spuren hinterlassen hätte. Das ist ein Trugschluß. Trotzdem ist es gut, daß die Vergangenheit nicht zentnerschwer, sondern wie eine Feder auf der

geographische Lage der Stadt zu. Athen liegt in einem Tal, das von den Bergen Párnes, Hymettós und Pentéli umgeben und nur nach Süden, zum Meer hin, geöffnet ist. Meist vernebeln Smogwolken den Blick, denn der frische Nordwind *meltémi* erreicht nur selten die Stadt. Dafür weht um so häufiger der schwüle Südwind *lívas,* der oft Saharasand mitbringt.

Die Athener beklagen sich gern über ihre Stadt, aber mit dem Klima in Attika sind selbst sie eigentlich ganz zufrieden. Glücklicherweise herrscht oft klares Wetter, denn die Schönheit des Ausblicks auf die Umgebung gehört zu den angenehmen Überraschungen Athens. Die Akrópolis

Gegenwart liegt. Die großen Denkmäler stehen entweder weitab vom alltäglichen Tumult, wie die Akrópolis, die gelassen über allem zu schweben scheint, oder man findet sie verstreut mitten im Geschehen, wie die byzantinischen Kirchen, die vom Verkehr und von den Abgasen förmlich zugedeckt werden. Athen versucht, seine Geschichte zu verschleiern und wird doch durch sie bestimmt. Dies trifft auch auf die

und nördlich davon der Lykabettos sind nur zwei der geologischen Erhebungen, auf und um die man die Stadt erbaut hat. Athen ist voller kleiner *Akrópolissen,* d.h. niedrigen, scharfkantigen Kalksteineruptionen, die mit Kakteen, einigen Pinien und vielen Wildblumen bewachsen sind.

Von den umliegenden Bergen ist der Hymettós der beeindruckendste. Seit langer Zeit trägt er den Beinamen „Verrückter Berg". Dieser Name entstand wahrscheinlich, weil sich im Laufe eines Tages Farbe und Umrisse des Hymettós ständig ändern. Morgens geht die Sonne hinter dem Berg auf, und er wirkt sanft und glatt

Links: Kupfertöpfe sind auch bei Meisterköchen beliebt. **Rechts:** Zahlreiche Kioske beleben die Straßen von Athen.

wie ein langes Stück Pappe. Mittags färbt sich das Graublau rosa, das später am Nachmittag golden wird. Die zunächst flachen Konturen vertiefen sich zum Abend hin: Erst wirken sie zerknittert, und wenn die letzten Strahlen der Abendsonne in die Schluchten kriechen, dann sieht der Berg so faltig und runzlig aus wie ein altes Gesicht. Am schönsten ist der Hymettós im Zwielicht, wenn Sonnenuntergang und Mondaufgang zusammenfallen und ein strahlendes Violett entstehen lassen. Dieses Schauspiel zeigt sich besonders an klaren Athener Winterabenden.

Der Berg gilt als Wetterfrosch Athens, denn wenn sich hier die Wolken zusam-

Stadt verkörpert Athen das ganze Land in konzentrierter Form. Hier herrscht eine Lebensform vor, die selbst die wortgewandten Athener nur als „griechische Realität" bezeichnen können: eine komplexe Verbindung verschiedener Lebenseinstellungen, die Griechenland erst richtig zum Leben erwecken. Athen ist für die Griechen – egal welches Schönheitsideal sie vertreten – *die* Stadt schlechthin. Und so verwundert es nicht, daß es überall in Griechenland „kleine Athens" gibt, die der Metropole nachzueifern versuchen.

Athen wirkt oft planlos und improvisiert, weil die Griechen das ganze Leben als große Improvisation betrachten.

menballen, gibt es immer ein richtiges Unwetter. Athen wird dann regelmäßig von Überschwemmungen heimgesucht, die ganz verheerende Auswirkungen haben. Oft fällt die gesamte Straßenbeleuchtung aus, Autos bleiben liegen, und das Telefonnetz bricht zusammen. Verschlimmert werden solche Katastrophen noch durch den Mangel an Vegetation, die schroff abfallenden Hügel der Umgebung und die unzureichende Kanalisation.

Athen muß man als Ganzes betrachten, um zu verstehen, daß diese Stadt trotz all ihrer Zerrissenheit genau in dieser Form entstehen mußte. Mehr als jede andere

Schauen Sie sich nur einmal den minoischen Palast in Knossos an. Da wird schnell deutlich, daß diese Denkweise schon seit 4.000 Jahren populär ist und sich auch durchaus bewährt hat. Und nachdem Griechenland als einziges westliches Land Tausende von Jahren fast schadlos überdauert hat, kann man seinen Bewohnern wohl kaum eine falsche Lebensweise vorwerfen.

Es entbehrt nicht der Komik, daß das moderne Athen von westlichen (besonders deutschen) Architekten geplant wurde. Die Athener, die auf eine so lange Geschichte zurückblicken, holten sich

Hilfe aus einem Land mit relativ kurzer Vergangenheit. Obwohl es noch einige ganz hübsche neoklassizistische Gebäude aus dieser Zeit gibt, ist doch unbestritten, daß die bewußt geplanten Teile Athens zu den weniger ansprechenden gehören.

Die großen Plätze in der Stadtmitte sind langweilig, und die Alleen, die sie verbinden, wirken alle ziemlich eintönig. Der Charme des alten Athen entstand in früheren Zeiten, als Rücksichtslosigkeit und Egoismus die Stadtplanung bestimmten. Im heutigen Athen sind die schönsten Gegenden diejenigen, über die niemand weiter nachgedacht hat oder die von den Planern links liegen gelassen wurden.

Gegenden. Die Stadtteile der Betuchten und Erfolgreichen erkennt man eher an den teuren Wagen vor den Häusern als an den Häusern selbst. Es gibt etwa fünf oder sechs verschiedene Formen beim Bau von Apartmenthäusern, und die Eintönigkeit dieser unübersehbaren Blocks wird nur durch individuelle Balkonbepflanzungen aufgelockert, wobei nicht nur Tongefäße als Blumentöpfe verwendet werden, sondern jeder Behälter, der als geeignet erscheint, vom Gurkenglas bis zur Konservendose. Diese liebevoll gepflegten Privatgärten im Kleinformat mildern die Tristesse der grauen Betonwände und geben Athen ein persönliches Flair.

Ein Volk, das so viel Wert auf Selbstverwirklichung legt, hat nur selten derart eintönige Städte hervorgebracht. Es scheint, als ob die Griechen so viel Energie auf ihre Selbstdarstellung verwenden, daß sie sich nicht auch noch um ihre Umgebung kümmern können. Die Eintönigkeit Athens wird dadurch verstärkt, daß es weder wirklich heruntergekommene Stadtgebiete gibt noch richtig exklusive

Links und rechts: In Griechenland werden Kinder mehr respektiert als in vielen anderen europäischen Ländern.

Man findet bei den Athenern kaum einen Sinn für geschichtliche Kontinuität. Dies dürfte an der Uniformität der Stadt und an der Zielstrebigkeit ihrer Bewohner liegen, die sich ausschließlich an der Gegenwart orientieren. Die Jahrhunderte haben wenige oder keine Spuren hinterlassen, und die ältesten Teile Athens wurden erst im zweiten Drittel des letzten Jahrhunderts gebaut. Es gab drei große Bauperioden, die das heutige Erscheinungsbild der Stadt prägten.

Der erste Bauabschnitt erfolgte unmittelbar nach dem Unabhängigkeitskrieg. Es gab damals nur noch knapp 1000 bewohnbare Häuser in Athen. 1834 wurde Athen lediglich aufgrund seiner unumstrittenen Bedeutung in der Antike zur Hauptstadt Griechenlands ernannt. Es sollte damals in eine prachtvolle Hauptstadt umgewandelt werden, doch trotz der hartnäckigen Bemühungen von außen bewahrten sich die unnachgiebigen Athener in ihrer Stadt das Flair eines fröhlichen levantinischen Marktstädtchens. Diese Atmosphäre und die Art der Athener, Handel zu treiben oder zu diskutieren, sind bis heute in den Herzen Athens und seiner Bewohner erhalten geblieben.

Wie auf einem Basar werden in einem bestimmten Bezirk die gleichen Waren

verkauft, und als die Stadt größer wurde, wuchs auch die Anzahl der Läden. Deshalb findet man heute etliche Blumengeschäfte direkt nebeneinander gelegen und in einer langen Sackgasse lauter Spielzeugläden. Im einen Stadtgebiet hat man sich auf Autoersatzteile spezialisiert, in einem anderen werden nur Knöpfe feilgeboten. Der große Fleischmarkt mit seinen über 100 Ständen bietet eine kaum zu überblickende Vielfalt an Fleisch- und Wurstwaren an. Das alles zeigt, daß Athen im Grunde keine Großstadt im eigentlichen Sinn ist, sondern aus vielen kleinen Städten besteht.

1922, nachdem ein Krieg gegen die Türken verloren worden war, wurde die Stadt zum zweiten Mal vergrößert. Danach gab es einen massiven Zuzug in Athen, so daß sich die Einwohnerzahl in weniger als einem Jahr verdoppelte. Die Flüchtlinge aus Kleinasien waren fleißige und kultivierte Leute, meist gelernte Kaufleute und Handwerker. Anstatt der sonst oft entstehenden elenden Hüttenstädte umgaben sie Athen mit einem Ring von blühenden Gemeinden. Sie haben damit, wie kaum jemand vorher oder nachher, das Aussehen und die Atmosphäre der heutigen Stadt verändert und geprägt. Auch wenn viele der neuen Stadtteile, wie z.B. Nea Smyrni, Nea Ionia und Nea Philadelphia, mit ihren riesigen, zugigen, neobyzantinischen Kirchen, mit sauberen Vorhöfen, Parks dahinter und den sternförmigen Straßen einander sehr ähnlich sehen, so unterscheiden sie sich doch durch ihre Bewohner. Die Leute geben ihnen mit ihrer Individualität und ihren Gewohnheiten und Bräuchen eine persönliche Note, aus der sich dann auch so etwas wie „Heimatbewußtsein" entwickelt.

Die dritte große Expansion Athens fand in den 60er und 70er Jahren unseres Jahrhunderts statt. Ganze Landstriche verwaisten, weil die Landbevölkerung ihre angestammte Heimat verließ und ihr Heil in der Stadt suchte. Und die meisten haben es auch gefunden. Selbst ärmlichere Stadtteile wurden wieder aufgewertet und restauriert, andere wurden noch wohlhabender. Durch diese letzte Bevölkerungsexplosion entstanden viele neue Wohnsiedlungen, immer weiter vom Stadtkern entfernt.

Landflucht und Wachstumsproblem: Auch heute hat Athen noch ein gewisses Bevölkerungswachstum zu verzeichnen. Die Vorstädte füllen sich und wachsen, aber es wird noch Jahre dauern, bis diese Entwicklung endgültig abgeschlossen sein wird. Mit fast 40 Prozent der Gesamtbevölkerung des Landes und ähnlich großem Wohlstand sind die Wachstumsgrenzen Athens, schon durch seine Geographie vorgegeben, beinahe erreicht. Diese chaotische und willkürliche Ausbreitung der Stadt ist bedauerlich, andererseits hat sie auch einen Vorteil: Athen ist eine Stadt, die einen zwar ärgern, aber niemals deprimieren kann. Der triste staatliche Wohnungsbau, wie man ihn von vielen anderen Städten her kennt, ist hier die Ausnahme geblieben.

Innerhalb der Stadtgrenzen gibt es aber auch kleine Bauernhöfe, und gelegentlich sieht man Schafherden mit 30 bis 40 Tieren, die zwischen den Hochhäusern grasen. Die alte Schäferidylle kann man allerdings nicht mehr finden. Der heutige Schäfer ist nicht der Zivilisationsflüchtling von einst, sondern ein Einheimischer mit Designerpullover und Joggingschuhen. Wie alle Athener liest auch er die Tageszeitung und wartet ungeduldig auf die neuesten Nachrichten aus aller Welt.

den Verkehrsstraßen verwandeln sich in den Wohngebieten, wo jeder jeden kennt, in Freundlichkeit und Offenheit. Dieser soziale Faktor trägt wesentlich dazu bei, daß Athen nach wie vor eine Stadt mit erstaunlich geringer Verbrechensrate ist. Hier hat sogar ein Handtaschendiebstahl einen solchen Seltenheitswert, daß darüber in den Zeitungen groß berichtet wird.

Dieser dörfliche Charakter, die Loyalität im Kleinen, bereitet der Stadt in ihrer Gesamtheit jedoch Probleme. Das enge Gemeinschaftsempfinden läßt sich kaum auf die Großstadtebene übertragen. Und so verwandelt sich der Athener, zu Hause höflich und zuvorkommend, in einen

Nestwärme im Großstadt-Dschungel: Zu Athens besten und angenehmsten Eigenschaften gehören die guten nachbarlichen Beziehungen. Dadurch gibt es inmitten des alltäglichen Chaos' kleine, geordnete Inseln, die die Anonymität der städtischen Architektur durchbrechen und Menschlichkeit fördern und bewahren: Das Durcheinander und die Schroffheit auf

Links und rechts: Bei politischen Demonstrationen mit mehr als einer Million Teilnehmern erweist sich Athen immer wieder als die Wiege der Demokratie.

streitsüchtigen, rüpelhaften Kerl, wenn er die anonyme Großstadtarena betritt. Ohne eine gewisse Tuchfühlung zu den Nachbarn ist der Athener ebenso aggressiv wie seine äußere Umgebung.

Das Ergebnis sind verwüstete Stadtviertel. Die Innenstadt Athens wird entweder systematisch zerstört oder gemieden. Hier herrscht das Gesetz des Stärkeren: Parkverbote werden übertreten und Fußgängerzonen mißachtet.

Die Athener scheinen den Stadtkern in erster Linie für ihre Demonstrationen zu nutzen. Meistens haben sie für ihren Protest einen guten Grund. Jede Vereinigung und jede Gewerkschaft demonstriert hier von Zeit zu Zeit. Mal sind es Gymnasiasten oder Rentner, mal Medizinprofessoren und Straßenarbeiter. Jeder geht hier auf die Straße, um etwas zu fordern, sei es nun den Stop von Atomtests oder höhere Löhne. Der Nachteil für den Athen-Besucher liegt auf der Hand: Mit dem Auto ist an solchen Tagen kein Durchkommen mehr. Wenn Sie in so einem hoffnungslosen Stau steckengeblieben sind, dann schließen Sie sich am besten gleich der Demonstration an, anstatt sich zu ärgern. Die Demonstrationen geraten selten außer Kontrolle und gehören wohl zu den wenigen gut organisierten Veranstaltungen in dieser Stadt. Zur Belebung der Szene dienen in der Regel Sprechchöre und rhythmische Musik.

Hoher Lärmpegel: Zu politischen Massenveranstaltungen kommen oft über eine Million Menschen, die sich auf und um den Syntagma-Platz versammeln. Diese riesigen Kundgebungen verbinden die Liebe der Athener zur frischen Luft mit der Freude an lautstarker Geselligkeit, wie sie sich ja auch in der griechischen Musik äußert.

Schon das alte Athen war für seinen hohen Lärmpegel bekannt, und Lärm wurde früher sogar mit Demokratie assoziiert. Das läßt den Schluß zu, daß überschwengliches öffentliches Treiben erst zur Entwicklung einer Demokratie führt und ihren Fortbestand sichert. Weist nicht auch eine angeregte Diskussion, in der jeder seine eigene Meinung vertritt, eine gewisse Lautstärke auf?

Athen ist keine Kunststadt, die, wie in Bernstein gegossen, nur auf den verwöhnten Mäzen warten würde. Kein Disneyland der Welt würde auch nur einen Pfennig für sie bieten. Die unvergleichliche Vergangenheit Athens ist fest eingebunden in eine zwar wenig idyllische, aber um so lebendigere Gegenwart: Athen ist ein Hexenkessel, und doch sind Luftverschmutzung, Verkehrslärm, Straßengewirr, brechende Hitze, Streß und Lärm nur die eine Seite der Medaille. Es gibt viele Athen, wie gesagt, und die meisten von ihnen haben sich ihre Vorteile bewahrt.

Athen bei Nacht, vom Lykabettos aus gesehen.

Die Ursprünge der griechischen Kultur reichen nach Kreta zurück, dem Schauplatz der Heldentaten, die der Königssohn Theseus dem Mythos zufolge vollbrachte. Sie spielen in Knossos, dem prunkvollen Palast des Königs Minos, einem Sohn des Göttervaters Zeus.

Minos hatte eines Tages den Zorn des Poseidon auf sich geladen, weil er einen weißen Stier von makelloser Schönheit für sich behielt, anstatt ihn dem Meeresgott zu opfern. Zur Strafe ließ Poseidon die Königin in heftiger Leidenschaft zu dem Stier entflammen. Sie vermählte sich ihm in Gestalt einer Kuh – der Künstler Daidalus hatte ihr zu diesem Zweck ein extra Holzgestell gebaut – und gebar den Minotaurus, ein Untier mit menschlichem Körper und dem Kopf eines Stiers.

Der Mythos besagt, daß Theseus genug Kraft und Mut hatte, um Kreta von dem Ungeheuer zu befreien. Doch auch ihm glückte das schwierige Unternehmen nur deshalb, weil sich Ariadne, die Tochter des Minos, in ihn verliebte: Sie schenkte dem jungen Helden einen Faden, der ihn nach dem siegreich bestandenen Kampf wieder sicher aus dem verwirrenden Labyrinth des Minotaurus hinausführte.

Natürlich verfolgte Theseus mit der Vernichtung des Ungeheuers auch eigennützige Interessen. Zum einen konnte er dem kretischen König ein Schnippchen schlagen. Minos nämlich hatte von Athen alle neun Jahre sieben Jünglinge und sieben Mädchen als Nahrung für den Minotaurus gefordert, seit die Athener seinen Sohn getötet hatten. Zum anderen aber erwarb er sich durch seine Heldentat die nötigen Meriten, um nach seiner Rückkehr von den Athenern zum Thronfolger gewählt zu werden. Auch die Frage des Generationswechsels wird im Mythos elegant gelöst: Theseus und seine Gefährten nämlich vergaßen, bei der Rückkehr nach Athen die weißen Segel zu hissen, die – einer Absprache gemäß – den Sieg des Theseus über den Minotaurus hätten verkünden sollen. Als nun König Ägeus das Boot mit den schwarzen Segeln von weitem herannahen sah, hielt er seinen Sohn Theseus für tot und stürzte sich selbst von einem Felsen aus ins Meer, das seither den Namen Ägäis trägt. Theseus aber konnte seine Nachfolge als König antreten.

So tragisch sich diese Ereignisse im einzelnen auch anhören mögen, sie entspringen letztlich doch nur der Phantasie der Athener. In Wirklichkeit dauerte es noch viele Jahrhunderte, bis die Festlandsgriechen einige minoische Kulturtechniken erlernt hatten und die kretische Oberherrschaft in der Ägäis, vor allem auf den Kykladen und (dies weiß man erst seit 1967) auf der Insel Santorin, bedrohen konnten.

Um 1600, als die kretische Kultur auf dem Festland Fuß faßte, geriet auch Athen in ihren Wirkungsbereich (es gibt Überreste eines mykenischen Palastes auf der

Vorhergehende Seiten: Eine italienische Landkarte aus dem 17. Jh., die das alte Griechenland verzeichnet. **Links:** Die Haartracht eines Mannes sagte im antiken Athen viel über seinen sozialen Status aus. **Rechts:** Die Vergangenheit ist in Athen überall gegenwärtig.

Akrópolis), aber die Stadt hatte eine Randstellung inne. Der Parthenon, er gilt als Symbol des perikleischen Zeitalters und als das vollkommenste Bauwerk der Antike, sollte erst Jahrhunderte später (447–438 v. Chr.) erbaut werden. Dieser Tempel wäre an jedem Ort der Welt und in jeder Kultur eine Meisterleistung gewesen; um so erstaunlicher, daß er in einem relativ kleinen Stadtstaat errichtet wurde, der damals kaum mehr besaß als eine Silbermine und Olivenbäume! Ein rüstiger Mann konnte das kleine Attika – dessen Hauptstadt Athen damals war – in ein bis zwei Tagen leicht zu Fuß durchqueren, und es gab Hunderte von unabhängigen

und mächtigen griechischen Stadtstaaten auf dem Festland und den Inseln, an der Küste Kleinasiens und sogar in Nordafrika. Ständig wechselnde taktische Bündnisse konnten jeden dieser Staaten von heute auf morgen zum Freund oder zum Feind machen. Außer der Sprache und einigen religiösen Vorstellungen bestanden keine Gemeinsamkeiten.

Auf dem Festland waren Korinth, Sparta und Theben zeitweise viel mächtiger und reicher als Athen. Aber Athen besaß die intellektuellen und künstlerischen Fähigkeiten, mit denen es der abendländischen Zivilisation – die Demokratie ein-

geschlossen – den Weg bahnte. Eine erhebliche Rolle spielte dabei allerdings eine frühe Form „kreativer Buchführung" – anders gesagt: Räuberei am hellichten Tage. Man denke nur an den Delisch-Attischen Seebund, dessen Pfründe Athen einfach beschlagnahmte und für die Finanzierung der Akrópolis aufbrauchte. Es geht hier zwar um einen Abriß der Geschichte Athens, nicht Griechenlands, doch um den Zusammenhang herzustellen, müssen wir etwas weiter ausholen und sogar bis nach Kleinasien und Ägypten schauen.

Das griechische Festland blickt nach Osten. An der Westküste gibt es nur wenige Häfen, dahinter dehnt sich das Meer bis zum Horizont. Ein Schiff konnte in den alten Tagen nur so weit ohne Zwischenstop fahren, wie es die Kräfte der Ruderer zuließen. Die Seeleute hatten immer gern eine Küste im Blick, und da die Inseln der Ägäis viele Landungsmöglichkeiten boten, waren die ersten Schiffahrtswege nach Osten gerichtet. Sie führten nach Kleinasien und bis nach Ägypten. Durch Fischerei, Überseehandel und die Gründung von Kolonien versuchte schon das minoische Kreta, die Nachteile eines zum größten Teil wenig fruchtbaren Bodens auszugleichen. Die späteren „Pflanzstädte" der Athener behielten zwar die Sprache und die Religion des Mutterlandes bei, sie waren in der Regel aber autonom, so daß das politisch stark zergliederte Reich erst unter Alexander dem Großen (356–323) vereint werden konnte.

Nur knapp 150 Jahre lagen zwischen dem Einfall der Perser und dem des Makedoniers – und diese kurze Epoche der Athener Stadtentwicklung stellt die Glanzzeit der fünftausendjährigen griechischen Geschichte dar.

Die Minoische Kultur (2600 – 1100 v. Chr.): Im dritten Jahrtausend v.Chr. verlagerte sich die Metallgewinnung und -verarbeitung aus dem Osten nach Kreta, wo sie zur Grundlage der minoischen Kultur wurde. In Griechenland selbst wurde der Boden immer noch mit Steinwerkzeugen bewirtschaftet. An der Wende zum 20. Jh. wurden bei Knossos auf Kreta die Überreste des sagenhaften Hofes von König Minos ausgegraben, zu dem es auf dem Festland nichts Vergleichbares gab.

Die Minoer bauten herrliche Paläste – die ersten Bauten von Knossos entstanden um 2000 v. Chr. – und stellten Keramiken von einer bis dahin in Europa unerreichten Qualität her. Wie das berühmte Fresko aus dem Ostflügel des Palastes belegt, veranstalteten sie ein Spiel, bei dem Akrobaten einen angreifenden Stier bei den Hörnern packten und über ihn hinwegsprangen. Ferner erfanden die Minoer Toiletten mit Spülung – eine Einrichtung, die bei den Archäologen große Bewunderung erregte. „Es gibt kein besseres Zeichen von Kultur und Zivilisation als gute sanitäre Anlagen", rühmte einer von ihnen. „Erst mit der englischen Sanitärbewegung des

noischen Kultur in Kreta auftauchen konnte, bezeugt zum einen, welche Schwierigkeiten die alten Griechen mit ihrer eigenen Geschichtsschreibung hatten und belegt zum anderen die großen Fortschritte der Archäologie, durch die wir heute mehr über die frühgriechische Geschichte wissen als den Griechen selbst bekannt war. Die Kreter führten auch eine als Linear A bezeichnete Schrift aus ägyptischen Hieroglyphen im griechischen Kulturraum ein, mit deren Hilfe man Listen erstellen, aber noch keine Sprache aufzeichnen konnte.

Der Palast von Knossos fiel einem großen Feuer zum Opfer. Dies stellt jedoch

19. Jh. hat die Welt die minoische Sauberkeitsnorm wieder erreicht!" Ebenfalls auf reges Interesse stießen Vasenbilder, die belegen, daß die schönen Frauen am minoischen Hof „oben ohne" gingen.

Der Nachweis, daß ein Athener wie Theseus unmöglich zur Blütezeit der mi-

Links: Knossos: Das Große Treppenhaus im Ostflügel des Palastes ist ein architektonisches Meisterwerk. **Oben links:** Frau der minoischen Epoche, dargestellt auf einem Fresko um 1500 v.Chr. **Oben rechts:** Minoisches Badezimmer: „Es gibt kein besseres Zeichen von Kultur und Zivilisation als gute sanitäre Anlagen."

für uns heute einen Glücksfall dar, denn in der Glut wurde ein ganzer Schatz von Lehmtafeln gebrannt, auf denen zwei Schrifttypen verewigt sind: die grobe Linear A und eine höher entwickelte Schrift, die man Linear B nennt. Auch die Linear B stellte noch kein vollständiges Alphabet mit Vokalen und Konsonanten dar (dies entlehnten die Griechen erst später von den Phöniziern im heutigen Libanon), aber sie bezeugt eine vorhomerische Form der griechischen Sprache. Ihre Entzifferung gelang 1952. Dadurch wurde die These erhärtet, daß die minoische Kultur im Griechentum Wurzeln gebildet hatte.

Das Feuer von Knossos, das uns die Lehmtafeln bewahrt hat, war allerdings nur ein Vorspiel zu der Katastrophe von 1450 v. Chr.: Damals war es auf Santorin zu einem gewaltigen Vulkanausbruch gekommen, der dieser Insel eine völlig neue Form gab und eine Flutwelle auslöste, die fast alle Stätten minoischer Kultur auf Kreta dem Erdboden gleichmachte. Diese Erklärung lieferte der griechische Archäologe Spíros Marinátos, der auf Santorin in den sechziger Jahren unter einer 30 Meter dicken Schicht von vulkanischer Asche eine minoische Stadt entdeckt hatte. (Die Fresken und weitere Funde aus Santorin sind derzeit im Archäologischen

ßen, die sie einst gefüttert hatte. In der Zeit von Mykene – ihre Blüte fällt in die Jahre 1600–1100 v. Chr. – betrat Athen erstmals die Weltbühne. Die Minoer versäumten es, für eine Befestigung ihrer Paläste zu sorgen und wurden so das Opfer feindlicher Einfälle aus Mykene. Beim Bau ihrer eigenen Paläste suchten die Griechen von Mykene diesen Fehler tunlichst zu vermeiden. Sie legten ihre ummauerten Städte auf Hügeln an, die eine natürliche Verteidigungsposition boten. In der Umgebung von Athen fiel die Wahl dabei natürlich auf die *Akrópolis.*

Athen spielte aber in der Welt von Mykene eine ziemlich unbedeutende, unter-

Museum in Athen zu sehen, werden aber nach Santorin zurückgebracht.) Der Palast von Knossos, den man nach dem Feuer wieder errichtet hatte (er mußte infolge von Erdbeben des öfteren erneuert werden), überstand diese Katastrophe – aber nur für kurze Zeit. Er wurde später offenbar in einem Krieg zerstört, der auch den Hintergrund für die Geschichte von Theseus und dem kinderfressenden Minotauros im Labyrinth geliefert haben könnte.

Sagenumwobenes Mykene: Die Festlandsgriechen, die nach kretischem Vorbild die Kultur von Mykene schufen, waren zurückgekehrt, um die Hand zu bei-

geordnete Rolle. Im Zentrum stand damals Mykene selbst, die Stadt des berühmten Agamemnon aus dem Herrschergeschlecht der Atriden, aber auch Theben, Tiryns und Pylos hatten fast die gleiche Bedeutung. Die befestigte Zitadelle war dem König und ein paar vertrauenswürdigen Edelleuten vorbehalten, die Arbeiter wohnten außerhalb. Die von Heinrich Schliemann in der zweiten Hälfte des 19. Jh. ausgegrabenen Goldfunde zeigen, daß die Griechen um 1400 bis etwa 1250 v.Chr. enorme Reichtümer besaßen.

In dieser Zeit wurde am Nordhang der Akrópolis, nahe dem Standort des späteren Erechtheion, ein großer Palast erbaut, der ganz von dicken, vieleckigen Mauern umgeben war. Auf der Südseite fand man reich ausgestattete Gräber mit Schätzen und Grabbeigaben aus Kreta, Ägypten und Kleinasien.

Das lebendigste Quellenmaterial über das mykenische Griechenland bietet die *Ilias* des Homer. Homer wurde um 800 v. Chr., also etwa 400 Jahre nach dem Trojanischen Krieg geboren, den die *Ilias* beschreibt. Er stützte sich auf mündliche Überlieferungen, so daß einige historische Einzelheiten wohl nicht ganz den Tatsachen entsprechen. Den Berichten zufolge war der Anlaß des Krieges die

Entführung der schönen Helena, der Gattin des Königs Menelaos von Sparta, durch den Prinzen Paris von Troja. Ihr Antlitz galt als so schön, daß die Griechen tausend Schiffe ausschickten, um sie zurückzuholen. In diesem Zusammenhang steht auch die Geschichte mit dem hölzernen „Trojanischen Pferd" – das zu dem Spruch Anlaß gab: „Traue einem Griechen auch dann nicht, wenn er ein Geschenk bringt!"

Links und rechts: Fresken aus Santorin im Archäologischen Museum von Athen.

Die Wahrheit über den Trojanischen Krieg dürfte weit banaler und unromantischer gewesen sein: Die mykenischen Griechen hatten Bedürfnisse entwickelt, die sie zu Hause nicht befriedigen konnten. In Griechenland gab es nur sehr begrenzte Kupfer- und Zinnvorkommen und daher auch keine Bronze für die berühmten griechischen Waffen. Im Land konnten kaum genügend Nahrungsmittel erzeugt werden. Troja kontrollierte die Dardanellen, die kürzeste Überfahrt zwischen Europa und Asien, und somit den Zugang zum Schwarzen Meer. Deshalb stand es der wirtschaftlichen Expansion Griechenlands im Wege.

Die Griechen siegten, aber ihr Sieg brachte ihnen nichts ein. Alle Kriegsparteien waren geschwächt, und Mykenes alte Macht war dahin. Jedenfalls war es zu schwach, um einen Einfall abzuwehren, der jetzt an seiner Nordgrenze drohte.

Athen spielte offenbar eine Nebenrolle im Trojanischen Krieg und hatte daher auch weniger unter den Folgen zu leiden. Homer erwähnt es nur am Rande. Die Athener in ihrer ummauerten Akrópolis witterten aber die Gefahr, und so schlugen sie schnell eine Treppe in den Fels, um im Falle einer längeren Belagerung zusätzliche Wasserquellen erreichen zu können.

Auch die Dorfbewohner draußen erkannten die Bedrohung und erwirkten das Recht, im Notfall in der Stadt Unterschlupf zu finden. In ihrer Bittschrift formulierten sie die Rechte und Pflichten der Stadtbürgerschaft – die Grundsätze des griechischen Stadtstaates also, aus denen sich später in Athen das Prinzip der Demokratie entwickeln sollte.

Es kam aber so, daß die eindringenden Dorer Athen ungeschoren ließen und statt dessen die anderen mykenischen Städte belagerten und eroberten. Damit zerbrach auch das administrative System wieder, das Mykene von den Minoern übernommen und so weit verbessert und ausgebaut hatte, daß man es heute als Regierung mit Beamtenapparat bezeichnen würde. Griechenland fiel in ein vergleichsweise „dunkles Zeitalter" zurück. Um 600 v. Chr. begann die Entwicklung Athens zum politischen und kulturellen Zentrum des Landes, das es für knapp 2 Jahrhunderte auch bleiben sollte.

AUF DEM WEG ZUR DEMOKRATIE

Eines der sichersten Mittel, die Griechen von heute zu ärgern, ist, ihnen jede direkte Verbindung zu ihren berühmten Ahnherren abzusprechen – türkische Politiker machen davon übrigens sehr gerne Gebrauch. Diese Gehässigkeit unterstellt, daß die Nachkommen von Platon und Aristoteles durch spätere Auswanderung und infolge der vielen Eroberungen des Landes ganz in fremdem Blut aufgegangen seien. Wir haben gesehen, daß die Athener die erste dieser Eroberungen – den Einfall der Dorer – gut überstanden haben und weiterhin echte Ionier blieben. Aber auch sie litten schon an diesem fast krankhaften griechischen Tick vom nationalen Ursprung.

Die alten Athener hielten sich für autochthon, d.h. für die wahren Ureinwohner ihres Landes. Dies war eine Spitze gegen ihre großen Rivalen, die Spartaner, die ja eindeutig Dorer und somit in den Augen der Athener „Zugereiste" waren. Da die Spartaner, wo immer sie auftraten, die Ureinwohner als sogenannte Heloten zu Sklaven machten, wiesen die Athener flugs darauf hin, daß sie niemals durch fremde Eroberung gedemütigt worden seien. Übrigens äußerte der Geschichtsschreiber Thukydides die unfreundliche Vermutung, Attika sei nur deshalb übersehen worden, weil es dort nichts Erobernswertes gegeben habe.

Ein wildes Kriegsvolk: Die Ionier, meist kleinwüchsige, dunkelhaarige Seefahrer, waren für ihre Schlagfertigkeit, ihren Handelsgeist und ihren ästhetischen Sinn bekannt. Die Dorer waren mitteleuropäischen Ursprungs, von höherem Wuchs und blond – ein wildes Kriegsvolk, das die Harfenmusik liebte, sonst aber mit der Kunst wenig im Sinn hatte. Mit Streitwagen, Pferdegespann und in bronzener Kriegsrüstung, mit federbesetztem Helm und metallbeschlagenem Gürtel zogen sie in die Schlacht. Ihre Schwerter waren lang, die Speere hatten Eisenspitzen, und

Links: Im Tempel des Olympischen Zeus wurde früher das Fest der Diasia begangen, ein hoher Feiertag zu Ehren des Göttervaters.

zum Schutz dienten den Dorern runde Buckelschilde.

Ihnen traten die Ionier im Lendenschurz entgegen. Sie kämpften meist mit Schleuder und Pfeilen hinter Schilden aus Leder und Weidengeflecht. Die meisten hatten nie zuvor ein Pferd gesehen. Die dorische Gesellschaft war streng patriarchalisch aufgebaut, doch die Frauen genossen ein gewisses Maß an Unabhängigkeit und Respekt. Die schwächer gestellten ionischen Frauen dagegen fühlten sich angesichts der Hochachtung, die ihre Männer der weiblichen Gottheit Athene entgegenbrachten, benachteiligt. Im Laufe der Zeit jedoch näherten sich Ionier und Dorer

durch Assimilation einander an, und die alten Gegensätze verblaßten vor dem gemeinsamen Feind, den Persern. Diese Bande wurden durch die einheitliche Sprache und durch verwandte religiöse Vorstellungen noch verstärkt.

Ihr gemeinsames „Griechentum" zeigte sich jetzt auch in ihrer Einstellung zur Sklaverei. Es galt als undenkbar, daß ein Grieche einen anderen versklavte. Der Sklavenhandel wurde zwar später zum Geschäft griechischer Piraten, die die Küstenstriche Kleinasiens und des Schwarzen Meeres auf der Suche nach Opfern durchkämmten, doch zu Anfang waren die Sklaven eindeutig Kriegsgefangene. Wenn Griechen gegen Griechen kämpften (und irgendwo taten sie das immer), dann galt es als menschlicher und würdiger, männliche Gefangene zu töten. Allerdings traf das weder auf „Barbaren" (Nicht-Griechen) noch auf Frauen und Kinder zu.

Die Tatsache, daß es bis ins 19. Jh. kein fest umrissenes Griechenland gab, macht es so schwierig, türkischen Zweifeln an der Abstammung der heutigen Griechen zu begegnen. Das „Griechentum" zeigte sich in Sprache, Religion und einem ausgeprägten Zugehörigkeitsgefühl – aber dies hatten die „Griechen" überall. Sie waren so unternehmungs- und reiselustig, daß Athen nur kurze Zeit das Zentrum der griechischen Welt blieb. Man konnte es ebensogut in Kleinasien suchen, wohin viele Ionier auswichen, oder viel später dann in Konstantinopel.

Es gibt keinen modernen Athener, der durch ununterbrochene Fortpflanzung „vor Ort" von den klassischen Athenern abstammt. Schon zu Zeiten des Perikles waren die echten Athener eine bescheidene Minderheit, später wurde die Stadt fast ganz entvölkert und von Albanern neu besiedelt. Als Griechenland 1832 unabhängig wurde, war Athen ein armseliges Dorf mit 6.000 Einwohnern.

Die Griechen halten dem entgegen, daß sie durch die gleichen starken Bande mit ihrer Vergangenheit wie auch untereinander verbunden sind – also durch Sprache, Religion (obwohl die Periode des Heidentums viel länger dauerte als die des Christentums) und ein griechisches Zusammengehörigkeitsgefühl.

Wirtschaftlicher Aufschwung: Die neu formierten Griechen brauchten fast ein halbes Jahrtausend, um die Stärke wiederzuerlangen, die Mykene infolge des Trojanischen Krieges verloren hatte. So, wie es bei diesem Krieg eigentlich nicht um Helenas schönes Gesicht, sondern um Landbesitz und Geld gegangen war, so liegen auch der Sage von Jason und den Argonauten, die das Goldene Vlies suchten, neue politische und wirtschaftliche Realitäten zugrunde. Nach den Dorereinfällen war das Festland nahezu entvölkert, aber schon bald schwang das Pendel zurück, und die Griechen – das waren sie jetzt alle

– verspürten Landhunger. Jason als Führer des Argonautenzuges, der es sich zum Ziel gesetzt hatte, das Goldene Vlies heimzuholen und zu diesem Zweck zahlreiche gefährliche Abenteuer zu bestehen hatte, symbolisierte dieses neu erwachte Interesse an der Außenwelt, am Handel und erstmals auch an der Gründung von Kolonien.

Der zunehmende Handel beeinflußte die Wirtschaft der aufkeimenden Stadtstaaten in erheblichem Maß. Reichtum wurde von jeher in Grundbesitz investiert, daher hatte nur die Landaristokratie das Kapital, um Handelsgüter zu produzieren und die für deren Transport notwendigen Schiffe zu bauen. Durch den Handel wurde diese Schicht noch reicher, und die Kluft zu den Armen vergrößerte sich. Die Aristokratie leitete den Staat, manchmal unter einem vorgeschobenen König, aber die Unterprivilegierten fanden kaum Beachtung. Gesetze gab es nicht, und man hätte sie auch gar nicht durchsetzen können. Die Aristokratie hielt die soziale Ordnung auf ihre Weise aufrecht – in der Regel durch Schlägertrupps, die ausschwärmten und jeden niederknüppelten, der es ihrer Meinung nach verdiente.

Wer das Pech hatte, in dieser verdrehten Rechtsordnung auf der schwächeren Seite zu stehen, suchte sein Heil in der Gründung von Kolonien – vielleicht mit dem Hintergedanken, es dort seinen Peinigern gleichzutun. Die neuen Kolonien hielten die Verbindung zu ihren Mutterstaaten aufrecht, und die Stadtstaaten organisierten regelmäßige Wettspiele, an denen die Leute aus den Kolonien als „Ehemalige" teilnehmen konnten. Athen rief die Panathenäischen Spiele ins Leben, die aber nie den gleichen Rang erreichten wie die Spiele in dem vergleichsweise unwirtlichen Olympia. Durch verbesserte Techniken in der Seefahrt waren Schiffsrouten nach Westen erschlossen worden, so daß einige der wichtigsten Kolonien in Sizilien entstanden. Durch die Lage an der Westküste des Peloponnes erschien Olympia den sizilianischen Griechen als geeignetes Zentrum für die Wettspiele.

Links: Kopf des Asklepios. **Rechts:** Ein antiker Wasserspeier.

Der Kampf um die Macht: Die Unzufriedenen zu Hause setzten sich für radikale Veränderungen ein. In der zweiten Hälfte des 7. Jh. forderte man ein geschriebenes Gesetz. Bisher war jeder, der etwas mit einem anderen zu regeln hatte, selbst dafür zuständig. Der „Staat" befaßte sich nur mit Beleidigungen der Götter – und die hatten offensichtlich nichts gegen Raub und Mord einzuwenden.

Auch nach der Kodifizierung des Rechts war der Staat noch nicht in der Lage, Rechtsbrecher wirksam zu verfolgen. Das Opfer eines Rechtsbruchs mußte eine Beschwerde einreichen, und danach lag es im Ermessen des Richters, ob er die

vom Kläger vorgesehene Strafe zum Zeichen seines Einverständnisses mit einem Stempel versehen wollte oder nicht.

Die Strafen waren je nach Herkunft verschieden und konnten hart sein, z.B. Sklaverei für Verschuldung und die Todesstrafe für Diebstahl eines Kohlkopfes. Man hat Drakon, der diese Gesetze systematisieren sollte, zu Unrecht bezichtigt, der Urheber dieser „drakonischen" Strafen zu sein. In Wirklichkeit hielt er sie ebenfalls für überzogen und sprach das auch aus.

Die Art und Weise, wie Drakon diesen Auftrag erhielt, ist bezeichnend für die damalige politische Szene. 632 v.Chr. wollte der Athener Aristokrat Kylon die Macht an sich reißen, die in den Händen der drei jährlich zu wählenden *Archónten* lag. Einer dieser drei war nominell König auf Zeit, doch er hatte vorwiegend kultische und repräsentative Verpflichtungen und stand dem Rat der Alten, dem *Areopág,* vor (welcher seinen Namen von dem Hügel erhielt, auf dem er tagte). Die beiden anderen Archónten waren der oberste Richter und der oberste Feldherr.

Bevor sich Kylon ans Werk machte, befragte er das Orakel in Delphi, und die Pythia gab – nicht zum ersten und auch nicht zum letzten Mal – eine äußerst zwei-

deutige Antwort: Er solle „am größten Festtag des Zeus" zur Tat schreiten. Der ehemalige Olympiasieger Kylon glaubte, sie meine das Fest von Olympia – aber weit gefehlt! Als der Coup schließlich fehlschlug, hieß es, sie habe vom Fest der Diasia gesprochen, das in Athen abgehalten wurde – dort, wo heute der Tempel des Olympischen Zeus steht. Wahrscheinlich hätte sich das Fest der Diasia tatsächlich besser geeignet, denn zu diesem Zeitpunkt hatten sich die meisten Athener bei einem Brandopfer mit Trinkgelage vor der Stadt befunden, und der Weg zur Akrópolis wäre frei gewesen.

Am Tag des Festes von Olympia konnten Kylon und seine Anhänger zwar die Akrópolis stürmen, aber dann gerieten sie in eine Falle. Kylon entkam zusammen mit seinem Bruder, seine Anhänger jedoch mußten sich ergeben, wobei ihnen die Familie der Alkmäoniden freies Geleit zusicherte. Wie so oft wurde diese Zusage nicht eingehalten, und die Mannen wurden beim Verlassen der Festung niedergemetzelt. Kylon und seine Familie verbannte man wegen des Umsturzversuches aus Athen, aber auch den schuldigen Alkmäoniden erging es nicht anders: Man war davon überzeugt, die Götter seien über das Verbrechen so entsetzt gewesen, daß ein Fluch auf der Stadt läge.

Die weitreichenden Reformen des Solon gaben der Demokratiebewegung neuen Schwung. Er begriff offensichtlich, daß die alte Ordnung so viel Unzufriedenheit im Volk schürte, daß über kurz oder lang ein neuer Möchtegern-Tyrann wie Kylon auftreten würde. (Das Wort „Tyrann" hatte damals noch nicht seinen späteren negativen Beiklang: Ein Tyrann war einfach jemand, der die Macht nicht geerbt hatte, sondern an sich riß.)

Im Grunde war die Ergreifung der Macht ein Kinderspiel. Kylon hatte dies mit einer Handvoll Begleiter vorgeführt, nur hatte er versäumt, sich genügend Anhänger im Volke zu sichern. In anderen Stadtstaaten waren Tyrannen, die „es" geschafft hatten, nicht unbedingt schlechter als die Könige oder Herrschaftsgremien, die sie ablösten – manchmal waren sie sogar besser. Solons Reformen konnten die Machtübernahme durch einen Tyrannen nicht für alle Zeit verhindern, doch Peisistratos, der Tyrann, der dann wirklich kam, war im Vergleich mit einem seiner Zeitgenossen, der seine Untertanen im Bauch eines Bronzeochsen schmoren ließ, ein echter Glücksfall.

Peisistratos war ein großer Freund Athens und beim Volk beliebt. Er rief das Fest der Panathenäen neu ins Leben, das in einer Prozession zur Akrópolis gipfelte, bei der die Göttin Athene ein neues Gewand erhielt. Die Prozession ist auf dem berühmten Parthenonfries des Phidias dargestellt (vgl. das Kapitel über die Akrópolis, S. 127 ff.). Peisistratos hatte so hohe städtebauliche Ziele, daß sein größtes Vorhaben, ein neuer Tempel des Olympischen Zeus nahe der Akrópolis, erst 600 Jahre später fertiggestellt werden konnte – nicht von einem Griechen, sondern von dem griechenfreundlichen Römerkaiser Hadrian!

Peisistratos organisierte eine mit Pfeil und Bogen bewaffnete Polizei und regte den Dionysoskult an. Zu den *Großen Dionysien*, den Festspielen zu Ehren des Gottes, gehörte neben Trinkgelagen ein Wettstreit zweier Chöre, deren Sänger als Ziegenböcke verkleidet waren. Später wurde das Ziegenfell durch eine themengerechte Kostümierung ersetzt. Dies war praktisch die Geburt des Theaters, denn in erstaun-

bringen. Doch Kleisthenes, der durch „zünftige Vetternwirtschaft" ans Ruder gekommen war, vollzog eine Kehrtwendung und erklärte, in Athen könne niemals politische Stabilität einkehren, solange konkurrierende Familienclans nur ihre eigenen Interessen verfolgten. Er führte eine Regierung von Repräsentanten aus zehn attischen Phylen ein.

Der Stadtstaat Athen war nie eine Demokratie im modernen Sinn. Jeder Bürger hatte eine Stimme, doch die Grenzen der Zugehörigkeit zur Bürgerschaft waren so eng gezogen, daß die Macht nur einer kleinen Minderheit gehörte. Aber den Weg in Richtung auf eine Demokratie

lich kurzer Zeit entwickelten sich daraus die Tragödien des Aischylos und die Werke anderer Dramatiker.

Auf Peisistratos folgte dessen Sohn Hippias. Die Alkmäoniden, die als Folge ihres Verbrechens noch immer im Exil lebten, waren über die Aussicht auf eine Erbdynastie entsetzt. Sie konnten Hippias mit Hilfe der Spartaner stürzen, um einen der ihren, Kleisthenes, an die Macht zu

Links: Bronze des Jünglings von Antikythiera.
Rechts: Das Theater entwickelte sich aus dem heidnischen Dionysoskult.

hatte Kleisthenes immerhin gewiesen.

Um die Prinzipien der jungen Demokratie zu schützen, wurden einige kuriose Sicherungen eingebaut. Zum Beispiel wurden die Bürger einmal im Jahr aufgefordert, den Namen derjenigen Person, die sie am liebsten auf zehn Jahre verbannt sehen wollten, auf eine Scherbe zu schreiben und diese in eine Urne zu werfen. Es gab keine politischen Parteien und daher keine Handhabe, unbeliebte Politiker loszuwerden. Aber das *Scherbengericht* erfüllte den gleichen Zweck, wenn eine Person die meisten der insgesamt mindestens 6.000 ablehnenden Stimmen erhielt. Auf diese Weise wurde z.B. Aristides der Gerechte verbannt, weil dem Volk seine Scheinheiligkeit zuwider war.

Auch Themistokles erhielt den Laufpaß, erstaunlich bei einem Manne, der wie kein anderer dazu beigetragen hatte, Athen zu seiner Vormachtstellung unter den griechischen Stadtstaaten zu verhelfen. Die Perser hatten schon in den griechischen Kolonien in Kleinasien Fuß gefaßt, persische Schiffe waren in der Ägäis aufgetaucht, und Themistokles wußte, daß Athen die nächste Zielscheibe sein würde. Er sorgte dafür, daß alle athenischen Gelder in den Ausbau einer Kriegsflotte gesteckt wurden.

Bis zu diesem Zeitpunkt hatten sich die Athener noch keine Gedanken über einen „richtigen" Hafen gemacht. Sie zogen ihre *Trieren (Kriegsschiffe)* einfach in der Bucht von Phaleron an Land. Themistokles drängte nun auf eine Befestigung der drei natürlichen Hafenbecken in Piräus und auf den Bau von Schutzmauern zwischen diesen Häfen und der Akrópolis. Noch ehe die Mauern fertiggestellt waren, schlugen die Perser zu.

Zum Beweis seiner Solidarität mit den ionischen Kolonien schickte Athen im Ionischen Aufstand 498 v.Chr. zwanzig Schiffe über die Ägäis, da die Perser dabei waren, die ionischen Siedlungen ihrem Reich einzuverleiben. Doch die athenische Expedition war unbedeutend und führte zu nichts. Zwar brannte die Stadt Sardis nieder, aber die Athener wurden verfolgt und traten den Rückzug an.

Damit hätte alles zu Ende sein können, aber der mächtige persische Feldherr Darius erkundigte sich nach der Ursache jenes Feuers. Man nannte ihm die Athener. „Die Athener?", fragte Darius. „Wer ist denn das?" Er ließ einen seiner Sklaven den Namen für alle Fälle einmal aufschreiben. Aber am Hof war noch jemand, der dafür sorgte, daß die Athener nicht vergessen wurden: Hippias, der vertriebene Sohn und Erbe des Peisistratos, suchte im Exil die Gunst des persischen Hofes und glaubte, die Gelegenheit sei günstig, seine Rechnung mit den Alkmäoniden zu begleichen. Zu diesen gehörte Kleisthenes, der liberale Despot Athens.

Das Ränkespiel des Hippias gibt schon einen Vorgeschmack auf die Balkanintri-gen, die dem Ersten Weltkrieg vorausgingen, und die Folgen waren nicht weniger verheerend. „Jene Schiffe und jenes Feuer", seufzte der Geschichtsschreiber Herodot, „standen am Anfang der Auseinandersetzungen zwischen Griechen und Barbaren."

Es lohnt sich, die weitere Entwicklung im Geschichtswerk des Herodot nachzulesen. Angeblich soll der Sklave des Darius jeden Tag beim Essen dreimal gesagt haben: „Mein Gebieter, vergiß die Athener nicht!" Darius wollte mit diesen vorwitzigen Unbekannten eigentlich glimpflich verfahren und forderte von ihnen durch Boten lediglich eine Entschuldigung und ein Zeichen der Unterwerfung. Doch die Athener warfen die Boten in eine Grube, und Darius antwortete mit einer Strafexpedition, an der sich auch Hippias beteiligte.

Zum Erstaunen des Darius zahlten diese Athener es ihm aber mit gleicher Münze heim. Die Schlacht bei Marathon hat durch den Läufer Pheidippides, der bei den Spartanern Hilfe gegen die Perser anfordern sollte, Weltruhm erlangt. Die Spartaner sagten zu, warteten aber aus religiösen Gründen den nächsten Vollmond ab. Inzwischen war die Schlacht entschieden, und die siegreichen Athener hatten sich unter den anderen Stadtstaaten neuen Respekt verschafft.

Wie nicht anders zu erwarten, glorifizierten die Griechen ihre Helden. Aber bei Herodot und Aristophanes liest es sich so, als hätten sie alles ins Lächerliche gezogen, auch ihre wirklichen Helden. So heißt es zum Beispiel von Pheidippides, seine größte Heldentat sei es gewesen, daß er bei der Flucht schneller war als alle anderen.

Bei Herodot erscheinen die Perserkriege oft wie ein unbedeutender Streit vor der Haustür, aber in Wirklichkeit hatte Marathon welthistorische Bedeutung. Streng genommen waren die Perser auch Arier und somit den Griechen verwandt, sie sprachen sogar eine verwandte Sprache, aber wegen der starken semitisch-babylonischen Einflüsse sahen die Griechen in ihnen ein völlig fremdes Volk. Hier begann der Gegensatz arisch-nichtarisch, europäisch-asiatisch, Ost-West, der sich über die Kreuzzüge bis ins 20. Jahrhundert hin fortsetzen sollte. Die Folgen sind bekannt.

Xerxes, der Nachfolger des Darius, hörte diesen Spruch ebenfalls: „Mein Gebieter, vergiß die Athener nicht!" Xerxes ließ bei seinen Kriegsvorbereitungen keinen Stein auf dem anderen. Genüßlich beschreibt Herodot das bizarre, aus allen Teilen der Welt zusammengetrommelte Heer, das nun anrückte. Als eine über die Dardanellen (den „Hellespont") gebaute Brücke in einem Sturm zerbarst, ließ Xerxes dem Bericht des Herodot zufolge angeblich das Meerwasser auspeitschen, als habe er damit den Schuldigen bestrafen wollen.

„Baden und Haarekämmen" vertrieben. Die Perser entdeckten aber einen Bergpfad – den auch die Deutschen später nutzten -, auf dem sich der Engpaß umgehen ließ, und so rollte die persische Dampfwalze weiter. Vor der Invasion wurden die Bewohner Athens noch rasch auf die Insel Salamis evakuiert und blieben so relativ ungeschoren.

Mit besonderem Vergnügen zerstörten die Perser jenen unvollendeten Tempel, der an den glorreichen Sieg der Athener bei Marathon erinnern sollte. Aber die Athener zogen auch daraus noch Nutzen, sie errichteten später an der gleichen Stelle den Parthenon-Tempel.

Wie alle Truppen, die in feindlicher Absicht von Norden her in Griechenland einfielen – zuletzt die deutschen Truppen im Zweiten Weltkrieg –, mußten sich auch die Perser durch den Engpaß der Thermopylen quälen, einen Felsvorsprung am Meer. Nur 300 Spartaner unter Leonidas verteidigten den Paß. Sie waren sich ihrer Sache gegen die Perser und deren Verbündete (laut Herodot betrug ihre Zahl eine Million) so sicher, daß sie sich die Zeit mit

Oben: Der Bug einer Triere. In der Antike wurden derartige Schiffe bei den Seeschlachten eingesetzt.

Die von Stürmen gebeutelte persische Flotte wurde in die Meerenge zwischen Salamis und dem Festland getrieben, wo sich die zahlenmäßige Überlegenheit eher als ein Hindernis erwies. Die Ruderer mußten sich derart abplagen, daß der folgende Kampf mit einer bereits geschwächten Mannschaft angetreten wurde. Die Bürger Athens verfolgten die Schlacht von der Insel, Xerxes von seinem Marmorthron auf einem gegenüberliegenden Hügel aus. Nach dem Sieg stand Athens Vorherrschaft unter den griechischen Stadtstaaten für den Augenblick fest. Aber würde sie von Dauer sein?

Wie wir schon erfahren haben, war Athen nicht mit Reichtum gesegnet. Das von Themistokles eilends durchgepeitschte Schiffsbauprogramm wurde aus den Einkünften des Silberbergbaus in Laurion finanziert, wo unter Tage schreckliche Arbeitsbedingungen herrschten. Diese waren so schlimm, daß, wären sie nur besser bekannt, von dem romantisch verklärten Bild des klassischen Atheners wohl wenig übrigbliebe.

Auch zur Wiederherstellung und Vermehrung der Staatsfinanzen nach dem Sieg wurden recht anfechtbare Methoden angewandt. Zum Schutz gegen weitere Bedrohung von außen gründeten die griechischen Stadtstaaten gemeinsam den Delisch-Attischen Seebund. Athen nutzte seine Stellung als Held des Tages und verwaltete die von den Mitgliedern eingezahlten Gelder, die auf der heiligen Insel Delos deponiert wurden. Sie sollten dem Bau und dem Unterhalt einer Flotte dienen, doch bald stellte sich heraus, daß Athen auch andere Projekte damit finanzierte, z.B. den Bau des Parthenon.

Die Beitragszahler empörten sich darüber, daß ihr Geld von einem einzelnen Mitglied des Bundes für Repräsentationszwecke ausgegeben wurde – noch dazu von einem Stadtstaat, dessen Politik nicht gerade Vertrauen erweckte. Als Antwort auf diese Beschwerden machte Athen das Depot auf der Insel Delos kurzerhand zu und brachte das Geld in den Parthenon „zur sicheren Verwahrung". Die Art und Weise, wie Athen mit dem Geld des Seebundes umging, mag uns heute fragwürdig erscheinen – aber nach 2.500 Jahren ist der Besucher Athens vielleicht doch dankbar dafür, denn ohne diese Praktiken sähe die Akrópolis heute anders aus.

Die sogenannte Klassische Zeit (480 – 330 v. Chr.) war in Athen nicht nur eine glanzvolle Epoche großer Bau- und Bild-

hauerkunst, sondern führte auch zu einer Blüte von Literatur und Philosophie. Die Oden, in denen Pindar die Siege der Athleten feierte, dürften für heutige Ohren überzogen klingen – der Sieger in einem Knabenringkampf oder der Gewinner eines Maultierrennens wurde verherrlicht, als ob er eine welthistorische Tat vollbracht hätte. Aber diese Gedichte veranschaulichen, wie der Kult des Sportlers in einer Stadt Fuß faßte, in der körperliche Anstrengung weit mehr bedeutete als kör-

perliche Arbeit und in der die Bürger sich die Zeit nahmen, Sport zu treiben.

Euripides, neben Aischylos und Sophokles einer der drei großen Tragödiendichter dieses goldenen Zeitalters, teilte Pindars Begeisterung für die Wettkämpfe allerdings nicht. In „*Autolykós*" schrieb er: „Die Griechen sind Dummköpfe, wenn sie scharenweise zusammenströmen, um solchen Taugenichtsen zuzuschauen, deren einziger Gott ihr Bauch ist. Was hat ein Mann für seine Stadt getan, wenn er im Ringen, Laufen oder Diskuswerfen einen Preis errang? Kann er mit dem Diskus den Feind bekämpfen, mit Speeren oder Fuß-

Links: Die Statue dieses Jungen mit Gans steht jetzt im Archäologischen Nationalmuseum in Athen. **Rechts**: Eine Siegesstatuette von der heiligen Insel Delos.

EINE OLYMPISCHE TRADITION

Die ersten Spuren der griechischen Leidenschaft für athletische Wettbewerbe finden sich in den Heldenepen Homers. In der Ilias beschreibt er solche Spiele anläßlich des Begräbnisses von Patroklos. Die Hauptattraktionen waren das Wagenrennen (erster Preis: eine untadelige Frau), das Kugelstoßen (erster Preis: ein Eisenklumpen) und das Ringen (erster Preis: ein Dreifuß im Wert von zwölf Ochsen; zweiter Preis: eine kluge Frau).

Körperliche Leistungsfähigkeit galt den Reicheren als erstrebenswertes Ziel diverser Freizeitaktivitäten. So vergnügte man sich mit Kurz- und Langstreckenlauf – manchmal auch in Rüstung –, mit Diskus- und Speerwerfen und dem Pankration, einer Form des Freistilringens zwischen nackten Männern, wobei es lediglich verboten war, den Gegner zu beißen oder dessen Augen anzugreifen. Diese Sportart war nicht ganz so gefährlich wie das Boxen mit Lederriemen um die Fäuste, aber es gab auch hier einige Zwischenfälle, wie z.B. den Fall jenes Ringers, der mit einer solchen Kraftanstrengung gewonnen hatte, daß er bei der Siegerehrung an Erschöpfung starb. Kleomedes von Astypaläa, ein Boxer, tötete seinen Gegner durch einen Schlag, der ihm als Foul ausgelegt und mit Disqualifizierung bestraft wurde. Die Schande brachte ihn um den Verstand. Als er in seine Heimatstadt zurückkehrte, deckte er eigenhändig das Dach einer Schule ab, wobei 60 Schüler ums Leben kamen. Dies ist übrigens der erste Hinweis auf eine öffentliche Schule.

In Olympia fanden alle vier Jahre die berühmtesten Wettbewerbe statt. Gezählt wurden sie ab dem Jahr 776 v.Chr. Nichts, nicht einmal Kriege, waren Grund genug, sie ausfallen zu lassen. Es existierte ein allgemeines Abkommen, das besagte, daß die Teilnehmer

ungehindert durch kriegführende Länder reisen konnten.

Das antike Stadion in Olympia, wo über 1.000 Jahre lang die Spiele stattfanden, wurde erst 1961 vollständig ausgegraben. Im Jahr 394 n.Chr. schaffte der römische Kaiser Theodosios I. die Wettkämpfe ab, auch weil er sich an der Nacktheit der Sportler störte. Angeblich hatte ein Läufer einmal während eines Rennens sein Beinkleid verloren und für Zuschauer und Götter ein gleichermaßen belustigendes Schauspiel geboten. Seitdem hatte man einfach ganz auf jegliche Art von Bekleidung verzichtet. Theodosios II. ließ die „Götzentempel" auf dem Stadiongelände verbieten und bekräftigte damit das Verbot der Spiele.

Das Marmorstadion in Athen in der Nähe des Zappion wurde ursprünglich für die Panathenäischen Festspiele gebaut, die auf dem Parthenon-Fries verewigt sind. Neben den Sportveranstaltungen war auch ein recht ungewöhnlicher Schönheitswettbewerb fester Bestandteil der Spiele. Jeder Stadtteil stellte 24 Männer auf, die nach ihrer Männlichkeit beurteilt wurden. Den Höhepunkt bildete eine Prozession zur Akrópolis, die schließlich am Hafen mit einer Regatta endete.

„Athlet" bedeutete wörtlich „Jäger des Preises", und obwohl die offiziellen Preise nur symbolischen Wert besaßen, wurden die Sieger in ihrem Heimatort als Helden gefeiert. Oft erhielten sie freie Kost und Logis bis an ihr Lebensende. Wenn ein Despot ein Wagenrennen gewann, bei dem sich die anderen Teilnehmer übrigens schon beglückwünschten, wenn sie nur mit heiler Haut davonkamen, dauerte das Siegesfest ein Jahr.

Obwohl die Griechen bei den modernen Olympiaden selten einen Preis davontragen, lebt der Geist der Spiele weiter: Bei einem Geher-Wettbewerb wurde kürzlich der Mann, der als letzter die Ziellinie passierte, zum Sieger erklärt. Die Richter begründeten ihre Entscheidung damit, daß er der einzige gewesen sei, der nicht regelwidrig gelaufen war. ■

tritten den Gegner aus dem Land jagen? Niemandem helfen solche Possen, wenn er mit dem Rücken zur Wand steht."

Athens Intellektuelle genossen ein hohes Maß an Gedankenfreiheit, aber es gab auch Grenzen. Sokrates, der unerbittlich die ethischen und politischen Grundsätze des Staates hinterfragte und durchleuchtete, wurde 399 v.Chr. angeklagt, die Jugend mit atheistischen Doktrinen irrezuführen. Da er es ablehnte, sich zu verteidigen, was ihm sicher leicht gefallen wäre, verurteilte man ihn zum Tode. In Wirklichkeit wurde er wohl eher das Opfer politischer Intrigen, die in der Stadt wieder einmal grassierten.

Auch der Geschichtsschreiber Thukydides mußte sich der Zensur beugen. Er beschrieb den Peloponnesischen Krieg (431 – 404 v. Chr.), der die friedvolle Blütezeit – begründet durch den Sieg über die Perser – jäh beendete. In einem Kampf bis aufs Messer war die Welt der Griechen in zwei Lager gespalten: hier Athen, dort Sparta. Alle Parteien gingen genauso geschwächt aus diesem Kampf hervor wie seinerzeit die Mykener aus dem Trojanischen Krieg – und auch das Ergebnis war mehr oder weniger das gleiche.

Athen contra Sparta: Die in Athen zuerst von Kleisthenes, dann von Perikles geförderten demokratischen Institutionen wurden von den anderen Stadtstaaten mit Argwohn betrachtet, denn deren Könige (in Sparta zwei Könige gleichzeitig), Despoten und Oligarchen wollten von ihrer Macht nichts abgeben. Die Wende im politischen System Athens trug revolutionäre Züge. Früher wurden die Regierungsmitglieder aus einer Liste zugelassener (nicht aber repräsentativer) Kandidaten durch das Los bestimmt, aber von da an erschienen die Namen sämtlicher Bürger als Bewerber für den sogenannten „Rat der Fünfhundert". Die minderbemittelten Bürger, die auf diese Art gewählt wurden, konnten es sich nicht leisten, dem Staat ihre Zeit kostenlos zur Verfügung zu stellen und erhielten deshalb ein Gehalt.

Diese Vergünstigungen galten nur für Bürger, also für eine Minderheit, die stets weiter abnahm. Für das ständig anschwellende Heer von Sklaven und Nicht-Athenern, die obendrein auch noch höhere Steuern zahlen mußten als die Bürger, wurden die Voraussetzungen, unter denen sie den Bürgerstatus hätten erhalten können, immer höher geschraubt. So hatte ein Kind nur dann Aussicht, später Bürger mit allen Rechten zu werden, wenn beide Elternteile bereits Bürger und vor dem Gesetz verheiratet waren. Nach diesen Kriterien hätte schon so mancher große Führer Athens, z.B. Themistokles, Kimon und auch Kleisthenes, keinen Bürgerstatus er-

halten, denn ihre Mütter stammten nicht aus Athen.

Vor allem Sparta stellte sich demokratischen Ideen entgegen, die es für unspartanisch hielt. Der Peloponnesische Krieg wäre für die Nachwelt vielleicht nur eine von vielen Zänkereien zwischen den streitsüchtigen Griechen geblieben, hätte ihn nicht Thukydides in seinem Geschichtswerk, dem ersten seiner Art, so eindringlich beschrieben. Dieser Krieg zog sich über fast 30 Jahre hin, vor allem deshalb, weil Athens Stärke in der Flotte, die Stärke Spartas hingegen im Heer lag, so daß es kaum zu einer richtigen Schlacht

Links: Dieser Diskuswerfer, der in der Nähe des Olympiastadions gefunden wurde, belegt die griechische Leidenschaft für Sport. **Rechts:** Eine frühe Drachme aus Athen.

kommen konnte. Am Ende unternahm Athen einen unsinnigen Flottenangriff auf Sizilien, und Sparta besorgte sich von den Persern eine eigene Flotte.

Perikles starb zwei Jahre nach Kriegsausbruch. Die Friedensbedingungen, die man dem besiegten Athen auferlegte, machten die meisten Errungenschaften und Neuerungen dieses Mannes wieder zunichte. Athen verlor das von ihm aufgebaute Reich, und an die Stelle der frühdemokratischen Institutionen trat die oligarchische „Regentschaft der Vierhundert", die aber bereits nach vier Monaten mit einer Welle von Ermordungen blutig beendet wurde.

chen, wurden aber von ihren südlichen Nachbarn als halbwilde Barbaren mit grotesker Herrschsucht eingestuft.

Der Makedonenkönig Philipp II. überfiel den Norden Griechenlands und schlug, mit Ausnahme Spartas, auch den Süden. In Athen wetterte der Redner Demosthenes gegen Philipps Anmaßung, aber Makedonien besaß Getreide, Gold und Holz, während die Stadtstaaten des Südens sich in ihren Kriegen verausgabt hatten.

Nach Philipps Ermordung im Jahre 336 v. Chr. folgte sein Sohn Alexander (später „der Große"). Dieser ehemalige Schüler des Aristoteles wurde zum Mann der Tat.

Die Athener wollten zur Demokratie zurückkehren, doch Lysander, der Sieger aus Sparta, bestand auf der altmodischen Oligarchie, die er für verläßlicher hielt. Es folgte das unfähige Regiment der „Dreißig Tyrannen". Danach lenkte Lysander offenbar ein. Der neue *Archónt* (höchster Beamter) Euklid stellte ein „sozialistisches" System auf, nach dem fast jeder Einwohner Athens ein Staatsstipendium erhielt.

Eine neue Epoche: Während der fruchtlosen politischen Debatten braute sich im Norden ein Sturm zusammen. Die Makedonier betrachteten sich selbst als Grie-

Er unternahm den legendären Feldzug nach Ägypten sowie durch Persien, Afghanistan und über den Chaiber-Paß bis nach Indien. Als er in einem Anflug von Größenwahn bei den südgriechischen Staaten anfragte, ob er sich Sohn eines Gottes nennen dürfe, legten sie ihm keine Hindernisse in den Weg. Nach Alexanders Tod (323 v.Chr. in Babylon) bemühten sich seine Generäle noch, das Riesenreich zusammenzuhalten, das fast die gesamte kultivierte Welt umfaßte. Alsbald zerfiel es jedoch in drei ebenfalls „griechische" Königreiche: Makedonien (unter den Antigoniden), Syrien, Babylon und

Persien (unter den Seleukiden) und Ägypten (unter den Ptolemäern).

Die neue, aufstrebende Stadt Alexandria in Ägypten machte Athen die Stellung als wichtigstes geistiges Zentrum streitig. Gelehrte und Wissenschaftler zogen bald die große Bibliothek Alexandrias den Athener Philosophenschulen vor. Athen konnte zwar weiterhin seinen demokratischen Neigungen nachgehen, aber es verschwand allmählich aus dem Rampenlicht.

Daß es nicht ganz von der Bühne abtrat, verdankte es dem Zweiten Punischen Krieg, der zwischen Rom und Karthago entbrannte und in dem Philipp V. von

tisch auf der Seite Roms stand. Nach dem Sieg Roms über Philipp V. (197 v.Chr.) besuchte der römische Konsul Flaminius die Isthmischen Spiele, um die neu gewonnenen griechischen Freunde Roms zu belohnen. Für den Augenblick stand Athen wieder ganz gut da.

Als Teil des Römischen Reiches genoß die Stadt eine Ruhepause und Sonderrechte. Aber 88 v.Chr. wiederholte Athen den Fehler, den schon Makedonien gemacht hatte: Es stellte sich gegen Rom, und zwar auf die Seite des Mithridates, des Königs von Pontos in Kleinasien, worauf der römische Feldherr Sulla Athen plünderte und die Mauern von Piräus niederreißen

Makedonien sich auf die Seite Karthagos stellte. (Am bekanntesten wurde dieser Krieg durch Hannibals Elefantenzug über die Alpen.) Für den östlichen Mittelmeerraum bedeutete das vor allem, daß jeder, der gegen Makedonien kämpfte, automa-

ließ. Im ganzen gesehen ließ Rom jedoch eine erstaunliche Milde walten. Vor allem Kaiser Augustus hatte ein Einsehen und machte Griechenland zu einer eigenen, von Makedonien getrennten Provinz. Die Hauptstadt wurde allerdings nicht Athen, sondern der einstige Rivale Korinth, was den Stolz der Athener empfindlich traf.

Links: Der Hephaistostempel auf der Agorá, dem Zentrum des antiken Athen, wo u.a. Gerichtsverfahren und kulturelle Veranstaltungen abgehalten wurden.
Rechts: Detail und Gesamtansicht eines Torsos, der den römischen Kaiser Hadrian (76 – 138 n.Chr.) darstellt und auf der Römischen Agorá gefunden wurde.

Wie zum Ausgleich für die zahlreichen griechischen Intellektuellen, die es nach Alexandria gezogen hatte, strömten jetzt mehr und mehr Römer nach Athen. Mark Aurel unterstützte diesen Trend durch den Bau einer Universität. Kaiser Hadrian (76-138 n.Chr.) vollendete den 600 Jahre zuvor von Peisistratos geplanten Zeus-Tempel, den man bis dahin nicht hatte vollenden können. Er baute auch die Bibliothek und den Bogen, die nach ihm benannt sind.

Die Inschriften auf den beiden Seiten des Hadriansbogens bezeugen, wie gezielt sich dieser römische Kaiser in eine Reihe mit den alten Stadtgründern zu stellen suchte. Auf der einen Seite steht: „Dies ist Athen, die Stadt des Theseus." Auf der anderen Seite lesen wir: „Dies ist die Stadt Hadrians, nicht die Stadt des Theseus." Wieder einmal setzte eine Welle der Stadtverschönerung ein. Der reiche, in Marathon gebürtige Herodes Attikus

finanzierte das Odeum, das noch heute seinen Namen trägt.

In der Rückschau können zwei Ereignisse aus der griechisch-römischen Epoche als Hinweise auf das künftige Schicksal Athens verstanden werden. Im Jahre 54 n.Chr. besuchte der Apostel Paulus die Stadt. Er gewann einige Anhänger, aber es sollte noch viel Zeit vergehen, bis das Christentum hier so stark Fuß faßte wie in Korinth.

Auch der Einfall der Kostoboken, eines Stammes aus dem Norden, in Zentralgriechenland hatte zunächst keine gravierenden Folgen. 75 Jahre später (um 250 n.Chr.) stießen die Goten nach. Kaiser Valerian, der die Gefahr erkannte, ließ die Mauern um Athen wieder aufbauen und verstärken. Doch die Goten stürmten sie und raubten die Stadt im Jahre 267 n.Chr. aus. Erst nach ihrer Vertreibung durch die Römer kehrte erneut Ruhe ein.

Die Donaugrenze, die die aggressiven Stämme aus dem Norden bisher ferngehalten hatte, wurde immer brüchiger. Im 6. Jh. zerbrach sie ganz, und in den nächsten 500 Jahren fiel ein Volk nach dem anderen auf das griechische Festland ein: Hunnen, Ostgoten, Vlachen, Slawen der verschiedensten Couleur, Bulgaren, Awaren, Kumanen, Patzinaken und noch ein paar andere, wie z.B. die „Geten", die nur einmal auftauchten und danach nie wieder gesehen wurden.

In einem kurzen Überblick über die Geschichte Athens kann die jahrhundertelange, ereignisreiche slawische Besiedelung Griechenlands nicht ausgeführt werden. Isidor von Sevilla schrieb im 7. Jh., daß „die Slawen Griechenland den Römern abgenommen" hätten. Für einen Großteil des Landes traf dies wohl zu, doch Athen hatte offenbar auch diesmal die gleiche Sonderstellung wie nahezu 2.000 Jahre zuvor, als es nach dem Trojanischen Krieg die Einfälle der Dorer relativ schadlos überstand.

Schlimmer war, daß sich die Abwanderung der Intellektuellen wiederholte, diesmal allerdings mit neuer Zielrichtung: Konstantinopel, ursprünglich die Hauptstadt „Ost-Roms", wurde zum Sitz des Byzantinischen Reiches, das stark griechisch geprägt war. Einst hatten die Ionier das Griechentum nach Kleinasien gebracht, jetzt wurde Byzanz zum Sammelbecken griechischer Kultur. Athen sank zur fast vergessenen Provinzstadt herab, nachdem der christliche Kaiser Justinian 529 auch noch die Universität, eine wahre Hochburg des Heidentums, hatte schließen lassen.

Das Byzantinische Reich und seine Hauptstadt Konstantinopel waren stark griechisch geprägt. <u>Links:</u> Darstellung eines Asketen auf Goldgrund. <u>Rechts:</u> Koptischer Engel. Die beiden Kunstwerke befinden sich im Byzantinischen Museum in Athen.

Es gibt wenige Besucher in Athen, die die Stadtgeschichte bis ins Detail zurückverfolgen. Die Ereignisse aus der Zeit zwischen der römischen und der türkischen Herrschaft z.B. interessieren den modernen Reisenden in der Regel nur, wenn er wissen will, warum die Akrópolis auch schon eine mittelalterliche Festung und das Heim einer bunten Schar europäischer Herzöge war. Es begann mit dem Vierten Kreuzzug, der um die Wende zum 13. Jh. die Befreiung Jerusalems aus moslemischer Hand zum Ziel hatte und mit einem Angriff auf das christliche Konstantinopel endete. 1204 fiel die Stadt in die Hände der Kreuzfahrer. Die Sieger teilten die Beute aus dem Byzantinischen Kaiserreich unter sich auf.

Athen, von dem die meisten von ihnen noch nie gehört hatten, fiel einem Edelmann aus Burgund zu, Othon de la Roche, der es einige Jahre später an seinen Neffen Guy weitergab. So wurde Athen zum „Vergnügungszentrum" für junge französische Ritter. „Einige kamen, um sich zu amüsieren, andere, ihre Schulden zu bezahlen, und wieder andere wegen der Verbrechen, die sie begangen hatten", berichtete der venezianische Historiker Marino Sanudo.

Wechselnde Stadtväter: Die Stadt erlebte eine ruhige Zeit, bis der französische Edelmann den Fehler beging, zur Bereinigung einer lokalen Unstimmigkeit katalanische Söldner anzuheuern. Diese übernahmen nach Streitigkeiten wegen des Solds 1311 selbst die Macht in Athen und übergaben es einem ihrer früheren Brotherren, Kaiser Friedrich II. von Sizilien. 1388 eroberte ein florentinischer Bankier namens Acciajuoli die Stadt. Florenz behielt seinen Einfluß noch weitere 50 Jahre und behob einen zeitweisen Mangel an Arbeitskräften durch den „Import" albanischer Gastarbeiter.

Links: *Die griechische Hochzeit von* **Louis Dupré (ca. 1820).** <u>Rechts</u>**: Volkstümlich naives Bild, das den Führer in den Balkankriegen, Elefthérios Venizélos zeigt.**

1456, drei Jahre, nachdem Konstantinopel in die Hände der Türken gefallen war, standen diese auch vor den Toren Athens. Noch zweimal eroberten es die Venezianer für kurze Zeit zurück. So kam es, daß – wie im Kapitel über die Akrópolis in diesem Buch beschrieben – die Venezianische Artillerie einen großen Teil des Parthenon aus Versehen in die Luft jagte.

Lord Elgin, der britische Botschafter in Konstantinopel, transportierte 150 Jahre später viele der herumliegenden Frag-

mente (und mehr) nach London, und als die Türken nach dem Griechischen Unabhängigkeitskrieg (1821–1830) das Land verließen, glich Athen eher einem Slum als einer historischen Stadt.

Dem Herzog von Wellington, dessen Stimme in den nachfolgenden europäischen Konferenzen über die Zukunft Griechenlands großes Gewicht hatte, war der Status Athens im Grunde genommen gleichgültig. Schließlich hatten ja auch die Römer Korinth zur Hauptstadt ihrer griechischen Provinz gewählt. Die lauten und vielstimmigen Philhellenen jedoch, unter ihnen auch Lord Byron, hegten für das antike Griechenland stärkere romantische Gefühle als der Herzog oder sogar die Griechen selbst und ließen diese Benachteiligung Athens nicht zu. So wurde es zur Hauptstadt erklärt, woran der Herzog von Wellington noch viel weniger interessiert war, obwohl sich noch eine türkische Garnison in der Akrópolis aufhielt. Von diesem Tag an kann man die Geschichte Athens in der Regel nicht mehr von nationalen Ereignissen trennen.

Der Mann, der nun nach Kleisthenes, Perikles und Hadrian das Bild der Stadt bestimmte, war ein 17jähriger bayerischer Prinz aus dem Hause Wittelsbach namens Otto (1815–1867). Zunächst wur-

de der griechische Thron dem Prinzen Leopold von Sachsen-Coburg angeboten, der zunächst zusagte, seine Meinung dann aber wieder änderte. König Ludwig I. von Bayern schickte daraufhin seinen Sohn, den jungen Otto.

Die Athener feierten damals tagelang die Ankunft des Königs. Ein Reisender beklagte sich darüber in einem Brief: „Die Griechen haben einen einzigen Fehler, nämlich den, daß sie einfach alles zum Anlaß nehmen, um in den Straßen zu singen und zu tanzen!"

Bekanntlich hatte der römische Kaiser Hadrian die Stadt des Theseus und den

Teil, den er selbst baute, deutlich voneinander abgegrenzt. Der junge König Otto oder auch seine Regenten lehnten glücklicherweise die Vorschläge einiger Eiferer ab, einen Palast auf der Akrópolis zu bauen. Die Architekten Kleanthes und Schaubert erhielten den Auftrag, eine neoklassizistische Stadt zu bauen, aber zum Glück sollte sie weit weg von den historischen Stätten liegen.

Ihre Baupläne enthielten auch eine Beschreibung der damaligen Sachlage: „In der Stadt Athen leben 6.000 Menschen. Sie ist von einer armseligen Mauer umgeben, die 898 Stremmata (89.800 qm) umgrenzt. Etwa ein Drittel dieser Fläche ist unbewohnt... Zwischen den Trümmern der einstigen Häuser stehen meist nur Hütten... Von den 115 kleinen Kirchen werden nur 28 oder 30 auch wirklich genutzt. Es gibt vier Moscheen; zwei erfüllen ihren ursprünglichen Zweck, zwei sind Bäder."

Die Bauplätze bestanden hauptsächlich aus Sümpfen voller Insekten, und angeblich hängten die Architekten Fleischstükke ins Freie und beurteilten dann die Qualität des Baugrunds nach der Anzahl der Maden, die sich im Fleisch angesammelt hatten. Das gelbe Gebäude am Platz der Verfassung, das jetzige Parlamentsgebäude, war einst der Palast, weil es hier weniger Stechmücken gab als anderswo. Ein zweiter Palast in der Herodes-Attikus-Straße wurde später als Thronfolgerpalais erbaut. Heute ist er Sitz des Ministerpräsidenten. Die Griechen betrachten einen Monarchen als ganz gewöhnlichen Politiker, den sie nach Belieben feiern oder fallenlassen können. Zur Zeit ist Griechenland eine Republik.

Auch bei König Otto kamen den Griechen schließlich Zweifel an der Monarchie. Seine drei Regenten waren alle gebürtige Bayern, jeder Posten in Verwaltung und Kultur war von Deutschen besetzt. Die Griechen waren der Ansicht, daß auch sie in der Regierung vertreten sein sollten, aber Otto lehnte eine Verfassung ab, die ihnen dieses Recht garantiert hätte. Er wurde 1843 nach einer friedlichen Demonstration auf dem Platz der Verfassung (Syntagma) abgesetzt, aber man gewährte ihm den Thron erneut, nachdem er eine volksfreundlichere Politik versprochen hatte. 1862 war er gezwungen, endgültig abzudanken, denn das griechische Volk war der Meinung, daß er sein Versprechen noch immer nicht eingelöst hatte.

Durch eine Volksabstimmung wurde über den neuen Monarchen entschieden. Prinz Alfred von Großbritannien, des Herzogs von Edinburgh und Königin Viktorias zweitgeborener Sohn, wurde mit 230.000 von 240.000 Stimmen gewählt. Der einzige griechische Kandidat erhielt lediglich sechs Stimmen. Da es Alfred von der britischen Regierung verwehrt wurde, den Thron anzunehmen, sandte man Prinz Wilhelm Georg von Däne-

Konstantin von Griechenland, der an der Militärakademie in Berlin erzogen worden war und dessen Schwester den deutschen Kaiser geheiratet hatte, unterstützte im Ersten Weltkrieg die Deutschen. Elefthérios Venizélos, der griechische Ministerpräsident, bezog eine gegensätzliche Stellung und stand in Thessaloniki an der Spitze einer pro-alliierten, abtrünnigen Regierung, während König Konstantin in Athen seine eigene Politik machte. Die Alliierten, die Venizélos' Unterstützung schätzten, aber mit dem König nicht allzu hart verfahren wollten, versuchten zwischen den beiden Gegnern zu vermitteln.

mark, der genau wie Otto noch ein Teenager war.

Die willkürliche Verteilung der weniger bedeutenden Königreiche an die Mitglieder europäischer Königshäuser – die damals übrigens gang und gäbe war – führte unweigerlich zur Feuerprobe in Sachen Loyalität. Dies wurde vor allem durch die dramatischen Ereignisse vom 1. und 2. Dezember 1916 deutlich. König

Als Griechenland unmittelbar vor einem Bürgerkrieg stand, sandten die Alliierten eine 2.000 Mann starke Armee als Puffer zwischen den Fronten nach Athen. Die Truppen des Königs nahmen direkt vor der Akrópolis Stellung, da sie wußten, daß man sie von den Schiffen der Alliierten aus nicht würde bombardieren können, ohne dieses historische Bauwerk zu zerstören. Am 1. Dezember kam es zu Zusammenstößen zwischen den gegnerischen Infanterie-Einheiten. Es gab Hunderte von Toten und Verletzten. Die Alliierten zogen sich am 2. Dezember zurück, aber vorher bombardierten die Franzosen

Links: Portrait des jungen Königs Otto.
Rechts: Stadtansicht aus dem 19. Jahrhundert (Aquarell).

den Palast stundenlang. Die royalistische Armee spürte daraufhin die Sympathisanten von Venizélos auf und brachte sie kaltblütig um.

Der Kriegsminister des Königs war mit dem Ergebnis mehr als zufrieden. „Unsere Feinde", erklärte er den Truppen, „müssen sehen, daß wir unbesiegbar sind." Die Alliierten erkannten die Venizélos-Regierung an und verlangten ein paar Monate später die Abdankung des Königs. „Wie immer sind sie sehr um Griechenland besorgt", bemerkte dieser.

Großmachtträume: Nach König Konstantins Abreise, der nicht formell abdankte, schloß sich Griechenland auf der Seite der

ten plötzlich in die Hauptstadt Athen, wo die Zustände aber auch nicht wesentlich besser waren.

Die mißliche Lage des Landes schürte die „Megháli Idéa", die „Große Idee", jene merkwürdige Gewißheit, daß alles gut sein würde, wenn nur das alte Byzantinische Reich wiederhergestellt sei. Die Türkei hatte kein Stimmrecht mehr gehabt, als die Großmächte die Überreste des Osmanischen Reiches als Kriegsentschädigung unter sich aufteilten. Aber sie war nicht bereit, tatenlos zuzusehen, wie die Griechen sich nun Stück für Stück das holten, was sie für die Verwirklichung ihrer „Großen Idee" zu brauchen glaub-

Alliierten dem Krieg an und beteiligte sich natürlich auch an der Aufteilung der Länder bei der Friedenskonferenz. Makedonien, einige Küstengebiete Kleinasiens und viele der Ägäischen Inseln wurden Griechenland angegliedert, und die Bevölkerung stieg von etwa drei auf sieben Millionen.

Viele empfanden es als ein Stück wiedergewonnener Heimat, aber Griechenland war kaum in der Lage, die wirtschaftlichen Erwartungen der Menschen zu erfüllen, von denen viele obdachlos waren. Vor allem für die Landbevölkerung war die Situation bedrohlich; alle Wege führ-

ten, denn letztendlich bedeutete das ja auch die Einnahme von Istanbul, dem früheren Konstantinopel.

Die griechische Armee stand 100 km vor Ankara, als sich das Blatt wendete. Im Februar 1922 nahmen die Türken Smyrna ein, ein Gebiet an ihrer Küste, das ursprünglich von Ioniern besiedelt worden war, die der dorischen Invasion hatten entkommen können. Dieses Gebiet war in der Friedenskonferenz nach dem Krieg mehr oder weniger an Griechenland zurückgegeben worden. Die Türken brannten alles nieder, griechische Soldaten und Zivilisten flohen. Selbst die Griechen geben heute zu, daß dieses Ereignis eine der größten militärischen Katastrophen ihrer Geschichte war.

Eine Klausel im Friedensvertrag sah die „wechselseitige und freiwillige Emigration von Bevölkerungsminderheiten" vor, oder, anders ausgedrückt, die Griechen auf türkischem Gebiet mußten nach der neuen Grenzziehung in ihr eigenes Land zurückkehren und umgekehrt. Diese Klausel wurde auch angewandt, um jeden Rest der „Großen Idee" aus ihren Köpfen zu verbannen. Mehr als eine Million Griechen waren von diesen Maßnahmen betroffen, und viele von ihnen kamen nach Athen. Im Zweiten Weltkrieg und dem

dann in Moscheen umgewandelt. Die fränkischen und florentinischen Adligen ließen Befestigungen errichten, aber das, was andere historische europäische Städte ziert, nämlich Bauten aus der Gotik und Renaissance, finden Sie hier nicht.

Mit Ausnahme des neoklassizistischen Ausbruchs unter König Otto gibt es in Athen kaum einen Übergang zwischen der Großartigkeit der Antike und der modernen Unordnung. Städte, die in der Ausdehnung begriffen sind, gliedern normalerweise die sie umgebenden Dörfer nach und nach als Vororte ein. Aber selbst für dieses „ordnungsgemäße" Wachstum hatte Athen keine Zeit. Man hatte auch nur

darauffolgenden Bürgerkrieg sah sich Athen wieder mit einer großen Flüchtlingswelle konfrontiert. An den Häuserfassaden des modernen Athen kann man die Geschichte der Stadt ablesen. Nachdem die Römer die Stadt verlassen hatten und die Griechen Konstantinopel bevorzugten, wurde eigentlich nur noch auf der Akrópolis gebaut, und auch da handelte es sich lediglich um Schönheitsreparaturen. Die Tempel wurden zunächst in Kirchen,

Links: Der Syntagma-Platz um 1865. **Rechts:** 1944 befreien britische Truppen Athen.

ein einziges Einkaufs- und Geschäftszentrum bauen können, nämlich in dem Dreieck der Plätze Syntagma, Omónia und Monastiráki, bevor die Stadt von einer Menschenüberschwemmung nach der anderen heimgesucht wurde.

Die ganzen politischen Nachwirkungen der „Großen Idee" zeigen, daß die Griechen sowohl eine despotische als auch eine demokratische Tradition haben. Ein gewisser Oberst Plastíras – möglicherweise der erste und hoffentlich der letzte der Offiziere des 20. Jh., die Schlagzeilen gemacht haben – führte einen Staatsstreich durch. Er ließ den Präsidenten und hohe Regierungsmitglieder vor Gericht stellen und erschießen. Politische Unruhen spalteten das Land in die republikanische und die royalistische Seite.

Ein anderer Offizier, General Pángalos, wollte das Land selbst regieren. Er setzte die Gültigkeit der Verfassung und freie Wahlen auf unbestimmte Zeit aus, verfügte eine Pressezensur und drohte mit Beamtenentlassungen. Er wurde dann von General Kondílis abgelöst, den er vorher ins Exil geschickt hatte. Die ganze Angelegenheit erinnert an Kleisthenes und Hippias.

Der Zweite Weltkrieg: General Metaxás, der wohl eher den Kleisthenes verkörpert, nien zurück, wo ihr die Deutschen zu Hilfe kamen. Aber auch sie konnten Griechenland nicht so leicht besetzen, weil die Briten mit Commonwealth-Truppen eingriffen. Hitlers Invasion in Rußland verschob sich deshalb um jene kritischen und letztlich entscheidenden sechs Wochen, so daß seine Soldaten in den russischen Winter gerieten.

Herodot hatte von ungefähr 20 Athener Schiffen berichtet, die die Kämpfe zwischen den Griechen und den Barbaren entschieden. Genauso waren die kleinen griechischen Guerillatruppen, die den Einmarsch nach Rußland hinauszögerten, das Zünglein an der Waage. Dieser Sach-

hatte sich Benito Mussolini zum Vorbild genommen, kehrte dann aber dem Faschismus und dessen Urheber den Rükken. Mussolini wiederum wollte deutsche Blitzkriegserfolge nachahmen und marschierte von Albanien aus in Griechenland ein. Er stellte Metaxás ein schriftliches Ultimatum, in dem er ihn aufforderte, sein Land kampflos aufzugeben. Der Grieche antwortete nur mit einem „Nein!" Am 28. Oktober feiert die ganze Nation am „Ochi-Tag" (ochi = nein) diese berühmte Antwort.

Die Griechen wehrten sich erbittert und trieben die italienische Armee nach Alba- verhalt zeigt einmal mehr, daß nicht nur die Menge, sondern auch die Qualität ausschlaggebend sein kann.

Bürgerkrieg: Innerhalb der Guerillatruppen kam es dann aber zu Spaltungen, die letztlich den Anlaß für einen Bürgerkrieg lieferten. Der Kampf, der sich zunächst auf sporadische Angriffe aus einem Hinterhalt in den Bergen beschränkt hatte, verhärtete sich zusehends. Zwei bitter verfeindete Gruppen standen jetzt einander gegenüber und bekämpften sich immer heftiger: Die eine von ihnen war kommunistisch geprägt, während die andere zu der Regierung hielt, die zusammen mit dem König nach England ins Exil gegangen war.

Da die Kommunisten annahmen, daß mit dem Untergang Italiens und der Landung der Alliierten in Südeuropa gleichzeitig auch Griechenland befreit würde, interessierten sie sich bald mehr für die schnelle Eliminierung potentieller Gegner als für die deutsche Besatzung, die sich schließlich im Oktober 1944 fast kampflos aus Athen zurückzog. Der britische Kommandant befahl jedoch die Auflösung der Guerillatruppen und die bedingungslose Waffenübergabe.

Die Kommunisten antworteten darauf mit einem nationalen Aufstand, bei dem

Die „dritte Runde" des Bürgerkrieges spielte sich ausschließlich zwischen Griechen ab und dauerte drei Jahre. Sie war so barbarisch, daß nicht einmal die Griechen darüber sprechen. Als sich das Glück der Kommunisten wendete, entrissen sie vielen tausend Familien die Kinder und schickten sie hinter den Eisernen Vorhang in spezielle Trainingslager, wo sie ideologisch und militärisch gedrillt wurden.

Dieses bedauerliche Kapitel griechischer Geschichte wurde vor allem durch den Bruch Titos mit Rußland beendet. Weil die Grenze geschlossen wurde, bekamen die Kommunisten keine Unterstützung mehr. Die Revolution scheiterte.

sie für kurze Zeit die Kontrolle über große Teile des Landes erlangten. Die Revolte wurde niedergeschlagen, und darüber hinaus wurde die kommunistische Bewegung noch durch eine Spaltung in den eigenen Reihen geschwächt.

Einige nahmen ihre Niederlage hin und andere gingen zurück in die Berge, zumal ihnen politisch Gleichgesinnte aus Albanien und Jugoslawien ihre Unterstützung zugesagt hatten.

Links und rechts: Am 21. April 1967 übernimmt das Militär die Macht.

Rückkehr zum Rechtsstaat: Trotz der Schwierigkeiten mit Zypern machte Griechenland doch auf vielen Gebieten Fortschritte, und schon 1951 waren die Kommunisten als eigene Partei im Parlament anerkannt. Im Februar 1964 gewann Geórgios Papandréou mit einer absoluten Mehrheit von 53 Prozent die Wahlen, und es sah so aus, als hätte das Land nun endlich jene recht wackligen Koalitionen hinter sich gelassen, auf denen frühere Regierungen basierten und letztendlich scheiterten.

Aber das Rad der Geschichte schien sich zurückzudrehen, als Papandréou die

Interessen seines Sohnes Andreas förderte, und ganz besonders, nachdem dieser mit einer Gruppe linksgerichteter Armeeoffiziere engen Kontakt aufgenommen hatte. Das politische Geschehen zu dieser Zeit wurde sogar einmal als „eine Kreuzung zwischen einem Stehcafé und einem Bordell" beschrieben.

1967 schließlich putschte eine Gruppe von Offizieren unter Oberst Geórgios Papadópoulos. Zu den Folgen der Willkürherrschaft zählten die Verhaftung von 7.000 politischen Gegnern, die Folterung von Gefangenen, seltsamerweise auch ein Minirockverbot sowie die Anordnung, daß von den Ämtern künftig alle Briefe binnen drei Tagen zu beantworten seien.

Erst nachdem der Anschluß Zyperns an Griechenland fehlgeschlagen und Nordzypern 1974 durch türkische Truppen besetzt worden war, erzwangen einige Offiziere den Rücktritt der Militärs und verlangten eine zivile Regierung, wohl auch deshalb, weil sie das Fiasko der „Großen Idee" noch in Erinnerung hatten. Konstantin Karamanlís, der vor der Zeit des älteren Papandréou acht Jahre lang das Land regiert hatte, kehrte aus dem Exil zurück und wurde für sechs weitere Jahre Regierungschef. Ein Plebiszit entschied 1974 gegen die Monarchie. Nachdem Karamanlís über die Aufnahme Griechenlands in die EG verhandelt hatte, unterlag er Andréas Papandréou, dem Vorsitzenden der Panhellenischen Sozialistischen Bewegung (PASOK) bei den Wahlen.

1989 erlitt Andréas Papandréou einen Herzinfarkt. In der Parteienlandschaft hat seitdem ein zweimaliger Machtwechsel stattgefunden. Wegen privater und öffentlicher Skandale verlor er 1990 die Wahl. Bis 1993 regierten die Konservativen unter Konstantin Mitsotákis das Land. Aus den Wahlen 1993 ging Papandréou erneut als Sieger hervor. Der 88jährige Karamanlís, der über ein halbes Jahrhundert die griechische Politik prägte, schied 1995 als Staatspräsident hochgeehrt aus dem Amt. Sein Nachfolger wurde der 68jährige Kóstis Stefanópoulos.

Griechische Politiker versprechen immer wieder, daß in Zukunft alles besser wird. Aber das Leben in Athen geht weiter wie zuvor.

Von Homer wissen wir, daß die Griechen, die einst im Trojanischen Krieg kämpften, Fleisch aßen und heterosexuell veranlagt waren. Auf die Athener des 5. Jh. v.Chr. traf beides nicht mehr zu.

Die Umstellung der Eßgewohnheiten erfolgte zwangsläufig: In Attika, wo es außer dem Olivenanbau kaum Landwirtschaft gab, war Fleisch Mangelware. Zum Frühstück aß man Brot, das man in Wein tunkte, und die Hauptmahlzeit bestand aus zwei Gängen: „eine Art Grütze, danach wieder eine Art Grütze."

Anspruchsvollere Gerichte wurden zu besonderen Anlässen zubereitet, meist von Köchen aus einer jener Provinzen, wo immer gut gegessen wurde – vor allem Syrakus. Wein war billig, und es gab ihn in solchen Mengen, daß die Gäste sich die Füße darin hätten baden können; aber zum Essen wurde nie Wein getrunken. Zu alledem forderte Pythagoras, der Meister der Geometrie und Philosoph, auch noch den Verzicht auf Bohnen, eine beliebte, eiweißhaltige Nahrung. Das war hart für die lebensfrohen Athener.

Stilvolle Rituale in schlichtem Ambiente: Diese wenig schmackhaften Mahlzeiten waren fast immer gesellige Ereignisse, und es braucht nicht zu verwundern, daß das Essen dabei nur eine untergeordnete Rolle spielte. Platon und Xenophon haben uns Beschreibungen von Gastmahlen überliefert, aber keiner von beiden hat erwähnt, was auf dem Speiseplan stand. Viel wichtiger war der Stil, in dem die Männer sich dem Ritual gemäß auf den Kissen lagerten, die rings um den Tisch angeordnet waren. Ihren Überwurf nahmen sie dabei von den Schultern und schlangen ihn um die Taille. Aristophanes gab ihnen folgenden Rat: „Spreize deine Beine und mache es dir auf eine ungezwungene Art zwischen den Kissen bequem. Äußere dich lobend über einen der Bronzegegenstände. Bewundere die Deckenmuster und die Vorhänge zum Hof."

Man aß mit den Fingern, und zum Abwischen der Hände benutzte man anstelle der Servietten eigens dafür bereitgestelltes Brot, das man anschließend mit den Abfällen auf den Boden warf, wo es die Hunde fraßen, wenn es nicht aufgekehrt wurde.

Die Bürger des klassischen Athen – eine Minderheit neben Sklaven und Ausländern, die für das Wohnrecht in Athen eine Jahressteuer zahlten – standen morgens früh auf, und die Männer verließen fast sofort das Haus. Um einen Mann zu Hause anzutreffen, mußte man im Morgengrauen an seiner Türschwelle warten. Wer für den Rest des Tages einen Termin festlegen wollte, mußte den Schatten messen, den ein Stab von genormter Länge warf. Der Satz „Ich treffe dich um sechs Fuß" – Fuß war das eingeführte Längenmaß – stellte aber noch keine eindeutige Aussage dar: War die erste oder die zweite Tageshälfte gemeint? Hier kam es oft zu komischen Verwechslungen. So mancher Hungrige, der sich nichts entgehen lassen wollte, machte sich die Zweideutigkeit zunutze und erschien zum früheren der beiden möglichen Zeitpunkte. Es wird die Geschichte eines Mannes erzählt, der mitten in der Nacht zu einem Umtrunk eintraf und angab, er habe den Schatten bei Mondlicht gemessen.

Im Vergleich zu den großen öffentlichen Bauwerken der Akrópolis und der Agora waren die Privathäuser eintönig. Auf eine ansprechende Außenfront wurde überhaupt kein Wert gelegt. Die schrägen Dächer waren fast bis zu den engen, gewundenen Straßen hinuntergezogen, und die Zimmer sahen alle auf den zentralen Innenhof.

Das Ansehen der Frau hatte um das fünfte Jahrhundert einen neuen Tiefststand erreicht. Hesiod hatte die Frauen um 700 v.Chr. „einen Schmerz für Sterbliche" genannt. Für Aristoteles, den gerecht denkenden Liberalen, waren sie noch im 4. Jh. „alles in allem minderwertige Wesen". An der Tafelrunde der Männer waren sie selten erwünscht, höchstens als Tänzerinnen. Beim Gespräch der Männer konnten sie nicht mithalten. „War es philosophisch, dann verstanden es die Frauen nicht; war es nicht philosophisch, war es für die Männer keine Erbauung."

Aber die gekünstelten Witze über Frauen verraten doch ein gewisses Interesse an ihnen. „Verheiratet!", sagt einer. „Hast du gesagt, er ist verheiratet? Nicht zu glauben, ich habe ihn doch dieser Tage noch lebendig herumlaufen sehen." Die griechische Hetäre dagegen begehrte man nicht nur als Gespielin, sondern auch als geistreiche Gesprächspartnerin.

Trotzdem – wer sich zu sehr für Frauen interessierte, ob aus Sympathie oder Begierde, galt als hoffnungslos weibisch. Übrigens galt auch die homosexuelle Beziehung für den passiven Partner als nicht mit Lust verbunden. Junge Frauen nahmen an den Brautriten nach dem Kult der

standen Wein und Wasser zur Auswahl. So etwas wie Tee oder Kaffee gab es nicht, und Milch war nur in Form von Ziegenmilch bekannt. Wein und Wasser wurden gemischt, wobei es auf das richtige Verhältnis ankam: War die Mischung zu schwach, wurde sie als „Froschtrunk" verspottet.

In einem Handbuch über das Zeremoniell eines Symposions geht es unter anderem um das Problem des richtigen Trinkpokals für jeden erdenklichen Anlaß; die Liste der Pokale füllt fast 100 Seiten. Wer tief „in die Kanne sehen" und danach noch eine witzige Rede halten konnte, genoß großes Ansehen.

Ártemis Brauránia auf der Akrópolis teil, aber sonst spielte sich das Leben der Frauen in der Abgeschiedenheit des häuslichen Innenhofes ab. Am Morgen konnten es die Männer kaum erwarten, von daheim wegzukommen – trotz der langen Abende beim Symposion, das wohl regelmäßig dem Gastmahl folgte.

Unter einem altgriechischen Symposion darf man sich nicht die halbakademische Veranstaltung vorstellen, die wir heute mit dem Begriff verbinden. Es war ein männliches Unterhaltungsritual nach dem Abendessen, zu dem „Mann" auch ungeladen kommen konnte. Als Getränke

Daß die Athener tüchtig tranken, zeigen schon die zahlreichen Beschwörungen, dies nicht zu tun. Eine ernsthafte Ermahnung lautete: „Wer wie ein Grieche trinkt, benutzt einen Pokal mittlerer Größe und ergeht sich in angenehmer, leichter Unterhaltung. Alles andere ist Saufen, nicht Trinken; und das ist tödlich." Weniger ernst ist das folgende gemeint: „Der erste Becher ist für die Gesundheit, der zweite Genuß und der dritte Schläfrigkeit – danach geht der weise Mann nach Hause. Der vierte ist Anrempeln, der fünfte Grölen, der sechste Pöbelei auf der Straße, der siebte eine Schlägerei und der achte der

Gang zum Gericht." Eine der vielen Umschreibungen für einen Betrunkenen lautete: „Er hat eine geschützte Brust."

Ein Leben für das Ehrenamt: Die Bürger konnten es sich erlauben, dem Ideal der Muße zu leben, denn sie brauchten am nächsten Morgen an keinem Arbeitsplatz zu erscheinen. Ein Bürger lebte, wenn auch nicht gerade üppig, von dem Entgelt für die Übernahme von Staatspflichten, z.B. als Geschworener. Auf der Liste der Bürger, die sich als Geschworene freiwillig gemeldet hatten, standen stets etwa 6.000 Namen, und da die Gerichte sehr beschäftigt waren – jedes der großen Schwurgerichte brauchte 500 Mitglieder – hatten sie immer zu tun. Außerdem mußten die Bürger den Volksversammlungen beiwohnen, auf denen über Regierungsvorlagen abgestimmt wurde; für regelmäßiges Erscheinen wurden die „Auslagen" erstattet.

Einmal im Jahr hatten die Bürger Gelegenheit zu sagen, wen sie am liebsten auf zehn Jahre aus Athen verbannt sehen wollten. Es gab keine politischen Parteien in unserem Sinn, keine gesetzliche Opposition und auch keine allgemeinen Wahlen. Das Scherbengericht, das ungeliebte Kandidaten für zehn Jahre kaltstellte, war ein gewisser Ersatz; es konnte jedoch auch sehr willkürlich angerufen werden. Aristides war z.B. ein integrer Mann, der sich gerne „Aristides der Gerechte" nennen ließ. Doch im Jahr 482 v.Chr. hatten die Wähler offenbar genug von seiner Tugendhaftigkeit und schickten ihn für zehn Jahre fort, um ihm Gelegenheit zu geben, seine Tugenden anderswo zu beweisen.

Den Namen der mißliebigen Person schrieb man auf eine Scherbe, die in eine Urne gelegt wurde. Viele dieser *ostrakas* wurden bei Ausgrabungen gefunden. Gleiche Handschrift bei gleichem Votum weist auf manipulierte Stimmabgabe hin. Vermutlich erhielt man einen Bonus, wenn man in diesem Ränkespiel für eine der mächtigen Familien Partei ergriff.

Schon die alten Athener waren recht trinkfest. Links: Einer der beiden berühmten Goldbecher aus dem Kuppelgrab von Vafío. **Rechts:** Silen, der Ziehvater des Dionysos.

Die stetige Zunahme demokratischer Elemente und die Umverteilung des Besitzes hingen aufs engste zusammen. Die Geburtsaristokratie wurde allmählich von einer Wohlstandsaristokratie überflügelt, doch schlossen sich beide nicht aus: Die Landaristokratie hatte schließlich die finanziellen Mittel, um in den Außenhandel, die Fabriken und die notwendigen Schiffe zu investieren.

Die Bürger empfanden eine tiefe Aversion gegen bezahlte Arbeit, so gut sie das Geld auch brauchen konnten. Für einen anderen regelmäßig zu arbeiten, bedeutete fast schon Sklaverei. Dem Sklaven haftete der Geruch des Arbeitstieres *nicht* an

– ihm blieb ja keine Wahl -, wohl aber dem Bürger. Theophrast äußerte sich geringschätzig über den Bürger, der an Arbeitssuche dachte: „Der Typ, der Gastwirt oder Steuereinnehmer wird, macht vor nichts halt. Sogar als öffentlicher Ausrufer oder Koch läßt er sich verdingen." Ein späterer Autor schreibt, dieses Mißbehagen an der Erwerbsarbeit sei keine Faulheit gewesen. Vielmehr „verabscheuten sie, was ihnen eine gebückte Haltung, verkrüppelte Glieder oder mißgestaltete Hände einbrachte und was sie schmutzig machte".

Von ein paar Äthiopiern abgesehen, waren die Sklaven von weißer Hautfarbe und in der Regel „Barbaren", also Nicht-Griechen. Denn unter ihren eigenen Landsleuten machten die Griechen nur dann (männliche) Kriegsgefangene, wenn sie auf ein gutes Lösegeld hoffen konnten. Mit Frauen und Kindern verhielt es sich natürlich anders.

Für eine schlechte Behandlung waren Sklaven zu wertvoll. Sie konnten zum Verwalter des Hofes eines Aristokraten aufsteigen. Sklaven, die im Haushalt eingesetzt waren, in der Regel nicht mehr als zwei, mußten ebenso früh aufstehen wie ihr Herr, denn ein Bürger wollte immer einen Sklaven um sich haben, für den Fall, daß etwas zu erledigen war. Mit einem

Einige Philosophen gingen stets barfuß. Die einfachste Fußbekleidung war die Sandale, die auch das bevorzugte Instrument für körperliche Züchtigung war, „für Kinder, Sklaven und Ehemänner", wie ein Historiker bemerkt. Die Schuhe konnten weiß, leuchtend rot oder schwarz sein; waren sie aber schwarz, so durften sie nicht zu sehr glänzen. Die Sklaven galten nämlich als nachlässig beim Schuheputzen, und wenn jemand hell glänzende Schuhe trug, nahm man an, er habe sie selbst geputzt!

Die Art, wie ein Athener in der Öffentlichkeit auftrat, sein Gang und seine Art zu sprechen, wurden genau beobachtet.

Sklaven im Gefolge auf der Agorá zu erscheinen, darauf legte der Bürger großen Wert.

Die Männer trugen gewöhnlich die Tunika und den Überwurf – zwei rechteckige Stücke Wollstoff, die in verschiedener Weise zusammengebunden wurden. Sie mußten aber nach der Mode geordnet werden, und dies wurde notfalls mit kleinen, am Saum angebrachten Gewichten erreicht. Auch die Länge (etwa bis zur halben Höhe des Schienbeins) war wichtig. Die Kleidung war meist weiß; nur Frauen trugen gelb. Schmuck war bei Männern verpönt.

Der große Aristoteles beschrieb einen ehrbaren Mann so: „... langsame Bewegungen, eine tiefe Stimme, wohlgesetzte Rede".

Die Tagesgeschäfte wurden auf der Agorá abgewickelt, wo außer den Händlern auch die Geldwechsler und -leiher an ihren Tischen saßen. Wenn ein Athener fragte: „An wessen Tisch verkehrst du?", so war das einfach die Frage nach der Bankverbindung seines Gegenübers. Sparta, der große Rivale Athens unter den Stadtstaaten, verwendete Eisenbarren als einziges Zahlungsmittel. Athen dagegen hatte dem sagenhaft reichen Lydier Krösus so manches abgeschaut und bot verschiedene Bankdienste an, unter anderem Geldwechsel und Kreditgeschäfte. An den Tischen saßen stets ortsansässige Ausländer, jedoch nie Juden. Diese spielten zwar andernorts im Bankgewerbe eine große Rolle, waren aber in Athen nicht zugelassen.

Da die körperliche Arbeit verpönt war, gelang es Ausländern leicht, in vielen Gewerben Fuß zu fassen. Sie erlangten Reichtum und Einfluß, nur das Bürgerrecht wurde ihnen und sogar ihren in Athen geborenen Kindern eifersüchtig verwehrt. Im Lauf der Zeit wurden die Bestimmungen hinsichtlich des Bürgerrechts eher noch verschärft.

Den Nachmittag verbrachte man gewöhnlich in einem der drei Gymnasien – einer Frühform des Herrenklubs mit Schwerpunkt Sport. Platon lehrte seine Philosophie in der Akademie – „im akademischen Hain" –, Aristoteles zog das Lykaion vor. Das Kynosarges war weniger exklusiv: Man sagte, hier seien auch Personen mit ungeklärtem Bürgerrecht zugelassen; Sklaven hatten allerdings keinen Zutritt.

Die Athener waren von sportlichen Übungen und dem Ideal des schönen männlichen Körpers beseelt. Man hat hierfür verschiedene Erklärungen gesucht, wie beispielsweise die damals sich ändernde Militärtechnik: Die geschlossene Formation der Hopliten, die Schulter an Schulter hinter einem Wall von Schilden vorrückten, ließ dem einzelnen keinen Spielraum mehr, Kraft und Mut zu beweisen – die Arena bot da einen willkommenen und weniger gefährlichen Ausgleich. Auch der Sport war ein Vorrecht, das die Bürger genossen. Die Sklaven waren von den körperlichen Ertüchtigungen ausgeschlossen.

Das hohe Ansehen, das athletische Glanzleistungen einbrachten, ließ jedenfalls den Typ des Berufssportlers entstehen, der zum Helden seiner Zeit wurde. Die offiziellen Preise bei den berühmten

Spielen waren genauso symbolisch zu verstehen wie die olympischen Medaillen unserer Zeit. Doch warteten auf die Sieger reiche Belohnungen, einschließlich Verköstigung und Unterkunft auf Lebenszeit.

Um die Sportfelder gruppierten sich ansteigende Sitzreihen und Kolonnaden, von denen aus die älteren Bürger den jüngeren mit gespannter Aufmerksamkeit zusahen. Die Athleten waren, ebenso wie bei den Olympischen Spielen selbst, unbekleidet. Das gemeinsame kalte Bad nach den Spielen galt als eine Demonstration der Männlichkeit.

Man kannte kein Bad im engeren Sinn, vielmehr stellte man sich unter einen

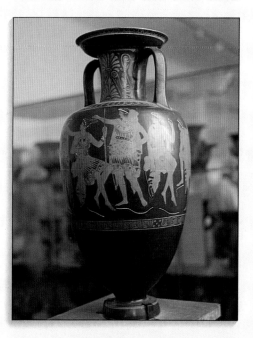

Wasserstrahl oder ließ sich aus einem bronzenen oder irdenen Gefäß begießen. Dabei zu singen, galt nicht als weichlich, nur als ordinär. Nach dem Waschen rieben sich die Männer mit duftendem Olivenöl ein, das dann mit einem gebogenen Bronzewerkzeug abgeschabt wurde.

Alles in allem war es kein schlechtes Leben – jedenfalls nicht, wenn man Bürger war und einen oder zwei Sklaven hatte, dazu eine willfährige Frau, einen Hang zu Politik und Sport, und wenn man auf Bohnen verzichten konnte. Wer andere Bedürfnisse hatte – der würde hier wohl ein paar Einschränkungen machen.

LORD BYRON UND DIE PHILHELLENEN

Am Morgen des 5. Januar 1824 – der Unabhängigkeitskrieg tobte bereits seit drei Jahren – ankerte eine wunderliche Reisegesellschaft mit zwei Schiffen vor Messolónghi, am Eingang des Golfes von Korinth. Sie wurde mit sämtlichen Gepäckstücken sowie fünf Pferden, einem Neufundländer und einer Dogge an Land gerudert. Ein Aufgebot griechischer Freiheitskämpfer, darunter ein kleiner, untersetzter Mann im Frack und mit einer Baskenmütze auf dem Kopf, empfing die Ankömmlinge standesgemäß mit Kanonen- und Musketensalven.

Der Kleine nannte sich Präsident des griechischen Senats – etwas voreilig, denn der Aufstand gegen die Türken befand sich in einer ziemlich kritischen Phase. Außerdem war Prinz Alexander Mavrocordato eigentlich gar kein Prinz, aber er stand die Rebellion durch und wurde fast zehn Jahre später der Ministerpräsident des Landes.

Berüchtigter Frauenheld: Als erster setzte der berühmte englische Dichter Lord Byron in einer neuen, scharlachroten Uniform seinen Fuß auf griechischen Boden. Bei zahllosen Damen der Gesellschaft war er allerdings mehr wegen seines freizügigen Lebenswandels bekannt. Das erwartungsvolle Empfangskomitee sah ihn jedoch in ganz anderem Licht: als reichen Ausländer, der sich der griechischen Unabhängigkeit verschrieben hatte, während sie selbst nichts besaßen. Zur Reisegesellschaft ihres – wie sie hofften – künftigen Wohltäters gehörten: der jüngere Bruder einer von Byrons neuesten Freundinnen, der Diener Fletcher, der ungern nach Griechenland zurückkehrte, ein venezianischer Gondoliere, der glaubte, sein Vater habe ihn an Byron verkauft, ein als Page verkleideter griechischer Junge, ein Leibarzt sowie ein schwarzer, amerikanischer Diener, der in den Aufzeichnungen über diese seltsame Reise nie namentlich erwähnt wird.

Den Dichter Lord Byron kennt in Griechenland noch heute jedes Kind.

Man muß Byron zugute halten, daß er sich selbst in seiner Rolle recht lächerlich vorkam. Mit seinen 35 Jahren zahlte er dafür, daß er seinem frühen Ruhm als vielversprechender Dichter ein ausschweifendes Leben hatte folgen lassen. Seine gefeierten Locken wurden bereits grau, und die Zähne drohten ihm auszufallen. Während Napoleons Herrschaft hatte der Engländer Byron (wie so mancher andere Staatsbürger auch) die übliche europäische Bildungsreise nicht unternehmen können. Statt dessen war er in einen entlegenen Teil der Welt aufgebrochen: nach Griechenland.

Seine Gedichte über das alte, ruhmvolle, durch jahrhundertelange Herrschaft der türkischen Barbaren versklavte Griechenland wurden unglaublich populär (im Ausland noch mehr als bei den Griechen selbst, deren Bildungsstand nicht der allerbeste war). Man konnte sie wie eine Anstiftung zur Revolution lesen. Als sich die Griechen dann wirklich gegen die Türken erhoben, fühlte sich Byron verpflichtet, ihnen zu Hilfe zu eilen, ja für sie zu sterben. Er traf ein in der Aufmachung eines Generals, aber vom Militärhandwerk verstand er nichts.

Schon bald wurde er ernüchtert durch den Pöbel, der sich, statt für hohe Ideale zu kämpfen, um das Geld stritt, das Byron austeilte. Vier Monate nach seiner Ankunft geriet er bei einem Ausritt in einen Platzregen. Danach klagte er über Rückenschmerzen, und ein paar Tage später starb er einen ziemlich unheroischen Tod. Abgesehen von dem Geld, das er mitbrachte, und seiner Fürsprache für ein paar Muslime, hatte er persönlich nichts erreicht – und er wußte es.

Wechselnde Fronten: Die Verehrung, die Byron bis heute in Griechenland genießt, überschattet den weit wichtigeren, aber weniger augenfälligen Beitrag anderer Ausländer im griechischen Freiheitskampf – und zwar auf beiden Seiten. Die Art, wie Byrons Aufruf von gebildeten Kreisen in ganz Europa aufgenommen wurde, war ein Vorgeschmack auf den Enthusiasmus der Internationalen Brigaden im Spanischen Bürgerkrieg hundert Jahre später. Tausende von Freiwilligen meldeten sich für Griechenland, vor allem Deutsche, Dänen, Schweizer und einige Engländer, die dem Philosophen Jeremy Bentham anhingen. Die meisten verstanden genausoviel vom Kriegführen wie Byron selbst, und so war es sicher kein Verlust, daß nur wenige tatsächlich in Griechenland eintrafen. Zu diesen gehörten aber auch Freiwillige und Söldner, deren tatsächlicher Beitrag heute so gut wie vergessen ist.

Erst relativ spät in diesem Krieg erlangte Athen – vor allem die Akrópolis – symbolische Bedeutung. Bis dahin waren

der Rest waren Flüchtlinge, Verstümmelte, Frauen und Kinder. 400 wurden getötet, noch ehe sie in ausländischen Konsulaten Zuflucht finden konnten. Dies war aber nur eine der Grausamkeiten dieses schmutzigen Krieges.

Die Türken sammelten ihre Kräfte, und mit Hilfe der Truppen des ägyptischen Herrschers Mehmet Ali (eines Albaners und ehemaligen Tabakhändlers) gewannen sie 1826 die Kontrolle über fast das gesamte festländische Griechenland zurück. Die Akrópolis wurde erneut belagert, diesmal von den Türken.

Es grenzt an ein Wunder, daß der Parthenon die sechsmonatige Belagerung

die griechischen Führer einem Bericht zufolge nur damit beschäftigt, sich gegenseitig auszustechen. Mitten in dem Wirrwarr saß eine türkische Garnison auf der Akrópolis. Sie konnte zwar nichts unternehmen, aber richtig ernst wurde ihre Situation erst im Winter 1821, als die Wasservorräte zu Ende gingen. So kapitulierte sie und erhielt die Zusicherung für freies Geleit bis zu den ausländischen Schiffen in Piräus. Als Gegenleistung mußte sie sämtliche Waffen und die Hälfte ihres Geldes abliefern.

Unter den 1.150 Türken, die sich ergaben, waren nur 180 waffenfähige Männer,

überstanden hat. Die Türken nahmen ihn wieder und wieder unter Beschuß, obwohl der Sultan dies verboten hatte – allerdings standen sie dem berühmten venezianischen Kanonier Schwarz (1687) um einiges nach.

An der Aufhebung des Belagerungszustandes waren europäische Philhellenen beteiligt. Auf der Akrópolis war der französische Oberst Charles Fabvier eingeschlossen. Er hielt sich für das Opfer eines Ränkespiels seines englischen Erzfeindes General Sir Richard Church und der griechischen Regierung. Mit einer kleinen, von ihm ausgebildeten Truppe war er, einen Pulversack auf dem Rücken, durch die türkischen Linien auf die Akrópolis gelangt in der Annahme, er werde nur die Reserven der Garnison verstärken und sich in der nächsten Nacht wieder davonmachen können. Aber es kam anders als erwartet: Jedesmal, wenn Fabvier die Festung verlassen wollte, eröffneten die belagerten Griechen das Feuer, um die Türken abzulenken.

Fabvier hatte früher in der napoleonischen Armee gedient und den Schock von Waterloo nie überwunden. A1s überzeugter Republikaner und fähiger Offizier stellte er Griechenland seine Dienste unentgeltlich zur Verfügung. Er haßte den

lich wenig. Captain Lord Cochrane, der Erbe des Grafen Dundonald, hatte schon 1805 als englischer Fregattenkapitän bei Trafalgar gekämpft (auch das mußte der arme Fabvier noch verkraften!). In England hatte Cochrane dann eine Haftstrafe zu verbüßen und wurde aus dem Unterhaus ausgeschlossen, weil er aufgrund einer verfrühten Meldung über eine Niederlage Napoleons unerlaubte Kursgewinne an der Börse eingestrichen hatte. Es gelang ihm, nach Südamerika zu entkommen, wo er Karriere machte und nacheinander Flottenkommandeur in Chile, Peru und Brasilien wurde. Der Hüne mit dem roten Haarschopf gebrauchte sein Tele-

Eingländer Church, weil dieser unter dem despotischen König von Neapel und obendrein gegen Napoleon gekämpft hatte. Nun mußte er auf der Akrópolis auch noch erleben, daß Church über seinen Kopf hinweg zum Oberkommandierenden avanciert war.

Auch von dem neu ernannten Flottenadmiral hielt der Republikaner Fabvier herz-

Links: Die Seeschlacht von Samos, ein Aquarell aus dem Jahr 1824. Rechts: In der Schlacht von Navarino kam es zum Zusammenstoß zwischen Ländern, die sich den Krieg nicht erklärt hatten.

skop immer gern als Stock und erstickte jede Spur von Aufsässigkeit in der Mannschaft mit einem oder auch mehreren Faustschlägen.

In seine Heimat Schottland zurückgekehrt, erfuhr Cochrane, daß die Griechen einen Admiral suchten und diesen aufgrund von Börsengeschäften – die nicht weniger zweifelhaft waren als seine eigenen – auch bezahlen konnten. Sein Honorar war beachtlich: Er verlangte fast die gesamten griechischen Steuereinnahmen eines Jahres, aber die Griechen unterschrieben. Hinzu kamen vereinbarte Gelder, die mit 97.000 £ sogar noch höher lagen, sowie das Anrecht auf das Geld, das von feindlichen Schiffen erbeutet wurde. Cochrane versprach, mit den von ihm geforderten Schiffen, zu denen eine Jacht für ihn selbst und eine für das Offizierskorps gehörte, die feindliche Flotte zu vernichten und Konstantinopel niederzubrennen.

Church und Cochrane, von denen jeder als erster auf der Akrópolis dinieren wollte, verfolgten die Ereignisse zumeist von ihren Jachten aus. Eigentlich war der Anmarsch von Piräus aus unproblematisch, aber die beiden machten den Sturm auf die Festung zur größten militärischen Katastrophe in der Geschichte der Griechen. Gegen den Rat des griechischen Kom-

mandanten unternahmen sie eine erneute Landung am Ende der Bucht von Pháleron. Die Männer rückten nun nicht im Schutz von Olivenhainen vor, sondern ganz ohne Deckung unter dem Beschuß einer türkischen Haubitze.

Als Church und Cochrane an Land gingen, um ihren vermeintlichen Sieg zu feiern, kamen ihnen die Reste ihrer geschlagenen Truppen entgegen, die sich auf dem Rückzug befanden und von türkischer Kavallerie verfolgt wurden. Bis zum Hals im Wasser watend, begaben sich der Herr General und der Herr Admiral in beschleunigtem Tempo zu ihren Booten zu-

rück. Die Pläne zur Einnahme der Akrópolis wurden endgültig aufgegeben. Fabvier ergab sich wutentbrannt und führte seine Männer aus der Festung.

Schließlich entschied der Britisch-Russisch-Französische Vertrag von London über das weitere Schicksal der Akrópolis. Die Griechen gaben dem Waffenstillstand ihre volle, die Türken nur ihre eingeschränkte Zustimmung: Man wollte sich erst vergewissern, daß Cochrane ihn einhielt. Am 20. Oktober liefen die britischen, französischen und russischen Flaggschiffe mit ihren vereinten Flotten im Hafen von Navarino ein und ankerten unmittelbar vor den türkischen und ägyptischen Admiralen, die dort mit ihren Schiffen vor Anker lagen. Bald war die Schlacht in vollem Gange.

„Vier Stunden lang reinstes Inferno," hielt der britische Admiral Sir Edward Codrington in seinem Bericht fest. „Als schließlich alles zu Ende war, bot sich ein Bild der Verwüstung, wie man es selten zuvor irgendwo gesehen hat." Codrington selbst erhielt an diesem Tag zwei Kugeleinschüsse in seinen Rock und einen weiteren in den Hut. Die vereinten britischen, französischen und russischen Flotten verloren kein einziges Schiff, aber die meisten wurden schwer beschädigt. Dagegen mußten mindestens 60 Kriegsschiffe des Sultans ausgemustert werden.

Mit der Schlacht von Navarino war der Krieg noch lange nicht zu Ende. Er zog sich nochmals fünf Jahre hin, in denen der türkische Sultan noch um die Bedingungen einer Anerkennung der griechischen Unabhängigkeit stritt. Die Philhellenen der ganzen Welt, die den Aufstand der Griechen in erster Linie áusgelöst hatten, waren dann auch bei seiner Beendigung federführend. Die Schlacht von Navarino war in der Kriegsgeschichte ein einmaliges Ereignis: Alle Schiffe, die daran teilnahmen, lagen vor Anker, und keine der beteiligten Mächte – die Türkei, Ägypten, Großbritannien, Frankreich, Rußland – hatten sich vorher den Krieg erklärt.

Links: Lord Byron und sein Hund Lion. **Rechts:** In Griechenland wird der Dichter Lord Byron wie ein Held verehrt.

DIE ALTEN UND DIE NEUEN GRIECHEN

Platon hat uns eine rührende kleine Unterhaltung überliefert, die wohl einst im Schatten der Akrópolis geführt wurde. Sophokles, damals ein stolzer Greis von 80 Jahren, traf einen etwa gleichaltrigen Freund, der ihn nach Art alter Männer augenzwinkernd fragte, ob er wohl noch sexuelle Gelüste habe. „Sprich mir nicht von so etwas", soll der große Tragödiendichter geantwortet haben. „Ich bin froh, davon jetzt frei zu sein. Ich fühle mich, als ob ich endlich einen wahnsinnigen Irren losgeworden bin, an den ich mein ganzes Leben gefesselt war." Solchermaßen befreit, lebte er weitere zehn Jahre und schrieb noch einige der größten Werke der Weltliteratur.

Hinter den Worten des Sophokles steckt eine tiefere Bedeutung. Die alten Griechen – in der Rückschau die Griechen der Jahrzehnte des klassischen Athen um die Mitte des 5. Jh. v.Chr. – glaubten an die Weisheit als das höchste Gut im Leben des Menschen. Wie Sophokles sich von dem „wahnsinnigen Irren", der fleischlichen Lust, befreite (oder durch sein Alter davon befreit wurde), so machten sich auch andere berühmte Zeitgenossen wie Perikles von den verführerischen Versuchungen der Parteipolitik frei und stiegen in die höchsten Höhen der Staatskunst auf.

Das moderne Griechenland, das gerade erst 170 Jahre alt ist, unternimmt in mancher Hinsicht den gleichen Versuch.

Politisch heiß: In der Politik gibt es verblüffende Parallelen. Die innenpolitische Szene ist genauso überhitzt wie im alten Athen: rechte Aristokraten gegen linke Demokraten. Und ebenso wie damals die Perser der Erzfeind waren, der von jenseits der Agäis drohte, sind es heute die Türken. In den letzten 20 Jahren standen Griechenland und die Türkei mindestens zweimal am Rand eines Krieges. Ob den heutigen Griechen der Gedanke weiterhilft, daß ihre Vorfahren die Perser

Die Athener machen sich nicht viel aus ihrer Vergangenheit, weil sie ganz in der Gegenwart leben.

schließlich auch irgendwann durch Alexander den Großen losgeworden sind?

Drei Jahrhunderte waren seit dem Goldenen Zeitalter verstrichen, da besetzten die römischen Legionen ein durch ständigen inneren Zwist geschwächtes Griechenland. Am Ende des 20. Jh. gehört das moderne Griechenland wiederum zu einer größeren Einheit, die manchem als direkter Ableger des römischen Ideals von einem vereinigten Europa erscheint – der EU. Aber diesmal ist es ein friedlicher Prozeß, und die meisten Griechen sehen in ihrem 1982 vollzogenen EU-Beitritt etwas Gutes. Oder sollte dieses Land jetzt zum billigen, touristenüberschwemmten Urlaubsstrand Europas werden?

Der „wahnsinnige Irre" des Sophokles ist auch noch da, und zwar in Gestalt eines sich zyklisch wiederholenden Tobsuchtanfalls, der im neoklassizistischen Parlamentsgebäude *(Voulí),* im Hader der Parteien oder in der Kaffeehausrunde die Leidenschaften hochgehen läßt und sich alle vier Jahre im Wahlkampf entlädt. Dieser Energieverschleiß raubt den Griechen die Kraft zu vernünftiger Arbeit, wie man an den Telefonanlagen, den öffentlichen Dienstleistungen und der überall mangelnden Organisation nur unschwer erkennt.

Der Athener Taxifahrer, der es ablehnt, in eine bestimmte Vorstadt zu fahren, der Verkehrspolizist, der bei ein paar Regentropfen gleich Unterschlupf sucht, der Bankbeamte, der eine alte Frau anpöbelt, weil sie ihre Rente abholen möchte, der Minister, der seinen Verwandten Regierungsgeschäfte überträgt – dies alles sind Symptome eines Grundkonflikts in der griechischen Seele: Warum muß ich in einer materialistischen Welt so hart arbeiten, wo ich doch aufgrund meiner ganzen Kultur und Lebensanschauung viel lockerer leben möchte?

Die alten Griechen verehrten das geistige Leben. Auch die heutigen Griechen haben diesen Hang, können ihn aber nicht ausleben. Innerhalb von 30 Jahren wurde Griechenland vom Status einer Agrarwirtschaft ins Computerzeitalter katapultiert; aber das Volk kam da nicht mit. Von deutscher Geschäftigkeit oder britischer Höflichkeit ist beispielsweise wenig zu spüren, denn bis Mitte dieses Jahrhunderts waren derartige Sekundärtugenden nie verlangt worden.

Mancher wird sagen, die moderne griechische Mentalität habe sich schon Bahn gebrochen, als Perikles auf dem Totenbett lag und prinzipienlose, ehrgeizige Politiker um die Macht rangelten. Das moderne Gegenstück zu Perikles, diesem fähigsten Staatsmann des alten Athen, ist Konstantin Karamanlis. Er verhalf Griechenland in den späten 1950er und wieder in den späten 1970er Jahren zu Stabilität, stellte nach siebenjähriger Militärdiktatur fast im Alleingang und ohne Blutvergießen die Demokratie wieder her und führte das Land in die Europäische Union, stets im Geist unablässiger, würdevoller Erfüllung seiner Pflichten.

Perikles starb an der Pest und mußte nicht mehr erleben, wie im fast 30 Jahre dauernden Peloponnesischen Krieg das blühende Athen von Leuten wie Kleon und Alkibiades zertreten wurde. Karamanlis hingegen blieben die Skandale und Korruptionsaffären während der Regierung Papandreou nicht erspart. 1995 trat er als ältester amtierender Politiker Europas als Staatspräsident zurück.

Nachdem Rom die niedergehenden Stadtstaaten überrollt und seinem Reich einverleibt hatte, schenkte das Christentum dem griechischen Geist für einige Zeit neues Leben. In der Bibel lesen wir, wie der Apostel Paulus auf dem großen Felsen westlich der Akrópolis stand (heute ist dieser Fels von den Sandalen der Touristen glattpoliert), während ihn einige Sophisten als „Schwätzer" verlachten. Diese blieben jedoch eine Minderheit. Paulus erkannte sofort das geistige Potential der Griechen, denn in der Stadt erblickte er den Altar, der „dem Unbekannten Gott" geweiht war. Eine solch revolutionäre Erscheinung in dem Land der zwölf olympischen Götter machte sich Paulus zunutze.

Er verkündigte die Lehre Christi, doch man fertigte Paulus höflich ab: „Wir werden von dieser Sache wieder hören." Wer war schließlich dieser Jude, der die Griechen auf ihrem ureigensten Gebiet her-

ausforderte? Doch dieser Jude hatte gewonnen. Unter seinen Zuhörern waren die ersten beiden Griechen, die zum Christentum übertraten: Diónysios Areopágitos (die Hauptstraße unterhalb der Akrópolis trägt jetzt seinen Namen) und eine Frau namens Damáris (nach ihr ist eine lange Straße im Stadtteil Pangrati benannt).

Heute, nach ungefähr 2.000 Jahren, ist Griechenland ein durch und durch christliches Land. 98 Prozent der Bevölkerung bekennen sich zur **Griechisch-Orthodoxen Kirche**, der ältesten Kirche der Christenheit. Die orthodoxe Geisteshaltung hält dem Zusammenprall mit der westlichen Zivilisation stand und lebt immer

dann wieder neu auf, wenn politische und soziale Fragen nicht gelöst werden können. Modisch angezogene junge Leute, die noch vor fünf Jahren eher in die Diskothek gingen, sieht man heute oft ganz in sich versunken vor den Fresken der alten Kirchen stehen.

Die orthodoxe Kirche war es, die während der 500jährigen türkisch-osmanischen Besatzung (15.–19. Jh., in einigen Landesteilen bis 1913) das griechische Gedankengut und die griechische Sprache weiter pflegte. Heute beklagen alle Griechen den prägenden Einfluß jener Fremdherrschaft, die dem Land den sozialen

Fatalismus, den Hang zur Staatskorruption, die Neigung zur Duckmäuserei und die Scheu vor dem leidenschaftlichen Eintreten für eine Sache gebracht habe.

Die Griechen sind sich ihrer psychischen Blockierung wohl bewußt und haben ihr sogar einen Namen gegeben: *Efthinophobía* (Scheu vor Verantwortung). Sie ist das Erbe jahrhundertelanger Wirren unter schwachen Herrschern. Minister sind ihrem Parteiführer gefügig; der Mann auf der Straße hält seiner Partei auch dann noch die Treue, wenn seine Taschen leer sind; parlamentarische Rebellion gilt schon fast als Hochverrat, und der jeweilige Machthaber ist König, worüber sich schon mehrere Diktatoren gefreut haben.

Die Abneigung gegen unabhängige Politiker ist vielleicht die deutlichste Abkehr vom altgriechischen Ideal. Ein soziales *Scherbengericht* wäre heute eine Todsünde. Ein Grieche wird selten zum Verräter – aber wenn er es wird, dann wird sehr viel Wind darum gemacht. Themistokles rettete die griechische Kultur 480 v.Chr. in der Seeschlacht von Salamis. Danach widerte ihn der politische Wirrwarr so an, daß er floh – und zwar sogar bis hin zum Erzfeind, dem persischen Großkönig. In der nächsten Generation fand Alkibiades im Krieg gegen Sparta die politischen Intrigen einiger Athener Landsleute und Politiker so unerträglich, daß er direkt zum Feind überlief und sogar im eisigen Fluß Eurótas bei Sparta ein Bad nahm.

Heute kann man es sich allerdings nicht vorstellen, daß ein Grieche zu den Türken überlaufen würde – auch wenn man ihn zu Hause noch so schlecht behandelt. Insofern stellt der moderne Nationalismus doch schon eine deutliche Verbesserung gegenüber der alten Zersplitterung in Stadtstaaten dar. Aber Tausende von Griechen sind ausgewandert und haben in Nordamerika, der Bundesrepublik, Australien und anderswo ihr Glück gemacht und oft blühende griechische Gemeinden entstehen lassen. Auf den Spuren der antiken Kolonisatoren, die ihre Zivilisation nach Spanien und zum Schwarzen Meer trugen, oder Alexanders des Großen, der die Grenzen der damals bekannten Welt erweiterte, wird es den neuen griechischen Auswanderern vielleicht gelingen, das in der Heimat noch immer nistende Übel des Themistokles und des Alkibiades überwinden zu helfen.

Ein ruhiges Leben: Die Verfassung Griechenlands ist heute eindeutig demokratisch, und in ihr sind alle Rechte eines freien Volkes verankert. Aber immer noch vernimmt man in den Institutionen die unterschwellige Insider-Botschaft der alten Seelentyrannei. Der schnelle und hektische Lebensrhythmus behagt dem Griechen noch nicht. Er sehnt sich weiterhin nach der Siesta, der gemütlichen Geselligkeit, einem weniger verplanten und vorprogrammierten Leben.

Als der Schriftsteller C.S. Lewis 1960 die Ruinen von Mykene besuchte und das 3.000 Jahre alte, geschichtsträchtige Löwentor des Agamemnon betrachtete, rief er in Erinnerung an die alten griechischen Tragödien aus: „Mein Gott! Der Fluch ist doch noch lebendig!"

Aber er wird es wohl nicht mehr lange bleiben. Diese Gewißheit nimmt zu, je länger Griechenland den Weg des übrigen Europa geht.

Die Antike im Spiegel der Moderne. <u>Links</u>: Die berühmte „Pariserin", ein Fresko aus Knossos. <u>Rechts</u>: Eine Frau von heute.

Das Bemerkenswerteste an den Griechen ist ihre Einzigartigkeit. Sie gehören keiner der großen Volksgruppen an und sind sogar auf Formularen der amerikanischen Einreisebehörden als eigene ethnische Gruppe aufgeführt.

Ihre Sprache unterscheidet sich von allen anderen Sprachen, und sie bekennen sich zum griechisch-orthodoxen Glauben. In ihrer Geschichte liegen die Wurzeln der westlichen Zivilisation, und dort taucht auch ein junger König auf, der die ganze damals bekannte Welt eroberte, Alexander der Große. Die antike Geschichte erfüllt alle Griechen mit Stolz.

Der schwarze Dienstag: Allerdings hinterließen vier Jahrhunderte der Knechtschaft unter den Türken auch bleibende Spuren im kollektiven Gedächtnis des Volkes. Das folgende Beispiel zeigt, welche Auswirkung der 29. Mai 1453 hatte, der Tag, an dem Konstantinopel fiel: Der verhängnisvolle Tag war ein Dienstag, und seitdem ist der Dienstag für Griechen ein schwarzer Tag, so wie Freitag der 13. bei uns.

Ein Athener, der etwas auf sich hält, würde nie an einem Dienstag heiraten, ein Haus kaufen oder sonst etwas Wichtiges unternehmen. Er ist fest davon überzeugt, daß die Katastrophe, die an diesem schicksalhaften Tag vor 500 Jahren über Konstantin IX. hereinbrach, sicherlich auch ihn ereilen würde. Jener vom Glück verlassene letzte Kaiser von Byzanz fand auf den Mauern der Hauptstadt kämpfend den Tod.

Während die übrigen europäischen Staaten die Renaissance, das Zeitalter der Entdeckungen, die Aufklärung, die Inquisition, die Französische Revolution und den Anbruch des Industriezeitalters erlebten und ihre Bürger zu wohlhabenden und hochentwickelten Europäern wurden, konnten die Griechen angesichts des os-

manischen Jochs, unter dem sie 400 Jahre lang litten, nichts anderes tun, als das blanke Überleben zu sichern. Durchsetzen konnten sich schließlich die Cleveren und Gewieften, die sich am geschicktesten den tyrannischen Unterdrückern zu entziehen vermochten.

Man sollte annehmen, daß nach über 150 Jahren Unabhängigkeit diese Fähigkeit, Unangenehmem aus dem Weg zu gehen, keine Rolle mehr spielt. Doch das ständige Einmischen europäischer Mäch-

te in griechische Angelegenheiten sowie die schlechte Politik der aus dem Ausland stammenden Königsfamilien wie auch der einheimischen Politiker (gewählter wie nichtgewählter) führten nur dazu, daß die Griechen noch listiger und verschlagener in der praktischen Handhabung ihrer Gesetze wurden.

Leider hat diese Erfahrung die Athener zu sehr mißtrauischen Menschen gemacht. In den meisten mitteleuropäischen Ländern begegnet man einem Fremden erst einmal in der Annahme, eine ehrliche und anständige Person vor sich zu haben, sofern es keinen triftigen Grund gibt, dar-

Vorhergehende Seiten: Nicht nur Platon liebte das Gespräch. **Links:** Ein *Evzone* bewacht das Parlament. **Rechts:** Votivtafeln finden sich in vielen Kirchen.

an zu zweifeln. Wenn ein Grieche einen Fremden trifft, so nimmt er zwar nicht unbedingt gleich an, daß dieser ihm etwas Böses will oder ein Gauner oder Betrüger ist, aber er stellt sich auf diese Möglichkeit ein und ist wachsam auf der Hut und versucht auch schon das kleinste Zeichen zu entdecken, das seinen Verdacht bestätigen könnte. Aufmerksame Fremde, die zum ersten Mal einem Griechen vorgestellt werden, erkennen dies an der Art, wie der Athener seinen Blick verengt und sie abwägend anblickt, während sich beide die Hände schütteln.

Die meisten griechischen Mädchen und Frauen nehmen einen Fremden, der sie

scher Charakterzug gefördert, den es immer noch gibt. Die Katastrophen, die oft durch Dreinreden verursacht wurden, schrieb man zurecht dem *ksénos dáktylos* (fremder Finger) zu. Aber wenn es den Griechen selbst gelang, politische, militärische oder wirtschaftliche Katastrophen zu produzieren – und davon gab es eine ganze Reihe in den vergangenen 150 Jahren -, so war der „fremde Finger" für die verantwortliche Regierung immer ein willkommener Sündenbock. Und so ist es auch allgemein üblich, daß ein Grieche sich weigert, jegliche Verantwortung für seine Fehler zu übernehmen und die Schuld lieber auf andere schiebt.

freundlich anlächelt, gar nicht zur Kenntnis, in der festen Überzeugung, daß er versuche, sie „anzumachen". Als im Jahr 1952 ein Gesetz verabschiedet wurde, das Frauen erstmals das Wahlrecht bei Parlamentswahlen zuerkannte, sprach ein ahnungsloser amerikanischer Journalist in Athen eine Frau auf der Straße an und fragte sie, was sie vom neuen Gesetz halte. Sie fühlte sich belästigt, starrte ihn empört an, schlug ihm die Handtasche ins Gesicht und rief: „Hau ab, du widerlicher Schuft!"

Durch die Einmischung ausländischer Regierungen in griechische Angelegenheiten wurde auch ein weiterer griechi-

Seit den Jahren der Unterdrückung gehört außerdem der enge Zusammenhalt der Familie zum Wesen der Griechen (bewundernswert, sofern dies nicht mafiaähnliche Ausmaße annimmt). Familiensolidarität steht immer an oberster Stelle, sogar noch über der Gesetzestreue und dem Patriotismus.

Familienzusammenhalt war von entscheidender Wichtigkeit zu Zeiten der Osmanen, als es sein konnte, daß selbst Freunde oder Nachbarn Vertraulichkeiten an die Türken weitergaben, wenn ihr Leben davon abhing oder manchmal auch nur wegen eines persönlichen Grolls. Die engsten Angehörigen waren daher die einzigen, denen ein Grieche absolut trauen konnte. Dieses Gefühl hat sich bis heute gehalten, und von wenigen Ausnahmen abgesehen, verhält sich ein Grieche immer loyal gegenüber seiner Familie.

Zusätzlich zu all diesen Wesensmerkmalen haben die Athener Griechen noch andere, die von verschiedenen Seiten beeinflußt wurden. Nur wenige Einwohner über 30 sind gebürtige Athener, und die unter 30 sind naturgemäß von den fremden Einflüssen ihrer Eltern geprägt. Denn so wie Amerika einst der Schmelztiegel Europas war, so wurde Athen zum Schmelztiegel Griechenlands. Innerhalb

gerkriegs, der in den Jahren nach dem Zweiten Weltkrieg im Land tobte. Dieser Trend hielt in den 50er und 60er Jahren an, als die Menschen die vernachlässigten Provinzen verließen und in die Hauptstadt drängten, um Arbeit und eine bessere Zukunft für ihre Kinder zu finden.

Massenexodus: Andere, die den kleinen, in Istanbul gebliebenen griechischen Gruppen angehörten, mußten ab 1955 in Griechenland Zuflucht suchen, nachdem das Leben in der Türkei wegen der Meinungsverschiedenheiten um Zypern immer unerträglicher geworden war.

Dazu kamen die Griechen aus Ägypten, die das Land verlassen mußten, als Nasser

von 50 Jahren wurde aus einer Stadt mit einigen Hunderttausend Einwohnern, unter Einbeziehung des Hafens Piräus und der Vororte, eine großflächige Vier-Millionen-Metropole.

Den ersten großen Zustrom brachten um 1922 Flüchtlinge aus der Türkei, nachdem die griechische Armee in Kleinasien von Kemal Atatürk besiegt worden war. Noch mehr griechische Familien kamen nach Athen während des erbitterten Bür-

Links und rechts: Das Leben spielt sich in Athen zum großen Teil im Freien ab.

verkündete: „Ägypten den Ägyptern". Einigen gelang es, Geld mitzunehmen und in Griechenland neue Geschäfte aufzubauen. Andere merkten, daß ihre geringen Fremdsprachenkenntnisse, die sie in den vielsprachigen Ausländervierteln von Alexandria, Kairo, Port Said und Suez erworben hatten, von unschätzbarem Wert für den aufblühenden Tourismus in Griechenland waren, wo dringend Personal für Hotels, Fluggesellschaften, Reisebüros und Reedereien gebraucht wurde.

Die Ölkrisen der 1970er Jahre brachten erneut eine Welle im Ausland lebender Griechen nach Athen, diesmal Gastarbeiter mit ihren Familien aus Deutschland und anderen westeuropäischen Ländern, wo sie nicht mehr benötigt wurden. Auch nach Australien, Kanada oder anderswo ausgewanderte Familien beschlossen, in ihre Heimat zurückzukehren. Diese Auslandsgriechen sind im allgemeinen höflicher und zuvorkommender als „griechische" Griechen.

Alltagskultur in Athen: Die Taxifahrer sind in Athen meist mürrisch, schlecht gelaunt und unverschämt. Das ist ja auch ganz verständlich bei Leuten, die ihre Arbeitszeit in einer vom Verkehr verstopften Stadt und dem selbst produzierten Smog verbringen. Wie überall auf der

mangels Taxen ist dieses Verfahren inzwischen gang und gäbe.

Zum Ausgleich gibt es einige Athener Taxifahrer, die so großzügig sind, daß sie es sich nicht nehmen lassen, einen Ausländer zu einer ihnen unbekannten Adresse zu bringen, ohne einen Aufpreis für lange Irrfahrten zu verlangen. Man kann es Athener Taxifahrern nicht übelnehmen, daß sie die Straßen der Stadt nicht kennen, denn sie kommen geradewegs vom Land, wo sie das Fahren auf dem Traktor gelernt haben. Ihr Taxi und ihre Lizenz kaufen sie sich mit Krediten, die von der Landwirtschaftlichen Bank für den Anbau von Rüben zur Verfügung ge-

Welt sind die Fahrer der Flughafen-Taxis bekannt dafür, daß sie ankommende Fluggäste übers Ohr hauen, indem sie das Vielfache des Fahrpreises verlangen.

In der Stadt hingegen meiden sie oft Touristen, da sie an ihren Landsleuten mehr verdienen können, und zwar deshalb, weil es sich in den letzten Jahren eingebürgert hat, daß besetzte Taxis unterwegs Leute mitnehmen. Der Fahrer berechnet jedem Passagier den vollen Fahrpreis und verdient so für die gleiche Strecke und Zeit das Drei- bis Vierfache des normalen Preises. Bei Ausländern funktioniert das nicht ganz so gut, doch

stellt werden. Außerdem wechseln die Straßennamen regelmäßig mit jeder neuen Regierung, weil die Bürgermeister eifrig bemüht sind, den neuen Machthabern zu gefallen.

Das Personal in Athener Hotels ist meist mehrsprachig, tüchtig und höflich, besonders wenn das Hotel ein Familienbetrieb ist. Das gleiche gilt auch für die Kellner in kleinen Restaurants und Tavernen, auf deren Freundlichkeit Verlaß ist, auch wenn sie scheinbar unwirsch das Besteck für sechs Gäste in die Tischmitte werfen.

Viele ausländische Besucher verblüfft der Anblick erwachsener Männer in Cafés während der Arbeitszeit. Diese Leute faulenzen nicht herum. Wenn die Cafés in der Nähe von Gerichtsgebäuden liegen, dienen sie als Treffpunkte für Rechtsanwälte sowie deren Klienten und Zeugen am Tag der Verhandlung. Die genauen Termine für Gerichtsverhandlungen werden nicht festgelegt. Am Morgen wird vor dem Gerichtssaal die Nummer für jeden Fall ausgehängt, und im Café kann man bequem auf den Beginn eines Prozesses warten.

Wenn sich die Cafés in der Umgebung von Ministerien oder Ämtern befinden, so handelt es sich bei den Gästen in aller Regel um Leute, die Geschäfte mit der

sind die Plätze, wo die Baufirmen bei Bedarf ihre Arbeiter anheuern. Als auf dem Höhepunkt des Baubooms in Athen Facharbeiter rar waren, kam es vor, daß sich Arbeiter einen Zettel auf den Rücken hefteten, auf dem ein potentieller Arbeitgeber während des Kartenspiels in großen Zahlen ihre Lohnvorstellungen ablesen konnte. Wer nicht bereit war, diese zu erfüllen, brauchte das Spiel erst gar nicht zu unterbrechen.

In ihrer Freizeit gehen die Griechen am allerliebsten zum Essen aus. Das erklärt auch die überaus große Anzahl an Restaurants und Tavernen im ganzen Stadtbereich von Athen. An zweiter Stelle in der

schwerfälligen und fast in der Bürokratie erstickenden griechischen Verwaltung zu erledigen haben. Im Café treffen sie sich mit ihrem Anwalt, um später dann gemeinsam in ein Amtsgebäude zu gehen.

Die vielen Cafés am Omónia-Platz, im Zentrum Athens, sind voll von Arbeitern, die Backgammon oder Karten spielen, Zeitung lesen oder sich auch nur unterhalten. Auch sie faulenzen nicht. Die Cafés

Links: Kellner können unendlich freundlich sein. **Rechts:** Nach getaner Arbeit trifft man sich zum Kartenspiel.

Beliebtheit stand bisher das Kino, bis in Athen Videotheken aus dem Boden schossen. Nicht verdrängen konnten die Videorecorder dagegen das Theater. Die Gelben Seiten des Athener Telefonbuchs verzeichnen ca. 60 Bühnen, von denen mehr als 40 ständig in Betrieb sind. Sie spielen hauptsächlich Schlafzimmerfarcen französischen Zuschnitts und Kabarett, in dem das aktuelle politische Geschehen aufs Korn genommen wird. Ernsteres bieten meist übersetzte englische, amerikanische und französische Erfolgsstücke. Musicals in griechischer Übersetzung haben lange Laufzeiten.

Eine bestimmte Art von Athenern geht gern in die *bouzoúkia*. Die Bezeichnung stammt von *bouzoúki* (einem Saiteninstrument, das einer Mandoline mit langem Hals ähnelt). In einem solchen Lokal sitzen sechs Musiker in einer Reihe und spielen Bouzoúkis und andere Instrumente, während ein Sänger die Zuhörer mit Liedern über das Schicksal heruntergekommener Typen unterhält. Das Publikum sitzt an Tischen und genießt Früchte und Getränke zu wirklich astronomischen Preisen (gute Bouzoúki-Spieler gehören zu den Spitzenverdienern in der Unterhaltungsbranche). Die Gäste lassen sich von den in voller Lautstärke gespielten Lie-

Auf dem Párnes gibt es auch ein Spielkasino, wo jeden Abend Millionen von Drachmen verspielt werden. Die Griechen spielen gern, und so manches Haus wurde hier verloren, und Geschäfte gingen pleite. Die Spielleidenschaft zeigt sich in der Vorliebe der Athener für Parties, bei denen jedes nur vorstellbare Kartenspiel in jeder nur vorstellbaren Variante bis in die frühen Morgenstunden gespielt wird, und zwar meist mit ziemlich hohen Einsätzen.

Eine weitere Freizeitbeschäftigung für Griechen aller Couleur ist der Pflichtbesuch bei Freunden oder Verwandten an deren Namenstag. Dieser findet im allge-

dern mitreißen: Teller gehen zu Bruch (vorsorglich waren es nur billige), und der Alltagsfrust wird abgebaut.

Die Athener haben das Glück, nur 45 Autominuten vom Strand an der Nord- und Südküste Attikas entfernt zu sein, wo sie im Sommer am Wochenende oder auch an Wochentagen schwimmen, windsurfen, segeln, Wasserski und Motorboot fahren können. Ein weiterer Vorteil von Athen ist die Nähe zu den bewaldeten Bergen Párnes und Pentéli, die die Athener zu Tagesausflügen einladen. Man wandert gerne und versammelt sich zum Picknick.

meinen zwischen 18.00 und 22.00 Uhr statt. Der Besucher kommt unangemeldet (aber nicht unerwartet) mit einer Schachtel Gebäck oder einem Strauß Blumen. Er sitzt dann mit anderen Besuchern im Wohnzimmer des Gastgebers, wo man stundenlang Klatsch austauscht. Irgendwann im Laufe des Abends werden Süßigkeiten und Orangenlikör angeboten, wobei inzwischen in vornehmeren Häusern der Likör durch Gin Tonic oder Whiskey ersetzt wird.

Da es im griechischen Kalender Heilige für jeden Tag gibt, möchte man meinen, diese Beschäftigung könne Griechen voll auslasten. Aber wer einen antiken Namen wie Achilles oder Agamemnon oder den beliebten Namen Byron trägt, hat keinen Namenstag, und so werden hauptsächlich diejenigen besucht, die das Glück haben, nach dem heiligen Johannes (also Yánnis und Ioánna), der Jungfrau Maria (Panayóti, Mário, Panayióta und María), der Verkündigung (Evangelos, Angelo, Angéla und Angelikí), nach Petrus, Paulus, der heiligen Katherina usw. benannt zu sein. Nur wenige Athener wissen die Namenstage der unbekannteren Heiligen, deren Namen allerdings auch kaum jemand trägt.

Die Athener – wie im übrigen alle Griechen – glauben fest an ihren Namenspatron und haben meist in ihren Häusern Ikonen, vor denen sie beten. Gefährlicher ist, daß Athener sich bei jeder Kirche, an der sie vorbeikommen, fromm bekreuzigen, ganz gleich, ob sie zu Fuß, im Bus oder am Steuer eines Autos unterwegs sind. Die Kirchenführer halten eisern fest an den Riten und Regeln der griechischen Orthodoxie aus byzantinischer Zeit und werden darin von den Griechen unterstützt. Dies zeigt sich auch in der großen Anzahl von Kirchgängern beiderlei Geschlechts bei Anlässen wie Taufen, Hochzeiten oder Beerdigungen.

Eine weitere feierliche Tradition in Athener Häusern ist das Anschneiden der *vassilópitta*. Das ist ein runder, trockener Kuchen, in dem eine Münze versteckt ist. An Neujahr schneidet das Familienoberhaupt für jeden ein Stück Kuchen ab, zuerst eines für Jesus Christus und eines für das Haus. Wer die Münze findet, hat garantiert ein glückliches Jahr vor sich. Der Brauch wurde auch auf Vereine, Clubs und Firmen ausgedehnt, und da jeder Athener mehr als nur einer Institution angehört, finden diese Feiern bis Ende Januar oder gar bis Anfang Februar mit großer Häufigkeit statt.

Obwohl die meisten Athener eine leichte Veranlagung zur Hypochondrie haben

Links: Ein Lob der guten Küche ist griechischen Gastronomen oft lieber als ein großzügiges Trinkgeld. Rechts: Zwischen der orthodoxen Kirche und dem Staat besteht ein sehr enger Zusammenhang.

und gesundheitsbewußt leben (mit Ausnahme des Rauchens, das sie einfach nicht für schädlich halten wollen), wird ihr Sicherheitsdenken vollkommen ausgeschaltet, sobald sie im Auto sitzen. Die meisten fahren wie die Henker. 90 Prozent der Athener Autofahrer halten rote Ampeln offenbar für übriggebliebenen Weihnachtsschmuck. Griechenlands Unfallrate gehört deshalb mit zu den höchsten in Europa.

Total verbeulte Autos, die in einer Seitenstraße verrosten, gehören zum alltäglichen Stadtbild Athens, und die Krankenhäuser sind voll mit Leuten, die bei Unfällen mehr als nur eine Beule abbekommen

haben. Die Verkehrspolizisten sind unentwegt damit beschäftigt, den Verkehr durch schrilles Pfeifen in Bewegung zu halten. Andere Polizisten schrauben bei falsch geparkten Autos einfach die Nummernschilder ab, und das alles tausendfach am Tag – die Athener Polizei hat alle Hände voll zu tun.

Warum also will hier überhaupt jemand leben? Wenn man einheimische und zugereiste Athener fragt, wieso sie diese doch so chaotische Stadt als Wohnort gewählt haben, so bekommt man immer die gleiche Antwort: „Weil es uns in Athen nie langweilig wird."

Die Zugführerin

Der rot- und silberfarbene Zug Nr. 19 hat fünf Wagen. Die Fahrerin Evi Chróni ist eine kleine untersetzte, nicht unattraktive Frau in den Dreißigern. Unter den 190 Zugführern auf der 26-km-Strecke von Piräus nach Kifissía ist sie die einzige Frau. Man kennt und bewundert sie, aber ihre älteren männlichen Kollegen betrachten sie mit Mißtrauen. Durchaus chic in ihrem gelben Plastikumhang, betätigt sie den Fahrthebel, und Zug 19 setzt sich in Bewegung.

Getreu der Regel, daß in der Nähe eines Hafens oder einer Bahnlinie alles ein bißchen schäbig und heruntergekommen aussieht, bietet die Innenstadt von Piräus wenig Verlockendes oder Anziehendes. Aber nach ein paar Minuten fährt der Zug durch offenes Gelände, zur Rechten die Uferpromenade und zur Linken das Fußballstadion Karaïskaki.

An dieser Stelle fiel 1827 der General Karaïskakis im Unabhängigkeitskampf gegen die Türken. Ebenfalls hier stieß im Jahr 403 v.Chr. ein Heer athenischer Demokraten unter Thrasiboulos auf die „Dreißig Tyrannen" unter Kritias. Die Athener Soldaten kamen vom Munychia-Hügel und besiegten den Feind genau an der Stelle, wo jetzt der Zug nach Verlassen der Station Fáliro vorbeifährt.

Evi Chróni drosselt die Geschwindigkeit in einer Kurve, die das Ende von Piräus und den Anfang Athens markiert. Die eigentliche Grenze bildet der einstige Fluß Kiphisós, der jetzt nichts weiter als ein offener Abwasserkanal ist. Bei 55 Stundenkilometern nimmt Evi die Hand vom Steuer und entspannt sich, denn hier verläuft die Strecke schnurgerade nach Norden. Ganz vorne taucht die Akrópolis auf, klein und weiß wie ein altes, kostbares Schmuckstück.

Auf den wenigen Metern zwischen den Stationen Thissío und Monastiráki wurde Athen geboren, hier lebte, kämpfte und starb es, um im Jahr 1834 als Hauptstadt Griechenlands wiederzuerstehen. Zur Rechten erstreckt sich die antike Agora, die keiner Einführung bedarf, darüber die Propyläen und der Parthenon. Aber man muß schon sehr genau hinschauen, denn stark belaubte Bäume geben nur gelegentlich den Blick dorthin frei.

Der Zug 19 fährt in die alte Station Monastiráki ein. Evi zieht die Handbremse und bedient mit dem Fuß das Signalhorn, um die Streckenarbeiter zu warnen. „Neulich gab es hier einen Selbstmord", sagt sie. Vorn öffnet sich schwarz der Tunnel, der zum Omónia-Platz führt. Der Selbstmörder war ein 73jähriger ehemaliger Polizist; trotz Notbremsung zermalmten ihn die Metallräder. Evi scheint von dem Vorfall kaum berührt – kein Wunder, denn die Zugführer durchlaufen ein scharfes Ausleseverfahren und müssen sechs Monate lang acht Stunden täglich trainieren, bevor sie alleine einen Zug fahren dürfen. Selbst dann gibt es immer noch Herzklopfen. „Beim ersten Mal war ich nervös", sagt Evi. „Ich dachte an all die Menschen, für die ich verantwortlich bin."

Mit einem leichten Zischen der Bremsen fährt der Zug langsam an. Evi bedient den Hebel mit der einen Hand, in der anderen hält sie eine Zigarette. Hier beginnt der unterirdische Tunnel, der zu den großen und belebten Stationen Omónia und Viktoria führt. Der erste Tunnelabschnitt stammt noch aus der Zeit um die Jahrhundertwende. Die Zugführer erzählen dazu eine brisante Geschichte. Dem Ingenieur, der den Tunnel erbaut hatte, sagte man, daß dieser nichts tauge, woraufhin der Mann aus lauter Kummer Selbstmord beging. Wüßte er nur, daß dieser Tunnel ein Jahrhundert ständiger Vibrationen, die Verstädterung, der Kriege und Erdbeben überdauert hat und noch sehr viel länger zu halten verspricht!

Am Bahnhof Attikí haben die Zugführer Schichtwechsel. Leichtfüßig überquert Evi die Geleise zum Fahrerraum. Hier liegen die eigentlichen Schreckgespenster der Zugführer, die ungeschützten Starkstromschienen mit 600 V Gleichstrom. Ein falscher Schritt wäre das Ende. Hat Evi Angst? Eigentlich nicht. Sie spricht von dem tödlichen Strom wie von einem liebenswerten Schelm in einer alten Geschichte: „Er kennt uns schon."

Graffitis erzählen viel über den Charakter eines Volkes. Die farbigen Slogans, die im Wohnviertel Patissía jeden Quadratzentimeter Wandfläche bedecken, behandeln zwei Themen, die dem (männlichen) Griechen am Herzen liegen: Politik und Fußball.

Wer im Zug nordwärts fährt, bekommt davon einiges mit. Politische Slogans in Schwarz oder Blau („Schurken raus!" „Es lebe die Neue Demokratie!") kommen von der Rechten. Rote Kritzeleien („Arbeiter! Was hat die Regierung für euch getan?") sind kommunistisch, und in Grün erscheinen dazwischen die Slogans der sozialistischen PASOK, die vom letzten heftig geführten Wahlkampf stammen. Die PASOK ist übrigens nicht mit dem Fußballteam PAOK zu verwechseln, dem Erzrivalen des Athener Teams Panathinaikos. Auch die Friedhofsmauer rechts der Bahnlinie ist voller Farbtupfer.

Evi betätigt den Fahrthebel, der Zug fährt an. Es geht weiter nach Perissós. Die Wohnblocks treten zurück, das Gelände wird offe-

ner. Hier und da zeigt sich ein Kohlfeld zwischen zweistöckigen Häusern, Schulen und Textilfabriken. Links erscheint groß das Firmenzeichen des bekannten Schallplattenherstellers EMI. In dessen Studios, die schon seit 1929 bestehen, sang auch die legendäre Sophía Vémbo, die 1940 die griechischen Truppen mit ihren Liedern anfeuerte.

Der Vorort Néo Iráklio – benannt nach der kretischen Stadt Iráklion (Heraklion) – tut viel, um sein soziales Image (bisher untere Mittelschicht) aufzupolieren. An der Bahnlinie sind viele Luxusappartements entstanden, aber dazwischen sieht man immer noch die malerischen Häuschen und Kleingärten der älteren Bürger. Néo Iráklio erscheint auf keiner Touristenkarte, aber ein Besuch hier lohnt sich unbedingt wegen des unverwechselbaren Lokalkolorits und der guten und preiswerten Eßlokale.

Das Iríni-Stadion („Friedensstadion") ist ein moderner Aluminium- und Kunststoffbau. Es wurde errichtet, weil das neue Olympiastadion, welches sich rechts im Hintergrund erhebt, die Zuschauermassen nicht mehr fassen konnte. Der Name Iríni täuscht, denn an einem Fußballsonntag ist es hier alles andere als friedlich!

Die Umgebung wird immer vorstädtischer und attraktiver, wenn der Zug 19 auf Maroússi zufährt, bekannt geworden durch Henry Miller's „Koloß von Maroussi". Pinienwäldchen wechseln ab mit Villen, die wohlhabende Athener hier errichtet haben. Säulengänge im Rokokostil, Fensterläden in verbleichenden Farben, rosa Gips, der sich langsam ablöst – alles verströmt eine gewisse verstaubte Eleganz und schlaffe Stille. Diese Atmosphäre verdichtet sich noch mehr bei der Anfahrt auf Kifissía, der Endstation des Zuges dem Wohneldorado der Betuchten.

Evi Chróni zieht die Bremsen, geräuschvoll öffnen sich die Türen. Hier in Kifissiá ist die Luft sauber, die Bäume sind grün und dicht belaubt, die Wohnhäuser sind elegant und von Mäuerchen und Gärten umgeben. Kein Wunder, daß die gut situierte ausländische Kolonie schon vor langem diesen Platz entdeckte.

Dies ist nicht Evis Welt. Nach ein paar Minuten Aufenthalt geht sie zum anderen Ende ihres Zuges und fährt ihn wieder nach Piräus zurück. Danach wird sie in ihrer bescheidenen Etagenwohnung für ihre Tochter kochen, die noch zur Schule geht. Morgen früh wird sie um fünf Uhr aufstehen, um die Pendler wieder zur Arbeit zu fahren.

Diese Stadtrundfahrt wird zwar in keinem offiziellen Programm aufgeführt, sie zeigt einem aber viel mehr von Land und Leuten als die Veranstaltungen kommerzieller Reisebüros. Und sie kostet nicht einmal halb so viel wie ein Souvláki. ∎

Der Himmel über Athen und das Mittelmeer wurden oft von Dichtern besungen, als kristallklar, azurblau, diamantenhell. Das galt vielleicht noch vor zwanzig Jahren. Auch heute gibt es manchmal Tage, an denen eine Brise weht und das berühmte Athener Firmament so blau wie eh und je über dem Saronischen Golf liegt, der in Farbtönen von Aquamarin bis zu einem kräftigen Türkis schillert. Zumeist jedoch, wenn die Verschmutzung nicht gerade vom Wind oder einer starken Gezei-

rere Küste der Ägäis im Norden der Stadt. In Griechenland gelten zwar jetzt auch die EU-Richtlinien zur Kontrolle der Umweltbelastungen, aber bis zur effektiven Eindämmung der Schadensursachen ist es noch ein weiter Weg, wenn die Entwicklung überhaupt noch rückgängig gemacht werden kann.

Trotz der jüngsten Gegenmaßnahmen von seiten der Regierung ist die Athener Luft immer stärker verschmutzt. Am stärksten betroffen ist das Geschäftszen-

tenströmung weggespült wird, bedeckt den Himmel brauner Smog, der die Nasenschleimhäute reizt, und das Wasser um die 4-Millionen-Metropole Athen-Piräus ist mit Bakterien und Toxinen extrem stark belastet.

Der Run auf die Vororte: Die meisten Athener machen sich Sorgen um die belastete Umwelt und fordern Gegenmaßnahmen. Viele sind in die Vororte gezogen. Von Mai bis Oktober – in der Badesaison – ist aber vor allem das verschmutzte Wasser ein großes Problem. Die Einheimischen meiden dann die Strände südlich von Athen und gehen lieber an die saube-

trum in der Innenstadt, wo die Leute häufig über Kopfschmerzen infolge der Luftverschmutzung klagen. Immer mehr Menschen müssen wegen umweltbedingter Atmungs- und Herzstörungen stationär behandelt werden, und die Athener haben sich angewöhnt, regelmäßig die Rundfunkmeldungen über die neuesten Werte zu hören.

In den letzten Jahren sind bei Temperaturen von über 40°C wohl Hunderte von Menschen an den Folgen des Smog gestorben, besonders in den heißen Betonschluchten von Athen. Die Leute haben sich geschworen, noch vor dem nächsten

Sommer Klimaanlagen oder zumindest Ventilatoren anzuschaffen. Bisher hatte man behauptet, solche modernen Errungenschaften brächten nur Zugluft und Erkältungen mit sich. Diese Einstellung hat sich unter dem Druck der Umweltgefahren gründlich geändert, und der Run der altmodischen Griechen auf Heimventilatoren ist ungebrochen. Klimaanlagen sind nur deshalb nicht so stark gefragt, weil sie für viele unerschwinglich sind. Aber natürlich gibt es diese jetzt in vielen Hotels, und wer heute im Juli als Tourist nach Athen kommt, tut gut daran, nach einem Hotel mit Klimaanlage zu fragen, oder aber gleich auf eine der luftigen Inseln

kigsten und am meisten belasteten Städten der Welt, wie manche behaupten. Es ist sehr viel weniger verschmutzt als etwa Los Angeles." Trotzdem ist die Lage problematisch und darf weder beschönigt noch unterschätzt werden. Am nachteiligsten wirkt sich die photochemische Belastung aus, die sich als Smog niederschlägt. Wenn windstilles, warmes Wetter zu einer Inversionslage führt, bei der eine kalte obere Luftschicht die Schadstoffe in der unteren Atmosphäre festhält, dann bildet sich über dem Athener Becken eine giftige braune Smogwolke, die etwas beschönigend *Néfos,* die *„Wolke"* genannt wird.

auszuweichen, wo eine leichte Brise dafür sorgt, daß die Hitze nicht in ihrem ganzen Ausmaß zu spüren ist. Je höher das Thermometer klettert, desto gefährlicher wird die Belastung für die Umwelt und für die Gesundheit der Menschen.

Die Luftverschmutzung wird in Athen zum größten Teil durch Autoabgase verursacht; der Rest kommt aus der Industrie. Ein verantwortlicher Chemotechniker meint: „Athen gehört nicht zu den drek-

Links und rechts: Mit dem Motorrad sind die Athener schneller als die Autofahrer.

Stickoxid ist der schlimmste Luftverschmutzer in Athen. Im überdurchschnittlich warmen Frühjahr 1989 überschritten die Stickoxid- und Rauchmeßzahlen die Gefahrengrenzwerte. Die Krankenhäuser mußten deshalb schon relativ früh mit dem Ansturm von Menschen, die unter Herz-, Kreislauf- und Atmungsbeschwerden leiden, fertig werden.

Bei anderen Schadstoffen schneidet Athen nach Aussage des schon genannten Chemotechnikers relativ gut ab. Der Schwefelanteil hält sich neun Monate im Jahr unter den Richtzahlen der Weltgesundheitsorganisation (WHO), der Bleigehalt bleibt das ganze Jahr unter den Höchstwerten der EU.

In Athen fahren noch viele ältere Busse, Autos und Taxis, die schlecht gewartet sind und schädliche Abgase ausstoßen. Manche ziehen eine schwarze Wolke hinter sich her, und die wenigsten fahren bleifrei. In der City versucht es jeder zu vermeiden, hinter einem großen Bus herzufahren – die Abgase sind unerträglich. Autos mit Katalysator wären sicher von Vorteil, aber nach Meinung eines Fachmannes sind viele der Wagen, die man in Griechenland fährt, zu klein oder zu alt für den Einbau von Katalysatoren. Obwohl bereits 1990 der Euro-Katalysator einge-

stimmungen, nach denen die Arbeitgeber für den Ausstoß gefährlicher Schadstoffe wie z.B. Asbest haftbar gemacht werden.

Gegenmaßnahmen: Mitte der 80er Jahre führte die Regierung Papandreou ein Programm zur Einschränkung des Straßenverkehrs durch: Autos mit Nummernschildern, die mit einer ungeraden Zahl endeten, durften an Tagen mit ungeradem Datum in die Innenstadt fahren, Autos mit geraden Nummernschildern an geraden Tagen. Durch diese Maßnahme wurde es wieder etwas leichter, morgens zur Arbeit zu gelangen oder wenigstens richtig zu atmen, aber das hielt nicht lange vor. Der Kraftfahrzeugbestand Athens erhöhte

führt wurde, bürgert sich die neue Technik erst allmählich ein. Auch die Industrie gehört zu den Verursachern des giftigen *Néfos*. Die Regierung schafft jetzt neue Anreize, um die Fabriken aus dem Umkreis der Metropole in die Provinzen zu verlegen, und Genehmigungen zur Errichtung neuer Industrieanlagen im Ballungsraum Athen werden nur noch in Ausnahmefällen und unter erschwerten Bedingungen erteilt. Derzeit werden die Betriebe in unregelmäßigen Abständen durch die regierungsamtliche Umweltagentur PERPA überprüft. Diese Organisation wacht über die Einhaltung der Be-

sich in nur vier Jahren von 800.000 auf 1,2 Millionen Autos – wahrscheinlich auch deshalb, weil sich viele einen Zweitwagen anschafften – und die Smogbelastung nahm eher noch zu.

Anfang 1988 sah sich die Regierung erneut zu weitreichenden Kontrollmaßnahmen gezwungen. Die für Privatautos geltende Sonderbestimmung wurde auf die Taxis übertragen, d.h. jedes zweite Taxi war aus dem inneren Ring Athens, dem *Daktylio,* verbannt, und zwar von 7 Uhr bis 20 Uhr. Um den Spitzenverkehr, der durch täglich vier Stoßzeiten erzeugt wurde, zu entzerren, führte die Regierung in den Wintermonaten für die großen Geschäfte die durchgehende Arbeitszeit ein. Mit einem Schlag, wenn auch nicht unwidersprochen, hoben diese neuen Bestimmungen eine jahrhundertealte Lebensgewohnheit der Griechen auf: die dreistündige Siesta am frühen Nachmittag, in der die Arbeiter zum Essen nach Hause gehen und einen langen Mittagsschlaf halten. Damit entfiel plötzlich die Hauptmahlzeit des Tages und die bevorzugte Stunde zum Ausruhen und für Nebenbeschäftigungen. Ladeninhaber wie Angestellte waren gleichermaßen empört; beim Ladenpersonal kam es zu Streiks. Aber: Die Maßnahme hatte tatsächlich Erfolg. Die Blechlawine

anschlossen. Die Lage wurde chaotisch, und man konnte sich kaum noch in die Stadtmitte wagen. Taxis blockierten Straßen, und die Polizei rückte mit Kränen vor. 1.500 Taxifahrer waren in Zusammenstöße mit der Polizei verwickelt.

In Athen sind über 17.000 Taxis zugelassen, eine enorme Zahl! Sie sind so gefragt, daß sie oft mehrere Fahrgäste zugleich befördern müssen; trotzdem zahlt jeder den vollen Fahrpreis. Aber die Preise sind niedrig, und deshalb fährt jeder Taxi, der sich kein eigenes Auto leisten kann oder der gerade aufgrund seines Nummernschilds nicht fahren darf. In den folgenden Jahren haben die Taxifahrer

rollte nicht mehr viermal täglich über die Straßen, sondern der Verkehr verteilte sich nun ziemlich gleichmäßig über den ganzen Tag.

Doch bald hatten die Taxifahrer genug. Die Verbannung der Taxis aus der Stadtmitte an jedem zweiten Tag bedeutete für sie eine glatte Halbierung der Einnahmen, argumentierten sie. Es kam zu Streiks, denen sich sympathisierende Busfahrer

immer wieder gestreikt. Schließlich zog die Regierung den *Daktylio* noch enger, so daß die Taxis näher ans Zentrum heranfahren durften. Dieser Kompromiß geht sicher auf den Druck der Öffentlichkeit zurück, denn bei jedem Taxistreik müssen die Leute auf die öffentlichen Verkehrsmittel ausweichen, und eine kombinierte Bus- und U-Bahn-Fahrt kann doppelt so lange dauern wie eine Autofahrt.

An der Küste fällt die Verschmutzung nicht so deutlich ins Auge – ausgenommen an einigen Stränden nahe Athen und im Industriegebiet Piräus-Eleusis. Aber auch dort gibt es noch Unentwegte, die die

Links: Eine Fabrik stößt giftige Dämpfe aus. **Rechts:** Mit Elektrobussen macht der Treibstoffhersteller Total Hellas kein Geschäft.

Warnungen in den Wind schlagen und sich ins Wasser wagen. Es soll sogar Griechen geben, die die Hitze einfach nicht mehr aushalten und ohne Rücksicht auf die Gefahren für ihre Gesundheit nur wenige Meter neben den schwefelgelben Abwässern einer Düngemittelfabrik in Eleusis baden.

Wie ein Berater des griechischen Umweltministeriums sagt, sind nur drei bis vier Prozent der rund 15.000 km langen griechischen Küste – immerhin ein Drittel aller Mittelmeerküsten! – zum Baden ungeeignet. Er bestreitet, daß der Saronische Golf in ein paar Jahren „tot" sein werde und bezeichnet ihn als einen dynamischen

ßen täglich 500.000 Kubikmeter Abwässer, zum Teil mit hochgiftigen Abfallprodukten. Mindestens zweimal hat eine rotgefärbte Flutwelle diesen kleinen Golf bereits mit giftigem Plankton überspült.

Um der Wasserverschmutzung an der Küste beizukommen, müssen Kläranlagen gebaut werden. Eine – die erste Kläranlage Athens auf dem Inselchen Psitalía gegenüber Piräus – ist in den neunziger Jahren endlich fertiggestellt worden. Sie reicht natürlich bei weitem nicht aus. Anfang der 80er Jahre hatte man in Metamorfosis bereits eine winzige Anlage errichtet, die nach französischem Muster täglich 100 Kubikmeter Abwasser aufbereitet.

Lebensraum mit höchster Absorptionsfähigkeit. Demgegenüber ziehen Wissenschaftler, die eine Studie für die Vereinten Nationen erstellt haben, den Schluß, daß nur noch 75 bis 80 Prozent der Mittelmeerstrände zum Baden geeignet seien. Allerdings kommt das östliche Mittelmeer dabei sehr viel besser weg als das westliche.

Griechischen Untersuchungen zufolge wird der kleine Golf von Keratsinon, gegenüber dem Industriegebiet Drapetson bei Piräus gelegen, in fünf Jahren seinen biologischen Zusammenbruch erleben, wenn nichts geschieht. In diesen Golf fließen

Darüber hinaus sollen in 53 griechischen Städten Kläranlagen für mehrere Hundert Millionen Dollars entstehen, die meisten an der Küste oder in Küstennähe. Nach einer Studie der Vereinten Nationen stammen 85 Prozent der Schadstoffe, die ins Mittelmeer gelangen, aus Fabriken und Haushalten im Landesinneren sowie aus der Landwirtschaft.

Vor Beginn dieser Maßnahmen gab es in Griechenland praktisch keine Aufbereitung; nur Hotels besaßen kleine Kläranlagen, um die Strände in unmittelbarer Nähe zu schonen. Die großen Hotels umgeben ihren Badebezirk oft mit feinmaschigen Netzen, aber da die Schadstoffe in kleinste Teilchen zerfallen, zeigt diese Maßnahme nur ganz geringe Wirkung.

Das neue System mit Aufbereitungsanlagen soll die Faulbehälter ersetzen, die in Wohnbezirken unpraktisch sind. In den Vororten Athens fahren große Tankwagen durch die Straßen, die den Inhalt der Faulbehälter von Wohnhochhäusern auspumpen und abtransportieren. Der große Hauptabwasserkanal von Athen, aus dem täglich trotz der in Betrieb genommenen Kläranlage noch immer Abwasser in den Golf einströmen, wird hoffentlich bald nicht mehr „der größte Fluß Griechenlands" genannt werden müssen.

len sollten. Bei Schellfischproben aus Griechenland, Frankreich, Italien und Jugoslawien seien über 95 Prozent der getesteten Fische für den Menschen ungenießbar gewesen. Jährlich werden aber mindestens 2.000 Tonnen Schellfisch aus dem Mittelmeer verzehrt. Eine andere Studie kommt zu dem Schluß, daß schwangere Frauen auf den Verzehr von Thunfisch aus dem Mittelmeer so gut wie völlig verzichten sollten, und daß der Fischfang in bestimmten Gebieten eigentlich verboten werden müßte. Auch Quallen sind mittlerweile ein Gesundheitsrisiko.

Mit dem Wasser und dem Himmel Athens ist es also nicht mehr zum besten

Natürlich sind auch die Fische durch die Verschmutzung gefährdet. Eine Studie des Umweltprogramms der Vereinten Nationen kommt zu dem Ergebnis, daß die Mittelmeer-Anrainerstaaten einheitliche Kriterien für die Reinigung von eßbaren Meerestieren, für die Bestimmung des Quecksilbergehaltes und Maßnahmen gegen die Invasion giftiger Quallen aufstel-

Links: Schwimmen ist in der Nähe von Piräus nicht ratsam. **Rechts**: Im Winter 1988 wurde die Siesta abgeschafft – auf diese Weise wollte man den Verkehr reduzieren.

bestellt. Wer ausreichend Phantasie aufbringt, kann sich ausmalen, wie Platon, Aristoteles und Sokrates mit ihrem Anhang über die sommerliche Agora wandelten und über Gott und die Welt philosophierten. Die heutige Umweltverschmutzung läßt sich allerdings nicht mehr wegphilosophieren. In den letzten Jahren endlich hat die Regierung den längst fälligen Kampf mit ihr aufgenommen. Wenn ihre Bemühungen Erfolg haben, können vielleicht eines Tages die Dichter wieder den azurblauen Himmel über Athen und das kristallklare Wasser des Saronischen Golfs besingen.

„Das Liebenswerteste, was ich hier genossen habe, ist das Sonnenlicht, dann folgen die schimmernden Sterne und das Antlitz des Mondes – aber auch die reifen Gurken, Birnen und Äpfel."
Praxilla von Sikyon, 5. Jh. v.Chr.

Das „Herz" der Griechen ist schnell beschrieben. Es ist aus Holz, hat vier Beine (von denen eines immer ein bißchen kürzer ist als die anderen drei), und ein Wachstuch ist darauf gebreitet. Lassen Sie vier, acht oder auch zwölf Freunde daran sitzen, stellen Sie Oliven, Brot, Wein und *féta* darauf, denken Sie sich noch den Nordwind dazu, der durch das Tauwerk einer Jacht streicht, dann den Klang einer *bouzouki* und ein spontan gesungenes Lied – und Sie haben sie, die Seele des Griechen.

Dieser Tisch, der da unter der Mittelmeersonne gedeckt wurde, ist aber ortsgebunden. Er läßt sich nicht nach Durban, Dublin oder Düsseldorf versetzen. Griechischer Wein, anderswo getrunken, ist nicht mehr der gleiche, und eine außerhalb Griechenlands angebaute Aubergine schmeckt schwammig – von „dänischem Feta" ganz zu schweigen! An einem griechischen Tisch mit Griechen zusammenzusitzen, ist einfach das schönste Gastgeschenk, das dieses Land zu bieten hat. Aber mitnehmen läßt sich nichts, außer der Erinnerung – und einem zollfreien Souvenir. Aber wie der Granatapfelsamen Persephone wieder und wieder zum Hades zurücklockte, so kann auch das griechische Essen und alles, was dazugehört, süchtig machen.

Das Land der Oliven: Für die Griechen spielt das Essen eine Hauptrolle. Die Planung und Vorbereitung der Mahlzeiten, das Bestellen im Restaurant, die Zubereitung eines Kaffees, das richtige Darreichen einer Süßspeise (einer kandierten

Frucht in dickem Sirup) oder auch eines Likörs – alles gehört zu dem gastronomischen Ritual, das schon fast an einen Kult grenzt. Vom Honig, der Neuvermählten zur Stärkung gereicht wird, bis zu der Speise aus Granatäpfeln und gekochtem Weizen, die die Angehörigen und Freunde bei Totenfeiern erhalten, gleicht die Nahrungsaufnahme in Hellas einer Art religiöser Handlung. Was einer ißt und wie er es tut, das sagt so ziemlich alles über ihn.

„Fai!" („Iß!") ist vielleicht das erste Wort, das ein griechisches Kind lernt. Selbst in der Weltstadt Athen sieht man griechische Mütter mit Teller und Löffelchen hinter ihren Kleinkindern herlaufen. Die griechischen Kinder gehören zu den wohlgenährtesten der Welt. Wenn Sie in Griechenland Ihr Kind dabei haben, werden Sie erleben, daß sich jemand zu ihm hinunterbeugt und es in die Wange kneift. Machen Sie sich nichts daraus: Man will nur prüfen, ob Sie Ihren elterlichen Pflichten nachkommen. Wahrscheinlich wird man Ihnen sagen, daß Sie Ihr Kind besser füttern sollten.

Links: Zu den schönsten Erlebnissen eines Aufenthaltes in Athen gehört ein gemeinsames Essen mit Griechen. **Rechts:** Souvenir aus dem bekannten Restaurant Myrtia in Mets.

Bei alledem könnte man meinen, daß das Frühstück hier eine große Rolle spielt. Weit gefehlt! Der Grieche beginnt den Tag in der Regel mit einem starken Kaffee und seiner Zeitung. Milch- und Kaffeebars, wo es Honig, Joghurt, Eier und Toast (Achtung: das griechische *tost* ist ein gegrilltes Sandwich, meist mit Käse und irgendeinem Fleisch) oder gar Nescafé und Dosenmilch zu kaufen gibt, sind nur entstanden, um einem Bedürfnis der Nordeuropäer gerecht zu werden. Es gibt im Griechischen zwar ein Wort für „Frühstück", aber dahinter steht keine echte Tradition. Nur die vier Wörter für die vier Arten des griechischen (bitte nicht türki-

Kaffee auf griechisch zuzubereiten, will gelernt sein. Das fein gemahlene Kaffeepulver wird in kleinen Mengen (zwei bis drei Mokkatassen) in einem *briki,* einem Metallkännchen mit langem Griff, aufgegossen. Es gibt die vier gebräuchlichen Varianten *varí glikós* (stark und süß), *glikís vrastós* (leicht und süß), *skétos* (stark, ohne Zucker) und *métrio* (stark, mit wenig Zucker). Wenn Sie keine bestimmte Angabe machen, erhalten Sie in den meisten Cafés einen *métrio* mittlerer Güte. Brauchen Sie nach einer langen Nacht einen besonderen Koffeinstoß, dann bestellen Sie einen *dipló* (eine doppelte Portion). Aber lassen Sie den Kaf-

schen!) Kaffees sollten Sie sich in jedem Fall einprägen. Der Kaffee ist aus dem Orient nach Griechenland gekommen. Für die Muslime war er „der Wein Apollos" oder „die Milch der Denker und Schachspieler". In Griechenland trinkt man ihn traditionsgemäß im *kafeníon,* dem Kaffeehaus, das früher eine rein männliche Domäne war. Auch heute noch gibt es solche Cafés für Männer (zu erkennen an den brettspielenden Herren mittleren Alters, die auch bei größter Hitze im Juli ihren grauen Anzug tragen), aber seit den 70er Jahren lockert sich diese Sitte immer mehr.

feesatz in der Tasse – so manche Griechin liest Ihnen daraus Ihre Zukunft.

Sie können Ihr Frühstück aber auch selbst einkaufen. In den Geschäften gibt es zu jeder Jahreszeit eine reiche Auswahl. Fast überall werden *kouloúria* verkauft, eine Art gebogener, getoasteter Sesambrötchen, die etwa die Stelle unserer Brezen einnehmen. Sie schmecken besonders gut, wenn man sie in Kaffee oder Kakao tunkt. Außerdem bekommen Sie je nach Jahreszeit geröstete Maronen (köstlich an kühlen Abenden), geröstete Getreideähren (meist zäh und hart), Kokosnußscheiben mit Zuckerüberzug, geröstete und gesalzene Nüsse und manchmal auch noch *salepi,* ein Wurzelgetränk, das aus irdenen Gefäßen in Tassen ausgeschenkt wird. *Salepi-Verkäufer* sind eine aussterbende Rasse, aber man trifft sie noch im Zentrum an.

Leider sind auch in Griechenland die Schnellrestaurants auf dem Vormarsch, aber die Hamburger, Hotdogs und Brathähnchen sind nicht gerade von bester Qualität. Daneben gibt es die traditionellen griechischen Imbißstände, wo man für wenig Geld gut essen kann. *Bougátsa,* eine mit Käse oder Rahm gefüllte Pastete in *fílo* (griechischen Teigblättern), *tirópitta* (Käsestrudel), *spanakópitta* (Spinat-

einer Bäckerei nicht nur Vollkornbrot in fertigen Kleinportionen kaufen, sondern auch Teegebäck aus Traubenmost, Rosinenbrötchen, Käseschiffchen, Käsestrudel, Kleingebäck und Fruchtsäfte ohne Zusatz von Zucker und Chemikalien. Im Sommer sehen Sie Touristen aus allen Teilen der Welt auf der Straße essen. Das ist hier ganz normal.

Wenn das griechische Frühstück schon kaum der Rede wert ist, so sorgt wenigstens das Mittagessen für einen Ausgleich. Früher war das *mesimerianó* die Hauptmahlzeit der Griechen, welche anschließend in einen mehrstündigen Dämmerzustand fielen. Mit der Europäisie-

strudel) und *souvlákia* (Fleischspießchen) verführen Sie an den Straßenecken durch ihren Duft. Joghurt gibt es in allen Varianten, außerdem Honig und natürlich viel Obst.

Auch Backwaren werden in großer Auswahl angeboten. In der Adrianoú-Straße in der Pláka können Sie z.B. in

Links: An Sylvester werden Granatäpfel auf den Boden geworfen, damit sie aufplatzen und das Glück vermehren. **Rechts:** Bei den Griechen fällt das Frühstück aus, aber am Syntagma-Platz wartet immer ein Täßchen Kaffee.

rung des Landes ist die mittägliche Völlerei zurückgegangen, ebenso die Siesta. Aber an Wochenenden und Feiertagen stehen die Frauen immer noch in ihren engen Küchen und kochen mehrgängige Mahlzeiten für eine große Tafelrunde.

Ein einfaches Sonntagsessen: Wenn Sie das Glück haben, bei einer griechischen Familie zum Essen eingeladen zu werden, dann können Sie zu Beginn eine Süßspeise, einen hausgemachten Likör und Kaffee erwarten. Nach einer Pause folgt das Mittagessen: Zunächst wahrscheinlich verschiedene „Salate" (Auberginen, Joghurt mit Knoblauch und Gurken, Erbsen mit Huhn), danach Oliven (aus dem Herkunftsdorf der Familie), Brot, Fleisch und Kartoffeln, sehr viel hausgemachter Wein und schließlich das spezielle Dessert der Gastgeberin. Und das ist dann nur ein ganz gewöhnliches Sonntagsmenü! (Es ist übrigens gebräuchlich, zu einer Einladung Blumen, eine Schachtel Pralinen oder eine Flasche Wein mitzubringen.) Sind Sie zu einer Verlobung, zu einer Hochzeit, zu einem besonderen Feiertag oder zu Ostern eingeladen, dann stellen Sie sich hinterher lieber nicht auf die Waage!

Hier noch ein paar Anmerkungen zu den griechischen Tischmanieren:

wenn jemand stark erkältet ist. (Diese Regel gilt für die *tavernas,* aber natürlich nicht für die Restaurants im europäischen Stil.)

3. In Griechenland sieht man oft, daß Liebespaare sich gegenseitig füttern; das ist Sitte. Lassen Sie sich aber von keinem Bewunderer etwas in den Mund schieben, wenn Sie die Beziehung nicht vertiefen wollen.

4. Weingläser sind niemals auch nur halb leer, wenn der Gastgeber seiner Rolle gerecht wird. Daher merken Sie meist erst zu spät, wieviel Sie getrunken haben. Griechische Weine, aber auch *oúzo, rakí, tsípouro* und *tsigouthiá,* trinken sich

1. Wenn Sie von Griechen ins Restaurant eingeladen werden, wird man ihnen *nicht* erlauben, Ihr Essen selbst zu bezahlen. Sie können einmal kurz den Vorschlag machen, aber bestehen Sie nicht darauf – außer Ihre Gastgeber sind jung und eingeschworene Sozialisten. Die griechischen Regeln der Gastfreundschaft sind älter als die griechische Küche, und das erste Kochbuch der Welt stammt immerhin von Archestratus (330 v.Chr.).

2. Niemand hat einen Teller für sich, zumindest nicht bis zum Hauptgericht; alle nehmen von den verschiedenen Tellern, die auf dem Tisch stehen – auch

leicht, gehen aber mächtig ins Blut – also Vorsicht! Es zeugt von schlechtem Stil, wenn Sie beim Sich-Zu-Prosten mit dem Fuß des Weinglases an das Glas ihres Gegenübers stoßen.

5. Es kommen viele Dinge auf den Tisch, wie Innereien vom Lamm, gebratene Tintenfischarme, gegrilltes Hirn oder sogar *amelétita* (der gegrillte wertvollste Teil des Männchens), was vielleicht nicht jedermanns Geschmack ist. Das alles mundet Ihnen vielleicht sehr gut, wenn Sie sich erst einmal überwunden haben und es probieren. Es gilt als unhöflich, etwas abzulehnen, was Ihre Freunde als

Delikatesse ansehen. (Als Vegetarier sind Sie natürlich immer aus dem Schneider: Ein ausgezeichnetes vegetarisches Restaurant in der Pláka ist das *Eden,* Flessa-Str. 3, Tel. 324 8858.)

6. Den Kellner durch Antippen des Glases zu rufen, zeugt nicht mehr von allzu gutem Stil.

7. Es ist immer noch üblich, sich das Essen direkt in der Küche auszusuchen.

8. Im Restaurant sollten Sie sich stets Zeit lassen, auch beim Bezahlen. Überstürzen Sie nichts und halten Sie sich an das Ritual.

9. Wenn Sie in einer *taverna* Kaffee und Kuchen bestellen, beleidigen Sie den Be-

Ambelokipi, und türkische Süßigkeiten z.B. *Giokgokau,* Hühnerbrust-Schaum – im *High Life,* Akti Poseidonos 43, Pal. Faliron.

10. Wollen Sie nur ein paar Drachmen Trinkgeld geben, dann lassen Sie es lieber bleiben. In einer *taverna* sind zehn Prozent des Rechnungsbetrages üblich!

Tavernas sind übrigens noch keine Restaurants. Diese werden auf griechisch als *estiatória* bezeichnet und liegen preislich eine Klasse höher. Sie sind weniger griechisch, dafür aber teurer und steifer. Mit der EG-Mitgliedschaft Griechenlands haben die *estiatória* – leider – ihren Vormarsch angetreten!

sitzer. In Griechenland ist die Gastronomie auf Spezialbereiche hin ausgelegt: Im Restaurant essen Sie, und im *kafeníon* trinken Sie Ihren Kaffee. Als Konditoreien sind vor allem das *Flóca* oder das *Zonár* zu empfehlen. *Baklavá* à la *Libanon* bekommen Sie bei *Farouk Hanbali* in der Messinias-Straße 4.

Links: In den Markthallen an der Athinas-Straße in der Nähe des Omónia-Platzes werden frischer Fisch und Fleisch angeboten. **Rechts:** Der Einkauf am frühen Morgen endet nicht selten an einem Tisch in der Pláka.

Die traditionelle griechische Küche ruhte wie in allen Mittelmeerländern auf den „drei Grundpfeilern": Weizen/Brot/ Teigwaren, Oliven/Öl, Trauben/Wein, dazu Gewürze und Obst. Das verhalf zu einem niedrigen Cholesterinspiegel und guten Zähnen. Heute bekommen Sie in Athen genau das gleiche Pfeffersteak wie zu Hause. Aber nicht weit davon, im bescheideneren Milieu, ist vielleicht schon der echte griechische Gastronom zu finden. Es gibt wirklich *tavernas* und *estiatória,* die sich selbst treu bleiben, auch wenn sie inzwischen holzgetäfelt oder tapeziert sind.

Im Anhang unseres Buches finden Sie bei den Reisetips eine Reihe zu empfehlender Restaurants mit genauer Adresse und Telefonnummer. Eine detailliertere Aufzählung bietet die Zeitschrift *The Athenian*. Für den Fall, daß Ihnen diese Auswahl noch nicht genügt, möchten wir Sie auf ein griechischsprachiges Buch mit dem Titel *Athinórama* hinweisen. Aber hier erst einmal unsere Favoriten:

Das *Gerofínikas* („Zur Alten Palme") in Kolonáki, Pindarou-Str. 10, ist ein sehr elegantes Speiselokal, das schon über fünfzig Jahre besteht. Es hat sich auf die griechische Küche orientalischen Stils (à la Konstantinopel) spezialisiert. Küchen-

chef Araklistianos bereitet aber jeden Tag nur bestimmte Hauptgerichte zu, deshalb sollten Sie nicht nur Ihren Platz, sondern auch die gewünschten Spezialitäten vorbestellen. Jeder, der in Athen zu den besseren Kreisen gehört, und jeder, der etwas vom guten Essen versteht, kennt das Gerofinikas.

Im Diplomatenviertel Mets sind *Myrtía* und *Manésis* zu empfehlen, besonders im Sommer. Beide liegen in der Markou-Mousourou-Straße, Hausnummer 35 bzw. 3. Sie bieten beide eine echt griechische Atmosphäre und einen schönen Garten zum Erholen.

Die Pláka, ein Ort, den man meiden sollte: Die Pláka hat, was das Essen angeht, keinen besonderen Ruf, aber hier finden Sie herrliche Sitzecken, von denen Sie das vorbeiflanierende Publikum beobachten können – fast wie am Strand von Mykonos. Das *O Kostís* (Kydathineon-Straße 18) ist freundlich und von gleichbleibender Qualität. Bei den Einheimischen ist das *Xynos* (Angelou-Yeronda-Str. 4) mit seinen Liedersängern im Sommer sehr beliebt. Gleich beim Herodes-Attikus-Theater ist das *Gefängnis des Sokrates* (Mitseon-Straße 20), nach dem Besuch der sommerlichen Festspiele ein interessanter und angenehmer Aufenthaltsort.

Das Glanzstück unter den Speiselokalen liegt aber wohl in Piräus. Gemeint ist das *Vasílenas* in der Etolikou-Straße 72 (Tel. 461 2457). Das 1920 vom Vater des jetzigen Besitzers eröffnete Restaurant ist sich vollkommen treu geblieben. Hier vereinigen sich die Gerichte, die Gäste, die Atmosphäre, die griechische Musik und der Wein zu einem unteilbaren Ganzen. Im Gästebuch von Vasílenas senior sind Winston Churchill, Tyrone Power, der Reeder Onassis, René Clair, Elia Kazan, Kronprinz (später König) Paul, Irene Papas und Jeanne Moreau eingetragen. Seit rund sieben Jahrzehnten gilt der gleiche Ritus: Die Gäste haben vorbestellt, treffen ein und werden mit 16 bis 24 Gängen bewirtet! (Der Vater des derzeitigen „Mr. George" sagte nur: „Alles, was ich auftrage, ist besser als alles, was Sie vorbestellen können.") Die Preise sind dem Standard des Lokals angemessen. Sie verbringen mindestens dreieinhalb Stunden dort. Ein unvergeßliches Erlebnis!

Vielleicht haben Sie das Glück, zum griechisch-orthodoxen Osterfest auf einer der Inseln zu sein und zu dem Festmahl eingeladen zu werden. Nehmen Sie auf jeden Fall teil, Sie werden die griechische Gastfreundschaft (*filoksenía*) erleben. Das ganze Land lebt heute vom Tourismus, aber Sie können den griechischen Herzschlag noch spüren, wenn Sie das Hotelfrühstück und das aufgeputzte *estiatório* an der Ecke hinter sich lassen.

<u>Links:</u> Georgios Vasílenas' berühmtes Restaurant in Piräus war früher ein Lebensmittelgeschäft. <u>Rechts:</u> Weinfässer in Monastiráki.

Der aus Marathon gebürtige Herodes Attikus (101–177 n.Chr.), einer der größten Rhetoriker seiner Zeit und der erste Athener Konsul in Rom, war einer der großen Wohltäter Athens. 143 schenkte Herodes Attikus der Stadt das **Stadion**, das anläßlich der ersten Olympischen Spiele der Neuzeit, die im Jahr 1896 stattfanden, rekonstruiert worden war.

Im Jahre 161 n.Chr. ließ Herodes Attikus seine letzte Huldigung an Athen errichten: ein überdachtes Theater oder Odeum unterhalb der Akropolis. Das Theater – es trägt heute den Namen seines Erbauers – vereint eine Mischung aus griechischem und römischem Stil. Es bietet 5.000 Personen Platz und ist den Besuchern gewidmet, die an den Athener Festspielen teilhaben wollen.

Das Theater, das am westlichen Ende der **Stoa des Eumenes** – an ihrem östlichen Ende steht das berühmte **Dionysostheater** (4./3. Jh. v.Chr.), in dem die Werke von Aischylos, Sophokles, Arsitophanes und Euripides uraufgeführt wurden – errichtet wurde, ist aus römischen Materialien erbaut worden, aus Ziegelsteinen und Opus Incentrum (faustgroße Steine, die mit Mörtel verbunden wurden). Die Eingänge haben ein römisches Tonnengewölbe, sind aber nicht nach griechischem Stil in den Hang hineingebaut, sondern ruhen auf Fundamenten.

Strebepfeiler verstärkten ehemals die Wände und stützten die Zederndecke. Die eindrucksvolle Bühnenfassade war einmal ein gewölbter, dreistöckiger Bau – heute ist sie nur noch eine Ruine, die eine malerische Kulisse für Aufführungen bietet. Der Orchestergraben wurde über die Jahre hinweg beschädigt, seine Wiederherstellung begann nach dem Zweiten Weltkrieg. 1955 schließlich fanden dort die ersten Aufführungen der Athener Festspiele statt.

Das anfängliche Festspielkonzept, die Pflege antiker Tragödien und Komödien,

ist längst überholt. Außer den einheimischen staatlichen und privaten Bühnen werden zunehmend renommierte internationale Theater und Orchester zu Gastspielen eingeladen. Beim ersten Festival stand die antike Tragödie im Mittelpunkt und das Staatsorchester von Athen gab sein erstes Freiluftkonzert.

Die Einnahmen aus den Konzerten stiftete die Regierung für den Bau einer Musikhalle, wegen Geldmangels wurde der großzügig konzipierte Bau aber erst 1991

fertiggestellt. Mit dem Mégaron Mousikís verfügt Athen jetzt über ein akustisch hervorragendes Konzertgebäude.

Die Lyrische Oper bestritt 1955 ihr erstes Open-air-Konzert, das Nationaltheater führte unter der Regie von Alexis Minótis die *Hekuba* von Euripides auf.

Nehmen Sie ein Kissen mit: Sie können eine Aufführung im Herodes-Attikus erst richtig genießen, wenn Sie bequem sitzen. Ihre Eintrittskarten sollten Sie im Vorverkauf besorgen, die Vorstellungen sind schnell ausverkauft. Die unteren, teureren Plätze haben Sitzpolster; die oberen Stufen, die sich steil am Hang entlangziehen,

Links: Eine Tänzerin aus dem Dora-Strátou-Ensemble. **Rechts**: Aufführung der *Elektra*.

jedoch nicht. Die Aussicht von dort oben ist aber grandios und die Akustik ausgezeichnet. Auf alle Fälle sollten Sie eine Strickjacke mitnehmen, denn abends kann es kühl werden.

Unter den Besuchern der Sommerfestspiele finden sich auch „echte" Athener, und bei Wohltätigkeitsveranstaltungen sonnen sich die Berühmtheiten der Stadt im Rampenlicht. Sie kommen meist im letzten Moment an und halten dann einen spektakulären Einzug.

Dímos Vratsános, der Verantwortliche für Fremdenverkehrsentwicklung in der Nationalen Tourismusorganisation, sieht sich einem merkwürdigen Dilemma gegenüber.

spielen jährlich zwar mehrere Hundert Millionen Drachmen zur Verfügung, aber Vratsános erklärt: „Das deckt nur die Gagen der Darsteller." Um die angespannte finanzielle Lage zu entschärfen, müßte man die Festspiele verkürzen oder aber die vergleichsweise noch immer recht kostengünstigen Eintrittspreise erhöhen. Vratsanos spricht sich dafür aus, unbekanntere, fähige Schauspieler zu engagieren, deren Gehälter niedriger sind. Um seinen Standpunkt zu untermauern, verweist er auf die japanische Toho-Truppe, die 1983 im Lykabettos-Theater *Medéa* aufführte. Die Vorstellung zog alle führenden Persönlichkeiten der Theaterwelt

genüber. Auf der einen Seite wollen Spitzenensembles aus der ganzen Welt im Herodes-Attikus-Theater auftreten. Auf der anderen Seite aber erklärt Vratsános, daß es angesichts der gegenwärtigen Richtlinien „finanziell unmöglich ist, ein Festival mit den größten Künstlern der Welt über einen so langen Zeitraum hinweg fortzuführen."

Obwohl er die vielen denkwürdigen Aufführungen der Festspiele lobt, fügt er hinzu: „Ich möchte eine kulturelle Demokratie, aber ich möchte nicht in den roten Zahlen stecken." Die Nationale Tourismusorganisation stellt den Athener Fest-

an, war allerdings zu Beginn kein großer Publikumserfolg. Die zu Herzen gehende Darstellung der ausschließlich männlichen Schauspieler überschritt alle Sprachbarrieren. Als die Truppe *Medea* im Jahr 1984 noch einmal aufführte (diesmal im Herodes-Attikus), war das Odeum brechend voll.

Spitzenstars: Es ist schwer, sich der Forderung nach großen Namen zu entziehen, weil die Festspiele schon immer die bekanntesten Künstler angezogen haben. 1957 war das Konzert von Maria Callas der Höhepunkt. Sie stand mitten im Orchester und sang ihre berühmtesten Arien.

1961 begleitete Maria Callas zusammen mit dem Orchester der Royal Opera of Covent Garden die Tänzerin Margot Fonteyn, die in *Schwanensee* glänzte, und 1962 gab Herbert von Karajan mit den Berliner Philharmonikern ein Konzert. Den Festspielen gelang ein weiterer Durchbruch, als 1963 Maurice Béjarts moderne Tanzgruppe neuartige Kunstformen vorstellte. Die Begeisterung der Zuschauer für diese Aufführung kann nur mit der verglichen werden, die der Auftritt von Margot Fonteyn und Rudolf Nurejew auslöste.

In den Jahren 1964-67 hatten musikalische Veranstaltungen Vorrang. Ein gro-

Amerikanische Ballett-Theater mit Choreographien von u.a. Fernando Bujones sowie Pina Bauschs Tanztheater Wuppertal. Gern gesehene Gäste sind auch zwei progressive Athener Privattheater: das von Karolos Koun 1942 gegründete Théatro Téchnis und das Amphithéatro von Spíros Evangeliótis.

Ein herausragendes Ereignis war die Aufführung des Oratoriums *Axion Esti*. Es wurde vom Athener Symphonieorchester unter der Leitung des Komponisten Míkis Theodorákis gespielt. Das Publikum nahm das Werk begeistert auf, das ursprünglich schon im Juni 1964 als Teil der Festspiele uraufgeführt werden sollte.

ßer Überraschungserfolg gelang Antonio und dem Madrider Ballett im Jahre 1970, als sie die Athener erstmals mit dem spanischen Flamenco bekanntmachten.1971 starb Fauston Klever hinter der Bühne, wenige Minuten, bevor er *Orpheus und Eurydike* dirigieren sollte.

Im Jahre 1982 feierte die Alvin-Ailey-Ballettruppe Triumphe, 1983 die Tanzgruppe von Martha Graham und 1992 das

Links: Klassische Dramen werden im Herodes-Attikus-Theater aufgeführt. **Rechts:** Ein Tänzer auf der Bühne des Lykabettos-Theaters.

Wegen der Differenzen zwischen Theodorákis und der konservativen Regierung hatte das Werk sein Debüt in einem kleinen Theater.

Grigóris Bithikótsis, der Sänger, der in den 60er Jahren viele von Theodorákis' Volksliedern interpretierte, saß bei der feierlichen Aufführung im Festivalpublikum. Auf das Drängen der Menge hin betrat er die Bühne und sang eines seiner bekanntesten Lieder. Damit erfüllte sich für Bithikótsis ein alter Traum, dem er beinahe 25 Jahre lang nachgegangen war: Dieses Lied einmal in einem antiken Theater zu singen.

Athen hat außerordentlich viel zu bieten. Aber manchmal werden die Hitze und das Verkehrsgewühl einfach unerträglich. Was dann? Eine Garantie, daß Sie dem Chaos der Stadt entkommen, bietet Ihnen nur das Meer – seit Jahrtausenden der beste Freund der Griechen.

Der Ausflug auf die See sollte, wie alle Unternehmungen, vorher geplant werden. Selbst in Athen, dem Mekka der Segler im östlichen Mittelmeer, wo über 1.500 seefeste Mietjachten zur Verfügung stehen, sind im Hochsommer fast alle Schiffe ausgebucht. Selbst die größten Vermieter in der Zea Marina in Piräus, von deren Geschäftsräumen man einen Wald von Masten überblickt, oder an der Küste von Alímos, Glyfáda und Voúla können Ihnen im August unter Umständen kein Schiff mehr anbieten. Bei Vorausbuchung dagegen wird man mittels Computer schnell die passende Jacht zum richtigen Zeitpunkt für Sie finden.

Vom Feinsten: Bei Jachten ist die Auswahl unbegrenzt. Wer die griechischen Magnaten unserer Tage kennt, weiß vielleicht, daß auf der berühmten Motorjacht *Christina* des Reeders Onássis die Barhokker mit der Vorhaut des Weißen Wals überzogen sind. Die Jacht seines großen Rivalen Stávros Niárchos hat mittlerweile Ausstellungsflächen für eine der größten modernen Kunstausstellungen der Welt.

Auch wenn Sie diese Luxusjachten der Spitzenklasse nicht mieten können, bieten doch die Mietjachten der oberen Kategorie so viel Luxus, daß immer mehr Vertreter der High Society in Griechenland Segelurlaub machen. Daneben gibt es aber zum Glück auch Jachten, bei denen Sie preislich wesentlich besser wegkommen als in einem mittleren Hotel an Land.

Der Großteil (etwa drei Viertel) der Mietjachten sind reine Segelschiffe mit bis zu 17 m Länge, für die Sie einen Segelschein benötigen. Mancher, der zum

Segeln nach Griechenland kommt, entscheidet sich lieber für ein aus Holz gefertigtes, traditionell griechisches *Kaïki,* ein sehr attraktives Schiff, das einmal etwas ganz anderes ist und nach unseren Informationen ab 300 DM pro Tag zur Verfügung steht. Wer es bequem haben will oder sich mit dem Segeln nicht so gut auskennt, wählt eine bemannte Motorjacht. Die Preise schwanken von billig bis etwa 20.000 DM pro Tag (für ein Schiff mit Luxuskabinen, das 50 Personen Platz

bietet). Es gibt auch Jachten mit eigenen Startrampen für Wasserskifahrer.

Immer mehr Menschen interessieren sich für den Segelsport, weil man unabhängig bleibt und weil jede Reizüberflutung wegfällt. Golf- und Tennisplätze, Pauschalrundreisen und feste Hotelzeiten – das alles gibt es hier nicht. Niemand kann Sie anrufen, falls Sie nicht selbst eine Jacht mit Kommunikationsmöglichkeiten gemietet haben. Auf einer bemannten Jacht brauchen Sie eigentlich gar nichts zu tun. Sie können die Sonne und die See genießen, sich entspannen und einmal anderen das Ruder überlassen.

Links: Zum Trocknen werden die Fischernetze am Mastbaum aufgehängt. **Rechts:** Meerestiere werden auch an Land sehr geschätzt.

„Der schönste Strand ist eine Jacht,“ sagt Bill Lefakínis, der Präsident des griechischen Segelsportverbandes. Dies ist nicht nur ein Werbespruch aus dem Mund eines Marketing-Profis, sondern trifft den Kern der Sache ganz gut. Athen eignet sich als Ausgangspunkt für einen Segeltörn, weil Sie nicht weit hinaussegeln müssen, um Ruhe und Frieden zu finden.

Im Saronischen Golf gibt es viele Inseln mit versteckten Stränden und verschwiegenen Buchten, die man ohne Boot gar nicht erreichen könnte. Sie haben also gute Chancen, ein ruhiges Plätzchen zum Schwimmen und Tauchen oder auch für ein Sonnenbad zu finden. Von Vorteil ist

keine Seltenheit sind. Für kleinere Jachten kann der Passat durchaus problematisch werden. Oft legt er sich wieder in den frühen Abendstunden, so daß er die Nachtruhe nicht beeinträchtigt. Zu anderen Jahreszeiten wehen im geschützten Saronischen Golf leichte Winde aus wechselnden Richtungen. Der Wind kommt dann oft von der „falschen“ Seite und läßt die Jachten eine Zeitlang stilliegen. Nach Angabe der Reeder nehmen die Urlauber unvorhersehbare Situationen – eine mehrstündige Ruhepause draußen auf See oder einen unfreiwilligen Aufenthalt im Hafen wegen schlechten Wetters – in der Regel gelassen hin.

außerdem, daß es im Saronischen Golf keine Sandbänke, Korallenriffe oder gefährlichen Strömungen gibt. Sie finden malerische Häfen und viele sichere Anlegestellen unweit der Küste.

Die Wetterverhältnisse sind im allgemeinen günstig. Aber die Winde sind doch so stark, daß der ehrgeizige Jachtfahrer mit jener Miene heimkehren kann, die besagt: „Ich habe die Natur bezwungen.“ Im Juli und August weht der Nordostpassat, der im Saronischen Golf kaum einmal Windstärke fünf der Beaufort-Skala überschreitet, während weiter draußen in der Ägäis Windstärken von sechs bis acht

Die Romantik des Segelns ist in Griechenland vor allem im Sommer sehr eindrucksvoll, besonders am Abend, wenn es großartige Sonnenuntergänge gibt und die Sterne am Nachthimmel hervortreten. Wenn Sie draußen auf dem Meer sind oder vor Anker liegen, vermitteln solche Augenblicke das schwer zu beschreibende Gefühl, das sich auch beim Lesen großer Dichtung manchmal einstellt – der Eindruck, einen unwiederbringlichen Augenblick zu erleben.

Eine ganz andere Attraktion, die viele beim Segeln in Griechenland zum erstenmal erleben, ist das Verspeisen von Seeigeln. Diese schwarzen, stacheligen Tiere treiben wie Minen in felsigen Buchten. Tritt man auf einen, sondern die Stacheln Gift ab. Wenn man sie aber vorsichtig einsammelt und aufschneidet, ist das orangefarbene, ziemlich schwammige Innere vielleicht die köstlichste aller Meeresfrüchte. In Restaurants oder in der Nähe der Küstenstraßen werden sie aber nicht angeboten.

Im Saronischen Golf zu segeln, ist nicht nur ein reizvolles Naturerlebnis, auch der historisch Interessierte kommt hier auf seine Kosten. Wer am Bug seiner Jacht steht und beobachtet, wie eine Insel, die draußen als Farbfleck erscheint, größer

einen Griechen an Bord zu haben. Die Griechen im allgemeinen, und erst recht die griechischen Seeleute, sind nämlich leidenschaftliche Geschichtenerzähler (und -erfinder), und schon so mancher Urlauber hat seine Jacht, gewollt oder ungewollt, als intimer Kenner und Freund der griechischen Seefahrtsgeschichte wieder verlassen.

In letzter Zeit haben die Griechen diese Tradition aber auch ganz wissenschaftlich aufgegriffen. In denselben kleinen Werften, in denen viele Sportboote gebaut wurden, die heute in der Ägäis unterwegs sind, werden jetzt historische Schiffe genau rekonstruiert, und zwar mit Werkzeu-

wird und Gestalt annimmt, der kann nachempfinden, was für die Griechen und ihre freundlich oder auch feindlich gesinnten Besucher in jahrhundertelanger Geschichte lebenswichtig war.

Als Crew für Ihre Jacht können Ihnen die Reeder eine internationale Besatzung stellen, aber am faszinierendsten ist es,

Links: Die Nationalfarben weiß und blau erinnern daran, daß Griechenland einmal von einem Bayern regiert wurde. **Rechts**: In der Antike war Athen die Stadt mit den schönsten *Trieren*. Heute werden sie nachgebaut.

gen, die sich im Laufe der Jahrhunderte kaum verändert haben. Am meisten wurde über die Nachbildung der altgriechischen Triere berichtet, jenes Ruderschiffes, mit dem die Griechen 480 v.Chr. in der Seeschlacht bei Salamis die Perser besiegten. Wie Aristophanes schreibt, galt Athen einmal als die Stadt, „wo die schönsten Trieren gebaut werden". Bei „Rammgeschwindigkeit" fuhr eine Triere schnell genug, um einen Wasserskiläufer unserer Tage zu ziehen. (Ausprobiert hat man das allerdings noch nicht.)

Außer der Triere wurden aber auch ein Frachtschiff aus dem 4. Jh. v.Chr., ein antikes Schiff aus Papyrus, und die Argo, das Schiff des Helden Jason, nachgebaut und bei Testfahrten auf ihren alten Routen erprobt.

Wer heute dort segelt, folgt außerdem den Spuren der ersten Touristenfahrten, mit denen vor 600 Jahren Kreuzfahrer und Pilger von Westeuropa über Venedig und durch die Ägäis ins Heilige Land kamen. Damals waren diese Seereisen natürlich viel abenteuerlicher als heute: Die Hälfte der Pilger kehrte nie zurück, sondern erlitt Schiffbruch, starb an der Pest oder fiel Seeräubern oder Türken in die Hände.

Salamis ist wohl der bekannteste griechische Seestützpunkt, aber man darf es

nur mit Sondergenehmigung anlaufen, weil es heute das Hauptquartier der griechischen Marine ist. Im Laufe der Jahre ist schon mehr als eine Jacht von der Küstenwacht gestoppt worden, weil sie dem Hafen zu nahe kam, und vielen Touristen auf Fähren oder Jachten wurden bei diesen Kontrollen die heißgeliebten Urlaubsfilme abgenommen.

Sie haben aber genug andere historische Stätten zur Auswahl, die von Athen aus am besten mit dem Schiff zu erreichen sind. An erster Stelle ist der Tempel am Kap Súnion zu nennen. Noch näher liegt die Insel Ägina, wo Ihr Schiff unweit des

herrlichen, auf einem Hügel gelegenen Aphaia-Tempels vor Anker gehen kann.

Lockender Abstecher: Etwas weiter ist es zur Küstenstadt Nauplion, der ersten Hauptstadt des modernen Griechenland, die noch immer viele für die schönste Stadt des Landes halten, oder zu den minoischen Ruinen und zu den Gräbern in Mykene. Wer in Richtung Peloponnes segeln möchte und an einen Abstecher zum Ionischen Meer denkt, dem sei gesagt, daß der Kanal von Korinth, gemessen an seiner Länge, die teuerste Schiffahrtsstraße der Welt ist.

Lassen wir die historische Dimension – in der salzhaltigen Luft des Saronischen Golfes ist sie natürlich allgegenwärtig – einmal außer acht, dann sind hier noch die beliebten Touristinseln Hydra (Ydra) und Spetsai zu erwähnen, außerdem Poros. Noch näher liegen die weniger bekannten Inseln Angistrion (bei Ägina) und das benachbarte Monion mit seinem Naturschutzgebiet. Auch die Insel Agios Giorgios unweit Kap Sunion gehört zu den beliebtesten Fahrtzielen. Ob Sie eine Jacht nur für ein oder zwei Tage mieten oder sich an den verschiedenen Anlegeplätzen Zeit lassen – der Saronische Golf hat in jedem Fall viel zu bieten. Weiter im Osten gelangt man dann natürlich zu den vielen Paradiesinseln der Ägäis.

Deshalb hat sich Athen auch zu dem Zentrum des Segelsports entwickelt, das es heute ist – und nicht etwa aufgrund seiner Anlegeplätze oder der „Klubatmosphäre" an Land. In dieser Hinsicht läßt die Stadt noch vieles zu wünschen übrig, sogar im Vergleich zu den benachbarten türkischen Häfen. Jetzt will man auf griechischer Seite endlich Abhilfe schaffen. Aber auch die griechischen Jachtklubs könnten sich etwas mehr um die qualifizierten Segler kümmern, die aus Übersee anreisen, und eine etwas freundlichere Atmosphäre schaffen. Doch diese kleinen Schwächen der „Infrastruktur" tun dem Genuß, im Saronischen Golf zu segeln, keinen Abbruch.

Links: Wer im Saronischen Golf segelt, verbringt seinen Urlaub fernab vom Massentourismus. **Rechts:** Ein kleiner Souvenirladen auf der Insel Ägina.

BIG
POTTER

SHOP
CLOTHES

G SHOP
ARINA
ALL PRICE

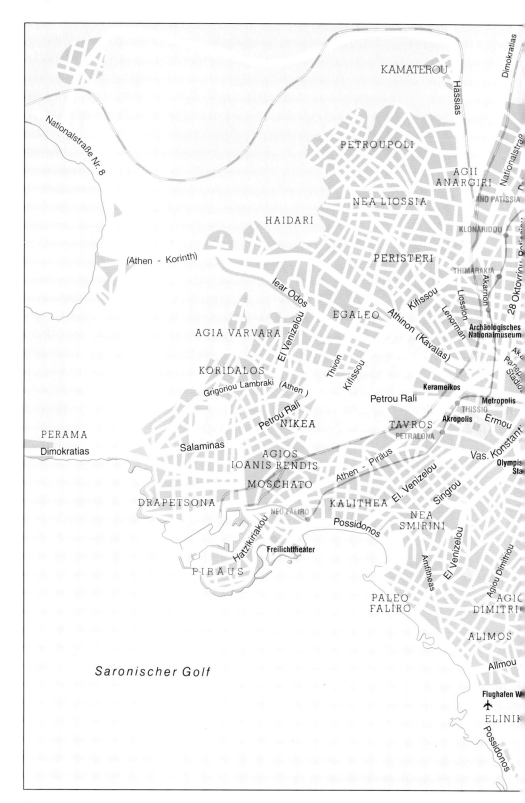

KAMATEROU

PETROUPOLI

AGII
ANARGIRI

NEA LIOSSIA

ANO PATISSIA

HAIDARI

KLONARIDOU

PERISTERI

THIMARAKIA

(Athen - Korinth)

Kifissou

Liossion

Lenorman

Akarnon

28 Oktovriou

Nationalstraße Nr. 8

Iear Odos

EGALEO

Athinon (Kavalas)

Archäologisches
Nationalmuseum

AGIA VARVARA

El Venizelou

Thivon

KORIDALOS

Kifissou

Grigoriou Lambraki (Athen)

Kerameikos

Petrou Rali

Metropolis

THISSIO

Petrou Rali

Akropolis

Ermou

NIKEA

TAVROS

PERAMA

PETRALONA

Dimokratias

Salaminas

AGIOS
IOANIS RENDIS

Athen - Piräus

Vas. Konstant

Olympis
Sta

MOSCHATO

El Venizelou

Singrou

DRAPETSONA

KALITHEA

NEO FALIRO

Possidonos

NEA
SMIRINI

Hatzikiriakou

Freilichttheater

Amfitheas

El Venizelou

Agiou Dimitriou

PIRÄUS

PALEO
FALIRO

AGIC
DIMITRI

ALIMOS

Saronischer Golf

Allmou

Flughafen W

ELINIK

Possidonos

Dimokratias

Hassias

Nationalstras

Dimokratias

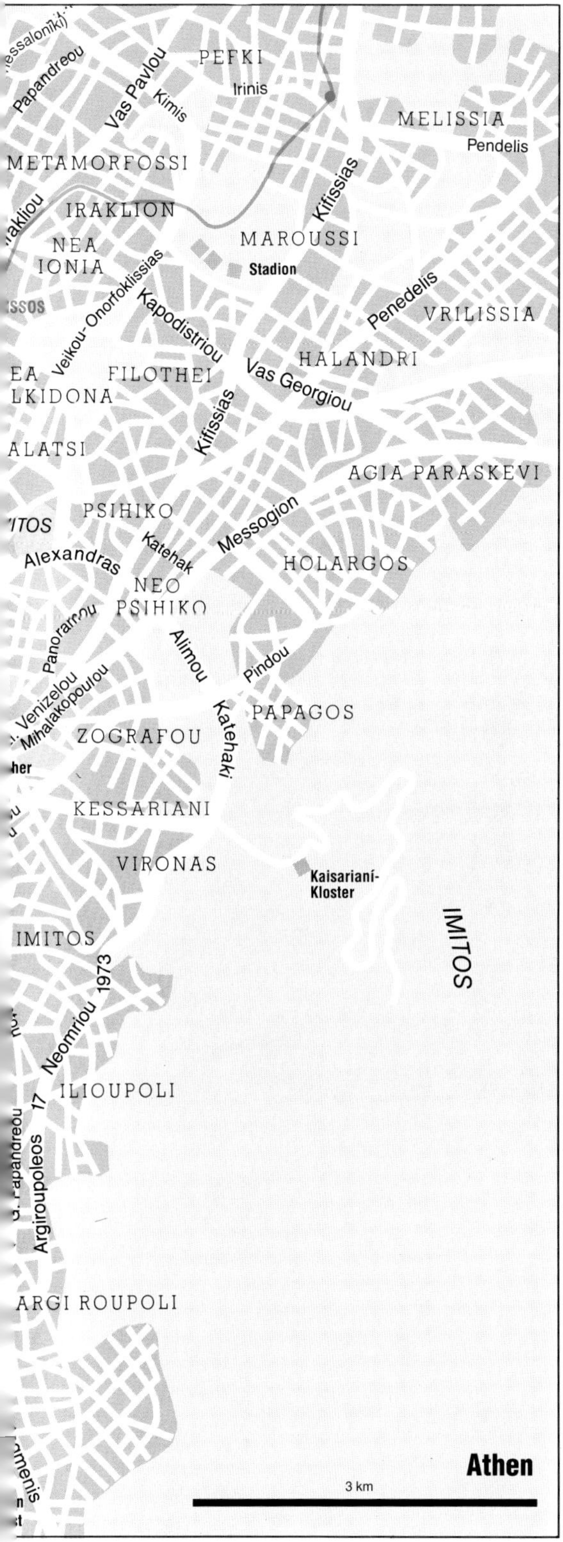

Map labels

Thessaloniki)
Papandreou
Vas Pavlou
Kimis
PEFKI
Irinis
MELISSIA
Pendelis
METAMORFOSSI
Kifissias
IRAKLION
MAROUSSI
Irakliou
NEA
IONIA
Stadion
SSOS
Veikou-Onorfokflissias
Kapodistriou
Penedelis
VRILISSIA
EA
FILOTHEI
Vas Georgiou
HALANDRI
LKIDONA
ALATSI
Kifissias
AGIA PARASKEVI
ITOS
PSIHIKO
Messogion
Katehak
HOLARGOS
Alexandras
NEO
PSIHIKO
Panorama'
Alimou
Pindou
Venizelou
Mihalakopoulou
ZOGRAFOU
Katehaki
PAPAGOS
her
KESSARIANI
VIRONAS
Kaisarianí-
Kloster
IMITOS
IMITOS
Neomriou 1973
17
ILIOUPOLI
G. Papandreou
Argiroupoleos
ARGI ROUPOLI
menis
n
st
3 km
Athen

TREFFPUNKTE

Athens klassische Vergangenheit, von der uns die Geschichtsbücher berichten, läßt sich nicht so einfach in den Hauptverkehrsstraßen und anonymen Vororten wiederfinden.

Man betrachtet die Stadt am besten vom Berg Lykabettos aus, weil aus der Entfernung die scharfen Kanten der Stadtränder sanft abgerundet wirken. Von oben läßt sich auch eine gewisse Symmetrie feststellen: Die Hauptstadt liegt in einer Mulde und wird von der Akrópolis und dem Lykabettos bewacht. Zentrale Punkte wie der Omónia- und der Monastiráki-Platz umgeben den Syntagma-Platz wie die Speichen die Nabe eines Rades. In der Antike führten alle Straßen zur Akrópolis, heute bildet der Syntagma-Platz den Mittelpunkt der Stadt.

Das Fehlen äußeren Charmes weiß Athen durch kurze Wegstrecken auszugleichen. Sehenswürdigkeiten wie das Benáki-, das Kykladen-, das Byzantinische und das Militärmuseum– nicht zu vergessen die Nationale Kunstgalerie liegen alle in der gleichen Straße. Hier taucht allerdings ein Problem auf: Sie kann nämlich Vassílisis-Sofías-, El.-Venizélou-oder Panepistímiou-Straße heißen – am besten fragen Sie immer nach allen dreien gleichzeitig.

Das Meer und die Hügel sind die besten Orientierungshilfen. Der Hafen von Piräus ist das Tor zur Ägäis. Aber es lohnt sich auch ein Ausflug auf die Hügel oder zum großartigen, klassischen Delphi, das man auf keinen Fall auslassen sollte. All das ist nur einen Katzensprung vom Stadtkern entfernt, und das sagt doch schon eine ganze Menge über Athen – die Stadt mit den angeblich so harten Kanten.

Vorhergehende Seiten: Der Parthenon im Abendlicht. Eine Prozession von Priestern auf der Akrópolis. Kunst und Kommerz im Souvenirladen.

DIE AKRÓPOLIS

438 v.Chr., nach fünfzehn langen Baujahren, bekam die Athener Bevölkerung bei den Panathenäischen Festspielen endlich Zutritt zum neuen Tempel der Stadtgöttin, dem später so benannten **Parthenon.** (Heute muß diese heilige Stätte als Motiv für Aschenbecher und T-Shirts herhalten.) Der Parthenon hatte zunächst ein Ziegeldach und holzgetäfelte Decken mit prachtvollen, bemalten Reliefs. Die Farbgebung war einst so intensiv, daß sie von manchen als übertrieben empfunden wurde. „Wie eine Nutte putzen wir unsere Stadt heraus", zitiert Plutarch damalige Kritiker, „überhäufen sie mit teuren Statuen, Opfern und Hunderten von Tempeln."

Der Name **Akrópolis** bedeutet eigentlich nur hochgelegener Stadtteil, meist eine natürliche Befestigungsanlage. Seit Menschengedenken stehen auf der Athener Akrópolis nun schon Festungen und Tempel. Doch nicht einmal Homer – er lebte im 8. Jh. v.Chr. – wußte Genaues über das Athen der mykenischen Zeit zu berichten, es wird praktisch kaum erwähnt. Und das, obwohl er in der 'Ilias' den 500 Jahre zurückliegenden Krieg zwischen Troja und Mykene beschrieben hat. Lediglich ein mykenischer Palast auf der Akrópolis, das sogenannte **„Haus des Erechtheus",** wird von ihm erwähnt.

In Erinnerung daran wurde das neue **Erechtheion** mit seiner bekannten Korenhalle ungefähr an der gleichen Stelle errichtet. Der Parthenon und wenig später die Propyläen waren die ersten Gebäude zur Zeit des Perikles. Sie sind aus den Ruinen des alten Stadtzentrums entstanden, das zuvor von den Persern dem Erdboden gleichgemacht worden war.

Die noch früher datierten mykenischen Spuren der Akrópolis finden sich nur in einem Mauerrest wieder, zeigen aber nicht mehr viel von der *ersten,* ursprünglich *griechischen* Kultur. Die vorausgehende *minoische* Kultur ist ein Import aus Ägypten und Kleinasien.

Der moderne Tourist bekommt auf der Akrópolis viele Epochen der griechischen Geschichte zu sehen, sein Interesse konzentriert sich aber auf einen relativ kurzen Zeitraum. Vor und während der hellenistischen Zeit – das sind die 200 Jahre nach dem glorreichen 5. Jh. v.Chr. – war die Akrópolis eine Ansammlung verschiedener Heiligtümer und ein blühendes Zentrum hellenistischer und römischer Kunst. Später verkam sie dann zu einer schlecht geschützten Stadt, in der man, so ein Erzbischof aus dem 13. Jh., „wie in der Hölle auf Erden" lebte. Allmählich besserte sich ihr Zustand unter der Obhut eines mittelalterlichen Fürstengeschlechts, sie endete aber dann zur Zeit der griechischen Unabhängigkeit als heruntergekommene Burganlage.

Die Akropolis hatte in ihrer Geschichte zahlreiche Besatzungen, Schlachten und Kämpfe zu überstehen, und ihre Bauten wurden oftmals

Links: Bitte lächeln! **Rechts:** Blick von der *Akrópolis* auf die **Agora.**

zweckentfremdet. Sie dienten als christliche Kirchen, Minaretts und Militärposten, manche auch als Bordelle, Harems und Waffendepots.

Heute konzentrieren sich die umfangreichen Restaurierungsarbeiten weitgehend auf den kurzen Zeitraum der klassischen Epoche. (Eigentlich sollte man wegen der Originaltreue den Baukran auch auf den T-Shirts abbilden, aber das nur nebenbei.) Als **Klassik** bezeichnet man die Zeit von 480 bis 330 v. Chr. Unter der Herrschaft des Perikles (461–430 v.Chr.) erblüht die Stadt Athen; im sogenannten Perikläischen Zeitalter wird auch die Akrópolis fertiggestellt. Perikles' Name steht für das Aufkommen und die Entwicklung klassischer Demokratie, Architektur, Philosophie und Kunst. Es sollte aber gerechtigkeitshalber erwähnt werden, daß ein Teil seines Ruhms auch einigen seiner vielen Vorgänger und Nachfolger gebührt.

Es ist natürlich ein Ammenmärchen, daß nach 2.500 Jahren noch alles originalgetreu aus perikleischer Zeit erhalten sein soll. So widersprüchlich es klingt, aber gelegentlich erleichtert der totale Abbruch des Bestehenden die archäologische Arbeit sogar. Die frühgeschichtlichen Pelasger trugen die Spitze des Akropolishügels ab und begruben alles, was es vorher schon gab, unter ihren Füßen. Die nächste Generation von Siedlern verwendete dann brauchbare Überreste zum Bau, das Übrige wurde untergepflügt.

Damals wurden viele der griechischen Stadtstaaten an Stellen erbaut, die von Natur aus eine Befestigung ermöglichten. Die Akrópolis war schon immer ein bevorzugter Platz für menschliche Siedlungen. Eine Zeitlang sah es so aus, als wollte Athen seine Seemacht ausbauen und das Stadtzentrum nach Piräus verlegen. Statt dessen baute man sozusagen als Kompromißlösung eine massive Schutzmauer zwischen Stadt und Hafen. Trotzdem bleibt die Geschichte der Stadt eine ständige Wiederholung von Zerstörung und Wiederaufbau. Obwohl ein Abbruch des Parthenon nie ernsthaft zur Debatte stand, hätte man damit doch den Schlüssel zur noch unbekannten mykenischen Zeit Athens in der Hand.

Im jetzigen Zustand fehlen dem **Parthenon** große Teile seiner Bausubstanz. Teils wurden sie von Souvenirjägern weggetragen, teils in anderem Sinn zweckentfremdet, und sei es nur, um damit rasch eine Barrikade in irgendeiner Schlacht zu errichten. Zum Glück werden jedoch viele Funde der vor- und nachklassischen Zeit im **Akrópolis-Museum** und im **Archäologischen Nationalmuseum** aufbewahrt.

Wenn Sie die Akrópolis und das Museum noch nicht kennen, machen Sie am besten eine Busfahrt mit, die Sie vom Stadtzentrum aus zu den Sehenswürdigkeiten bringt. Dort oben können Sie dann noch genug zu Fuß gehen. Die vielen Details, die präsentiert werden, sind wie ein bunter Eintopf, sättigend, aber auch verwirrend.

Ein Historiker der viktorianischen Ära hat schließlich festgestellt, daß die Griechen nicht nur für die Herstellung antiker Kunst gelebt haben. Die ehrwürdig-verstaubte Atmosphäre, in der der Besucher sich bewegt, macht es nicht eben leicht, sich Menschen aus Fleisch und Blut vorzustellen, deren Leben sich einst zwischen diesen Tempeln abspielte. (Die dort angebrachten Begrenzungsseile sollen lediglich den Stein davor schützen, von Millionen Füßen gänzlich plattgetreten zu werden.) Wie es dann mit der Akrópolis weiterging, das lesen Sie am besten im historischen Teil des Buches nach.

Im Gegensatz zu den ägyptischen Pyramiden, bei deren Bau mit einfachsten Mitteln enorme Bauleistungen bewältigt wurden, beeindruckt der Parthenon eher durch die Feinheit in der Ausführung. Hinter der imposanten Fassade verbergen sich aber nur zwei Räume. Der eine, die von Osten her zugängliche Cella (die dem Eingang gegenüberliegende Seite), war das eigentliche Heiligtum des Tempels. Hauptanziehungspunkt für die Athener in der Cella war eine von Phidias geschaffene, 12 Meter hohe Statue der **Athene Parthenos.**

Die Gottheit Athene wurde in verschiedenen Gestalten verehrt. Der Parthenon war der Tempel der Athene Polias in ihrer Funktion als Schutzherrin des Stadtstaats. Anderswo galt sie als besondere Beschützerin der Jungfräulichkeit oder als Patronin der Vorsehung, der Pferde, der Trompete, der Hausfrauen und des Gürtels. Gemeint war damit nicht das Kleidungsstück, sondern der Gürtel als Symbol der Verteidigungsfähigkeit. Die Skulptur der Athene Parthenos war ganz aus Gold und Elfenbein gefertigt. Im 5. Jahrhundert n. Chr. wurde sie vermutlich nach Konstantinopel verschleppt, wo sie zerstört wurde. Den ehemaligen Standort dieser imposanten Athene-Figur kennzeichnet heute eine Tuffsteinplatte auf dem Fußboden der Cella. Im Archäologischen Nationalmuseum (Saal 20) befindet sich eine kleinere Kopie, die sogenannte Varvakion-

Der Parthenon ist eine Fundgrube für Archäologen.

Athene, die veranschaulicht, wie das Original ausgesehen hat.

Der andere der beiden Räume des Parthenon besaß einen Eingang von Westen her. Vielleicht war er ursprünglich für die Kammerzofen der Göttin gedacht. Da diese aber weder als lebende Personen noch als Statuen je existierten, hat man die Räume schließlich zu einer **Schatzkammer** umfunktioniert.

Die Architektur des **Iktinos** zeigt im allgemeinen eine erstaunliche Liebe zum Detail. Der Fußboden steigt zur Mitte hin an, stetig, aber kaum wahrnehmbar, in einem Verhältnis von 1 zu 450. Damit der Eindruck entsteht, alles sei absolut ebenmäßig, hat man paradoxerweise ganz auf gerade Linien und rechte Winkel verzichtet. Die Säulenreihen sind leicht nach innen gekrümmt, die innere jedoch etwas weniger als die äußere. Die Abweichung macht kaum ein Grad aus.

Die Beleuchtung der Säulen wurde durch das intensive Licht von hinten

beeinträchtigt. Um diesen Effekt auszugleichen, ließ man die Lichtintensität zur Raummitte hin leicht ansteigen. Die Ecksäulen sind etwas dicker als die Säulen daneben, sie nehmen deswegen auch mehr Licht weg. Ursprünglich waren die Rückseiten der in Hochrelief gemeißelten Statuen nicht sichtbar. Inzwischen wurden sie aber bis ins Feinste den Vorderseiten nachgearbeitet.

War dieser Aufwand denn unbedingt nötig? Wäre etwas weniger Genauigkeit aufgefallen oder hätte sie gestört? Die Antike hat ihre eigene Antwort darauf: Selbst wenn die Menschen das alles nicht gebührend schätzen könnten, die Götter sind dazu in der Lage!

Eine der größten Sensationen bei der Eröffnung des Parthenon war der etwa 160 m lange, an einem Stück durchlaufende **Fries,** der die Innenseite des Säulengangs ziert. Üblicherweise beschäftigte sich die Kunst nämlich mit Göttern, Halbgöttern und Heroen. Davon waren nun auch die Fußböden und die Metopen voll. Der Fries dagegen behandelte als ganz neues Thema das Leben der Athener Bürger.

Eine auffällige Neuheit der klassischen griechischen Architektur ist allerdings höchst profan: die Erfindung des Dachziegels. Damit waren jetzt auch **Schrägdächer** möglich, an deren Enden die Bildhauer vorzugsweise ihre Statuen postierten.

Als der Parthenon eröffnet wurde, lebten in Athen ungefähr 30.000 freie Bürger, dazu kamen noch die vielen ungezählten Sklaven und Fremden. Einige hatten wohl zu den Handwerkern, die unter der Leitung ihres Meisters **Phidias** an dem großen Werk arbeiteten, Kontakt. Als nämlich der Fries fertiggestellt war, suchten sie ihn nach bekannten Gesichtern ab. Sie konnten dabei auf dem Schild der Athene nicht nur den großen Perikles, sondern auch Meister Phidias entdecken. Der Skandal war perfekt. Nicht genug, daß der Künstler zu selbstbewußt war, es traf ihn auch noch der

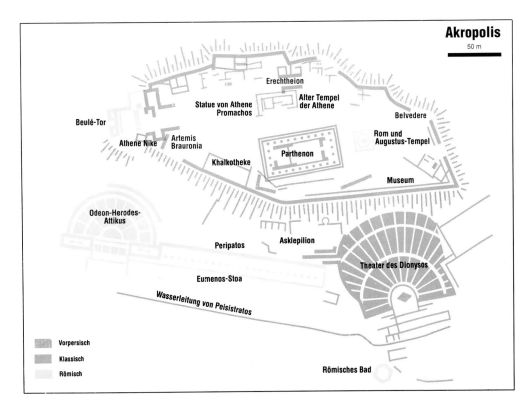

Verdacht, mit dem Gold für die Athenestatue gleich noch seine Privatkasse saniert zu haben. Der arme Phidias mußte sofort die Stadt verlassen, in der er sein Meisterwerk, den Parthenon, verwirklicht hatte. Die Gesichter des Frieses sind so exakt gearbeitet, daß man sie vom Boden aus gut sehen konnte. Das Thema des Frieses ist das erwähnte glorreiche Panathenäenfest. Mit dieser bildlichen Darstellung feierte Athen sich sozusagen selbst. Das Fest lief folgendermaßen ab: Alle vier Jahre formierte sich die Bevölkerung zu einer großen Prozession, die von der Stadt auf die Akrópolis hinaufführte, um dort der Athene das Abzeichen ihres Amtes, ein safrangelbes Kleid, darzubringen.

Natürlich sind sie und ihre göttlichen Kollegen auch auf dem Fries abgebildet. Anstatt aber in erhabener Pose zu erstarren, gibt man sich ungezwungen, plaudert hier und da und erwartet so das Eintreffen des Festzugs. Götter und Menschen sind – so scheint es – gut miteinander bekannt.

Ein junger Ritter hält die Prozession auf, um sich in aller Ruhe seine Schuhe zu binden. Der Fries kündet von einem guten Einvernehmen, ja fast von einer Verbrüderung zwischen Menschen und Göttern, denn die Götter mögen Athen, und Athen mag die Götter.

Zu Beginn des 5. Jh. v.Chr. erholte sich Athen allmählich von den beiden Perserstürmen, die rasch aufeinander gefolgt waren. Die Bevölkerung war damals geflohen, die verlassene Stadt wurde zerstört. Nach der Rückkehr der Bürger baute man zuerst die Häuser um die Agorá wieder auf. Es wurde erwogen, die Ruinen auf der Akrópolis als abschreckendes Beispiel für Krieg stehenzulassen. Aber trotz der beinahe vollständigen Zerstörung kam Athen, die Hauptstadt Attikas, bald wieder auf die Beine. Der Aufschwung stellte sich ein, als die führende Rolle der Athener bei der endgültigen Abwehr der Perser deutlich wurde. Bis die Kriege zwischen den einzelnen Stadtstaaten ausbrachen, hatte Athen die Vorrangstellung inne. Früher waren z.B. die Staatsfinanzen vom Export von Olivenöl und dem Ertrag einer Silbermine abhängig gewesen. Jetzt wurde Geld in einen gemeinsamen Verteidigungsfonds gescheffelt, zu dem die untergeordneten Städte Beiträge leisten mußten. Athen gab diese Gelder ohne Bedenken für eigene Zwecke aus, obwohl einige Tributpflichtige dagegen berechtigten Einspruch erhoben.

Zu den Ruinen, die nach dem Rückzug der Perser auf der Akrópolis übriggeblieben waren, gehörten auch die Fundamente und einige zerschlagene Säulen des geplanten neuen Athene-Tempels. Da nun die Stadt durch göttliche Fügung vor der Eroberung durch die Barbaren gerettet war, glaubte man sich zu einem entsprechend wertvollen Dankgeschenk verpflichtet. Die bestehenden Pläne waren nicht mehr prächtig genug.

Nun konnten aber die Griechen ohne ein einigendes Feindbild, wie z.B. die Perser, nicht sein. Sie fingen an, sich gegenseitig zu bekriegen.

Abguß eines Votivreliefs, um circa 500 v. Chr.

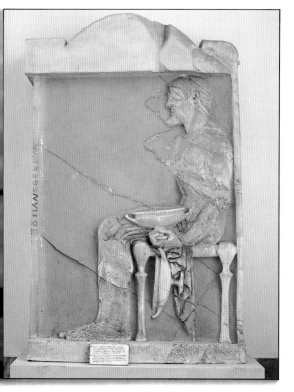

Der Peloponnesische Krieg ließ nicht lange auf sich warten. Athen und Sparta versuchten sich nun gegenseitig zu vernichten.

Der Entwurf und der Bau des Parthenon war ein großes Werk. Darum plante man als Übergangslösung erst den kleineren Tempel der **Athene Nike** (auch flügellose Nike genannt). Die Zeichnungen des Kallikrates erwiesen sich aber in der Ausführung als so kompliziert, daß der Notbehelf erst nach dem großen Bauwerk beendet wurde. Das Standbild der Athene erhielt ein Paar Flügel, die den Sieg über die Perser symbolisieren sollten. Die Athener konnten sich aber nicht daran gewöhnen und entfernten die Flügel, bevor die Göttin davonfliegen konnte.

Für den Nike-Tempel war als Standort ein von Natur aus günstig gelegenes Hochplateau im Südwesten der Akrópolis vorgesehen. Man konnte von dort die Bucht von Salamis überblicken, wo die attische Flotte die Perser erfolgreich geschlagen hatte. Außerdem erinnert diese Stelle an einen anderen berühmten Sieg, der freilich die Betroffenen ins Unglück stürzte. Der Mythos erzählt folgende Geschichte: Athen mußte alle neun Jahre dem König Minos von Knossos auf Kreta je sieben Jungfrauen und sieben junge Männer als Opfer bringen. Theseus, der Sohn des griechischen Königs Ägäus, machte sich nach Kreta auf, um diesen barbarischen Brauch abzuschaffen. Unter schwarzem Segel reiste er ab und versprach seinem Vater, bei glücklichem Ausgang weißbeflaggt zurückzukehren. Er löste seine Aufgabe mit Erfolg, wie in der Sage über das Labyrinth und die Tötung des fürchterlichen Minotaurus erzählt wird. Die schöne Prinzessin Ariadne half ihm dabei mit einer List. Aber er vergaß hinterher, das weiße Segel zu hissen. Sein unglücklicher Vater, der ihn voll Angst auf dem besagten Felsen erwartete, stürzte sich deswegen verzweifelt ins Meer und ertrank. Seither trägt das Meer den Namen **Agäis.**

Ein Künstler malt das Erechtheion.

(Leider übersieht die traurige Geschichte die Tatsache, daß der König dort auf trockenes Land gefallen wäre, das Wasser war nämlich einige Kilometer entfernt.)

Zurück zur Akrópolis: Perikles hatte zwei weitere Tempel geplant. Das neue Erechtheion stellte den Architekten aber vor nicht unerhebliche Probleme. Es sollte als eine Art Gedenkstätte einige unbewegliche Heiligtümer umschließen, so z.B. eine Schlangengrube, den Felsen, auf den Poseidon einst mit seinem Dreizack eingeschlagen hatte, einen Ölbaum und eine Salzwasserquelle.

Die religiösen Überzeugungen der Athener befanden sich damals im Umbruch. Sie enthielten animistische Elemente (d.h. die Verehrung belebter und auch unbelebter Dinge, z.B. eines Felsens) aus früherer Zeit. Diese Ideen kollidierten aber mit den differenzierten Vorstellungen des Pythagoras. Es handelt sich um denselben Pythagoras, der mit mathematischem Scharfsinn die Eigenschaf-

ten des rechtwinkligen Dreiecks beschrieben hat. In „Glaubensdingen" verließ ihn allerdings sein sonst so kühler Verstand. So war seinen Anhängern der Genuß von Bohnen strikt untersagt, damit nicht Blähungen das Denken behinderten.

Der heilige Ölbaum, um den das Erechtheion herumgebaut war, ist angeblich ein Geschenk Athenes und auch der Ursprung der attischen Ölherstellung. Wie später das Petroleum viele Funktionen hatte, so diente damals Olivenöl nicht nur als Salatöl, sondern auch zum Heizen (Griechenland hat keine Kohlevorkommen).

Während des Peloponnesischen Krieges mußten die Arbeiten am Erechtheion eingestellt werden, danach führte man sie als Beschäftigungsprogramm für Arbeitslose fort. Der berühmteste Teil des Erechtheion ist die zierliche **Korenhalle** mit ihren sechs Karyatiden, Jungfrauen aus Stein, als Stützfiguren.

Der Architekt der Propyläen war Mnesikles, unter dessen Leitung der imposante, an einen Tempel gemahnende Torkomplex in nur fünf Jahren fertiggestellt wurde (437–432). Die Anlage, die ein altes Tor aus der Zeit des Tyrannen Kimon ersetzt, besteht aus dem Mittelbau und zwei Seitenflügeln, von denen der Südflügel mit Rücksicht auf das angrenzende Heiligtum der Artemis Brauronia kleiner gehalten wurde. Dieser bescheidene Kultbezirk war im 6. Jh. v.Chr. von Peisistratos eingerichtet worden, der aus dem Ort Brauron stammte. Zum Kult der Artemis gehörte es, daß junge Mädchen einen auf den Hintertatzen tanzenden Bär nachahmten. Auch nackt aufgeführte Tanzkunststücke waren Teil des Kults. Pausanias gefiel das. Immerhin handelte es sich um eine offizielle Verehrung der Göttin. Perikles hoffte die Einwände der Priester auszuräumen, aber zuletzt wurden die Propyläen auf das Maß begrenzt, das allein für den zentralen Innenraum vorgesehen war.

Der Nordflügel barg hinter einer Vorhalle die „Pinakothek", in der Weihegemälde ausgestellt waren.

Die Halle mit den Karyatiden ist das beliebteste Motiv des Erechtheion (421-406 v. Chr.).

Das Gebäude wurde gewöhnlich als Palast vom jeweiligen Stadtregenten benutzt, es hatte also ganz verschiedenen Zwecken zu dienen.

Die Römer erweiterten im 3. Jh. den Bau um ein Tor, durch das auch der heutige Besucher das Gebäude betritt. Die Pforte wurde aber zugemauert, als die Akrópolis militärischen Zwecken diente und man deshalb einige Eingänge schließen mußte.

Zur byzantinischen Zeit war der Parthenon eine christliche **Marienkirche,** die Propyläen fungierten als Bischofssitz des Erzbischofs Michael Akominatos. Der fromme Mann war angeblich beim Anblick der zerstörten Mauern, der leeren Straßen und der hungrigen, zerlumpten Menschen den Tränen nahe. Er ist es auch, der seine 30 Jahre Amtszeit im Athen des 13. Jh. mit der Hölle auf Erden verglichen hat. „Auch ich bin nun ein Banause geworden", klagte er am Ende.

Nach-perikleische Veränderungen: Im frühen 15. Jh. herrschte der Florentiner Antonio Acciajuoli über Athen. Er ließ dem Palast ein zweites Stockwerk hinzufügen, außerdem baute er gegenüber dem Nike-Tempel einen 27 m hohen Turm, der dort bis 1874 stand. Man könnte ihn noch sehen, wenn nicht der archäologische Reinheitskult alles verbannt hätte, was nach Perikles entstanden ist.

Als die Türken die Akrópolis besetzt hatten, begingen sie einen gravierenden Fehler: Sie horteten in einem der Räume Schießpulver. Dort schlug der Blitz ein, zwei Säulen stürzten um, und obwohl die Wände die Explosion gut aushielten, kamen doch der Pascha und seine Familie ums Leben. Die Inneneinrichtung des Gebäudes wurde wie von einer Sprengladung in die Luft geschleudert. Der neue Pascha richtete sich daraufhin im Erechtheion ein. Die Türken schienen aus diesem Unfall nichts gelernt zu haben, denn mit dem Parthenon, wo sie dann ihr Pulver lagerten, geschah Ähnliches.

1687 versuchte eine venezianische Truppe unter General Francesco Mo-

Unten: Blick auf den Lykabettos. Rechts: *Metopen* von der Akrópolis, jetzt im Britischen Museum in London.

DIE MARMORSKULPTUREN DER AKRÓPOLIS

Ein großer Teil der Skulpturen, die ursprünglich mehrere Bauten der Akropolis schmückten, befindet sich schon lange nicht mehr in Griechenland, sondern im Britischen Museum in London. Das sind die Hälfte des Frieses, 14 von 92 Metopen und 17 Giebelfiguren vom Parthenon, eine Karyatide vom Erechtheion u.a. Die Griechen, allen voran die Schauspielerin und ehemalige Ministerin für Kultur, Melina Mercouri (sie verstarb im Jahr 1994), haben unzählige Male an die britische Regierung appelliert, die sogenannten „Elgin Marbles", jene von Lord Elgin erstandenen Stücke, als „Symbol ihrer Nation und Bestandteil eines einzigartigen Kunstwerkes" zurückzugeben.

Der offizielle britische Standpunkt lautet, daß die Stücke dem Museum und nicht der Regierung gehören, und daß die Museumsverwaltung durch ein Gesetz von 1753 daran gehindert wird, Originalkunstwerke aus der Hand zu geben. Als wichtigstes Argument führen die Briten jedoch ins Feld, daß wohl alle bedeutenden Museen der Welt, die griechischen eingeschlossen, leerstehen würden, müßten sie alle Stücke zurückerstatten, die nicht aus ihrem eigenen Land stammen.

Im Jahr 1799, als Lord Elgin, der britische Botschafter in Istanbul, mit den Verhandlungen zur Überführung einiger griechischer Kunstwerke begann, war Griechenland eine unbedeutende Provinz des Osmanischen Reiches, und der türkische Sultan gestattete die Ausfuhr der Kunstwerke. Man räumt auf griechischer Seite zwar grundsätzlich ein, daß die Skulpturen Griechenland auf legalem Weg verlassen haben, aber Lord Elgin, der angeblich 500 Arbeiter und 37 Schiffe für den Transport benötigte, soll einige türkische Offiziere bestochen und weit mehr mit nach Hause gebracht haben, als ursprünglich ausgemacht war.

Auf englischer Seite weigert man sich, Lord Elgin als Schatzsucher zu bezeichnen. Das Unternehmen kostete ihn immerhin 75.000 Pfund (damals eine enorme Summe), von denen ihm nicht einmal die Hälfte erstattet wurden. Außerdem rettete der Lord wichtige Zeugen griechischer Zivilisation. Die meisten Skulpturen waren bei der Explosion von 1687 auf den Boden gestürzt. Hätten sie noch länger dort gelegen, wäre dafür in Kriegszeiten wohl allerhand Verwendung gewesen, z.B. beim Bau von Barrikaden. Die Akrópolis war ja schon oft als Material für jedmögliches Bauwerk abgetragen worden.

Nachdem Griechenland 1834 seine Unabhängigkeit erlangt hatte, wurden viele der von Lord Elgin zurückgelassenen Marmorplatten zerstückelt, um in einem fragwürdigen Restaurationsprogramm bearbeitet zu werden. Diese Bruchstücke stellen einen unersetzlichen Verlust für das Archäologenteam dar, das heutzutage versucht, dieses Puzzle sinnvoll zusammenzusetzen. Auch die „Elgin Marbles" waren in einem sehr bedenklichen Zustand, lange bevor sie im Britischen Museum ausgestellt wurden, aber sie sind doch besser erhalten als alles Zurückgebliebene, eine Tatsache, die in erster Linie auf die starke Luftverschmutzung in Athen zurückzuführen ist.

Die Archäologen auf beiden Seiten respektieren einander und arbeiten eng zusammen. Der meiste Staub wird in politischen Kreisen aufgewirbelt. Die griechische Regierung verlangt vehement die sofortige Rückgabe der Skulpturen und macht sich dadurch beim eigenen Volk beliebt. Allerdings haben die Griechen lange Zeit kein allzu großes Verantwortungsbewußtsein für ihre Kunstwerke bewiesen. Noch 1987 planten sie den Bau einer chemischen Fabrik, die ihre Schadstoffe über ganz Delphi ergossen hätte, das historisch fast so bedeutend ist wie der Parthenon. ∎

rosini, den Türken die Akrópolis zu entreißen. Diese wollten gerade den Nike-Tempel abbrechen, um Platz für ihr Gewehrmagazin zu schaffen. Die Venezianer brachten ihre Waffen auf den **Philopappou-Hügel** (dort hat Sokrates den Schierlingsbecher ausgetrunken).

Der Waffenmeister, ein Herzog von San Felice, soll angeblich in militärischen Dingen absolut untauglich gewesen sein. Trotzdem hat einer seiner Männer mit dem recht unitalienischen Namen Schwarz einen erfolgreichen Anschlag auf das türkische Arsenal im Parthenon ausgeübt. Dabei kamen 300 Türken ums Leben; der Parthenon barst und brannte zwei Tage. Damit nicht genug! Als die Türken sich zurückzogen, kamen die Venezianer zum „Souvenir-Sammeln". Sie wollten die an der Westseite aufgestellte Statue mitnehmen, aber sie ließen sie leider beim Transport fallen.

Die Griechen erschraken aber nicht weniger über den nächsten Besucher,

den britischen Botschafter in Konstantinopel, **Lord Elgin.** Am Ende des 18. Jh. trug er massenweise antike Schätze ab, darunter auch die Hälfte des Panathenäenfrieses.

Mit dem Griechischen Unabhängigkeitskrieg (1821-1832) erwachte das Interesse Europas am klassischen Griechenland neu. Als die Türken sich zurückziehen mußten, war Athen ein heruntergekommenes Nest mit knapp 6.000 Einwohnern.

Einigen Idealisten ist die Rekonstruktion der ursprünglichen Akrópolis zu danken. Teile des Nike-Tempels, den die türkische Artillerie gesprengt hatte, wurden eingesammelt und zusammengesetzt. Das vergessene Römertor unter den Propyläen wurde von dem französischen Archäologen Beulé wieder entdeckt. Seitdem trägt es seinen Namen.

Tor zur Geschichte: Das **Beulé-Tor** ist eine seltene Ausnahme, denn fast alles Nachklassische wurde ja beseitigt. Trotz der Explosionen und anderer Zweckentfremdung lag immer noch viel Baumaterial aus der Zeit des Perikles unsortiert herum. Schließlich identifizierte man mit viel Geduld und Sachverstand die original klassischen Stücke.

Man hat aber auch Marmorblöcke, die extra auf das Maß des Iktinos zugeschnitten waren, für andere Projekte hergenommen. Langsam setzt sich eine vernünftigere Praxis durch. Das Ziel der Restaurierungsarbeiten ist es, das Ganze als Mosaik zusammenzufügen. Dazu werden auch neue Stücke angefertigt, z.B. Verstärkungsklammern aus rostfreiem Titan. Man kann die Uhr nicht 2.500 Jahre zurückdrehen. Es wäre auch töricht, das Erechtheion zu überdachen, da keiner weiß, wie es im Original ausgesehen hat. Es bleibt abzuwarten, ob die Restauratoren sich zu der leuchtenden Farbgebung entschließen, die authentisch wäre. In diesem Fall müßte man sich auf eine neue Runde Witze gefaßt machen. Ob dann die Akrópolis wieder einmal mit einer aufgetakelten Dirne verglichen würde? Man wird sehen...

Links: Aus dem Akrópolis-Museum: Kalbträger (um 570 v. Chr.).
Rechts: Alle Straßen führen zur Akrópolis.

DIE PLÁKA

Die **Pláka** war schon immer das Herz Athens. Sie liegt zwischen **Anafiótika,** dem weißgetünchten Dorf aus dem 19. Jh., das sich genau unterhalb der langen Felsen an den nordöstlichen Hang der Akrópolis schmiegt, und der **Káto** (Untere) **Pláka,** wo das Viertel in die City übergeht und die Akrópolis westlich zurückläßt. Die **Áno** (Obere) **Pláka** erstreckt sich bis zur Adrianou-Straße hinunter. Die Pláka ist das Viertel Athens, in dem das griechische Flair am ausgeprägtesten ist.

Da die Regierung nun ihre schützende und restaurierende Hand über den Stadtteil hält, gewinnt er rasch die alte Farbenpracht und Eleganz des vorigen Jahrhunderts zurück. Und obwohl vieles Restaurierte wohl mehr der modernen Vorstellung davon entspringt, wie es im 18. und 19. Jh. ausgesehen haben mag, ist die Pláka heute wesentlich anziehender als noch vor 20 Jahren, als sie von schäbigen 120-Dezibel-Bars und lauten Discos beherrscht wurde. Fußgängerzonen in der Adrianoú- und Kidathinéon-Straße haben die hektischen Durchfahrtsstraßen ersetzt, und heute sind die Fußgänger die beherrschenden Verkehrsteilnehmer.

Zur Pláka gehören ein paar tausend Gebäude, von denen die meisten aus dem 19. Jh. stammen. Die wenigen Häuser aus der türkischen Besatzungszeit werden renoviert und stehen unter Denkmalschutz.

Der Ursprung des Namens Pláka ist unklar. Ganz allgemein ist der Bezirk als das Viertel um die **Kirche der Verwandlung** in der Kidathineon-Straße bekannt. (Diese Kirche bei der Níkis-Straße ist das wichtigste Gotteshaus in der Pláka. Sie wurde von bekehrten Türken errichtet und 1834 von der russischen Gemeinde restauriert.) Neuerdings glaubt man, daß der Name von *plakas* kommt, einem alten Wort für Lausbubenstreich, oder von einer großen Steinplatte, die man auf dem Grundstück der St.-Georg-von-Alexandrien-Kirche in der Nähe der Thespiídos-Straße gefunden hat. Andere halten eine Abwandlung des albanischen Wortes *pliaka* (alt) für möglich, da albanische Bewohner dieses Viertel „Pliaka Athena" nannten.

Das Gebäude in der Adrianoú-Straße 96 wurde angeblich von der Familie Venizélos während der Türkenzeit errichtet und ist eines der ältesten noch erhaltenen Häuser in der Pláka. Viele Residenzen aus der Zeit vor der Revolution wurden 1827 bei den Kämpfen in der Stadt dem Erdboden gleichgemacht, aber dieses Haus mit seinem Innenhof, den anmutigen Bögen, dem klaren Brunnen und der Olivenpresse überlebte. Einmal wurde es von zwei Erben einschließlich des Brunnens exakt halbiert. Die Wasserversorgung war schon immer ein großes Problem in Athen, vor allem in der trockenen Pláka.

Das **Haus von Richard Church,** dem obersten Befehlshaber der griechischen Revolutionsbewegung, in der Scholíou-Straße 5 gelegen, stammt aus dem 18. Jh. und wurde früher einmal von den Türken als Polizeihauptquartier benutzt. Der Historiker Finlay, der ebenfalls hier lebte, ließ das vornehme Wohngebäude restaurieren.

Griechen, Türken, Franken, Albaner und äthiopische Sklaven haben in früheren Zeiten in der Pláka gewohnt, die heute lange nicht mehr so exotisch ist. Hans Christian Andersen traf hier 1841 Nachkommen äthiopischer Einwanderer an, die in Höhlen am Akropolisabhang hausten.

Monastiráki und die Pláka sind wahre Hochburgen der Improvisation. Wundern Sie sich also nicht, wenn bunte zweibeinige Wesen auf offener Straße auf Sie zustürzen und Ihnen ein Gedicht vortragen, das Ende der Welt ankündigen oder Ihnen auch einfach nur etwas vorsingen.

Die Stimme Ftérous, des allgegenwärtigen Staubwedel-Hausierers, ist weithin zu hören, wenn er seine Ware anpreist oder Ausschnitte aus Heldenepen rezitiert. Athanásios Diákos' Vierzeiler, den er kurz vor seiner Hinrichtung durch die Türken schrieb, sei hier in etwa übersetzt:

„Siehe, welche Jahreszeit der Tod sich auserwählt
Um mich mitzunehmen
Jetzt, da alle Zweige blühen
Und die Hügel sich grün färben."

Ftérous Version ist allerdings weniger ehrfürchtig:

„Siehe, welche Jahreszeit der Tod sich auserwählt
Um mich mitzunehmen
Jetzt, da die Matrosen auf Landurlaub sind
Und die Soldaten Ausgang haben."

Es gibt noch viele merkwürdige „Typen", die hier ihr buntes Dasein pflegen und ihr Publikum unterhalten. Es kann sein, daß Jánnis, der Troubadour, in Khaki gekleidet an Ihren Tisch tritt und Ihnen auf seiner Miniaturgitarre eine Ballade in einer merkwürdigen Tonart darbringt. Er singt hervorragend, aber seine Beherr-

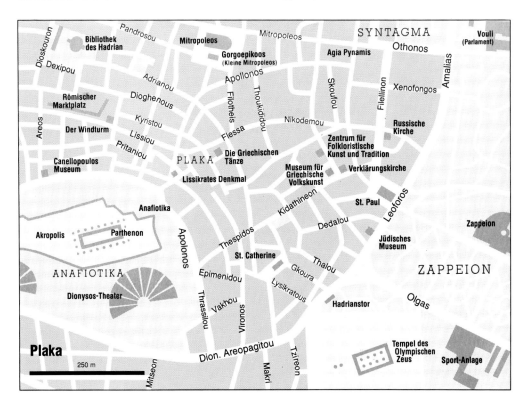

schung des Instrumentes läßt zu wünschen übrig.

Viele Teile dieses Viertels haben immer noch ihre eigenen Namen, die den Charakter der früheren Bewohner widerspiegeln. Ein Gebiet am Fuß der Akrópolis – oder *Kástro,* wie die Einheimischen sie nennen – heißt Yerladha. Dieses Wort kommt von *Girlande* – es paßt sehr gut zum leicht verblichenen Glanz der Akrópolis. Die **Obere Pláka,** später Rizókastro genannt (Ort, am Fuß der Burg gebaut), ist in einem beliebten Lied verewigt:

„Du Nymphe von Rizókastro
Solche Augen habe ich zuvor nicht geschaut.
Die Stufen hinauf und hinab
Habe ich an Gewicht viel
verloren."

Als Athen 1834 zur Hauptstadt erklärt wurde, dehnte sich die City genau nach Plan in Richtung Syntagma und Omónia aus. Große öffentliche Gebäude zogen die Bevölkerung weg vom „Felsen", aber die Pláka blieb trotz alledem beharrlich der Mittelpunkt der Stadt.

Viele der ersten Familien der jungen Hauptstadt hatten sich hier angesiedelt. Die in verschiedenen Pastelltönen gestrichenen Häuser zieren die Pláka noch immer. In der Adrianoú-Straße entstand die erste Realschule Athens, und 1837 wurde in der Tholos-Straße 5 die erste Universität der Stadt eröffnet. Das erste Polizeirevier Athens war sowieso schon immer hier gewesen.

Als Athen immer größer wurde, zogen die Reichen an den Stadtrand, und die Pláka fing an zu verfallen. Trotz der schmutzigen 60er und 70er Jahre behielt sie aber ihren griechischen Charakter, denn die „modernen" Betonklötze waren ihr durch Bauerlasse erspart geblieben. Heute hat die Altstadt dank der Renovierungsmaßnahmen der Regierung wieder eine Zukunft.

Wer kleine Museen, ab und zu ein paar Antiquitäten sowie die quicklebendige Mischung aus östlicher und

Ouzo- und Weinhandlung an einer der Fußgängerzonen.

westlicher Lebensweise schätzt, sollte hierher kommen. Nehmen Sie den Stadtplan mit, denn die Pláka ist ein Labyrinth und wird es hoffentlich immer bleiben. Für Streifzüge gelten zwei Faustregeln: Bergauf geht es zur Akrópolis, bergab nach Monastiráki, zur Kathedrale und zum Syntagma-Platz.

Gehen Sie vom Turm der Winde bergauf zur Ecke Theorías-/Pános-Straße, dann kommen Sie zu einem neoklassizistischen Herrenhaus, das mit „Akrotéria" geschmückt ist, jenen kunstvollen Dachornamenten aus Keramik in Palmettenform, die den klassischen Marmorprototypen nachempfunden sind. Hier ist das **Paul-und-Alexandra-Kanellopoulos-Museum** untergebracht, das sich durch eine Auswahl an besonders schönen Ikonen auszeichnet. Im ersten und zweiten Stock ist vorchristliche – prähistorische, neolithische, frühe kykladische, minoische, mykenische etc. – Kleinkunst ausgestellt. Diese sehenswerten Exponate stammen jedoch nicht nur aus Griechenland, sondern auch aus Ägypten und Mesopotamien.

Griechischer Schmuck, wertvolle Helme und ein bemerkenswertes, schwarzfiguriges Trinkgefäß aus dem 6. Jh. v.Chr., die unvergleichlichen Ikonen aus der Schule von Konstantinopel und der mazedonischen Malerschule, koptische Stoffe und Statuetten runden diese außergewöhnliche Familiensammlung ab. Suchen Sie auch nach dem Mumienporträt „Frau aus Fayoum" aus dem 2. Jahrhundert, es lohnt auf jeden Fall! (Bedauerlicherweise ist das Museum derzeit geschlossen.)

An der Ecke der Pritaniou-Straße bei der Akrópolis steht die Kreuzkuppelkirche **Agios Nikólaos Rangavis,** deren ingwerfarbene Mauern Fragmente antiker Säulen aufweisen. Der Beiname des Heiligen ist ungewöhnlich: *„Rangavas"* kann entweder „ausschweifender, außerhalb der Gesellschaftsordnung stehender junger Mann" bedeuten oder „Ungetüm".

Eine Ouzeríe in der Pláka.

Unser Nicholas könnte also ein verlorener Sohn gewesen sein, der auf den rechten Pfad zurückfand – oder ein Koloß von einem Mann!

Ein weiß getünchtes Dorf: Folgen Sie dem Weg um die Akrópolis im Uhrzeigersinn nach Anafiótika, dem Dorf aus zusammengewürfelten, weißen Häusern aus dem 19. Jh. Es behauptet beharrlich seinen Platz am Felshang und hat eine interessante Geschichte.

In der Jungsteinzeit war die Gegend von **Anafiótika** (Dorf der Menschen aus Anáfi) bewohnt, bis das Orakel von Delphi sie zu heiligem Boden erklärte. Also wanderte die Bevölkerung ab. Während des Peloponnesischen Krieges und der Eroberung von Attika überschwemmten unzählige Flüchtlinge Athen und suchten in den Höhlen unter den langen Felsen Schutz. Später mauerten äthiopische Sklaven die Höhlen zu. Das Viertel ist nach den Flüchtlingen aus Anáfi benannt, die sich während der Regierungsära Ottos I., vor allem aber in der Zeit nach 1922 hier ansiedelten.

1834 wurde das Bauen am Felshang verboten. In den 30er Jahren des 19. Jh. kamen jedoch zahlreiche Handwerker aus allen Teilen der ägäischen Inselwelt infolge des Baubooms nach Athen, um dort die schon mehrfach erwähnten Herrenhäuser zu errichten. Ihr Lohn reichte jedoch kaum zum Leben, geschweige denn zum Kauf eines eigenen Hauses. Schließlich bauten zwei mutige Handwerksleute aus Anáfi, einer Kykladeninsel bei Santorin, unter dem Vorwand, eine Kirche errichten zu wollen, am Osthang der Akrópolis für ihre Familien über Nacht ein Haus. Die Polizei sah sich vor vollendete Tatsachen gestellt, und die Anafiótika – so wurde die neue Ansiedlung genannt – erhielt zunächst von Einwanderern aus Anáfi und schließlich auch aus anderen Orten Zuwachs.

Die Bewohner restaurierten die Kirchen **St. Georg von den Felsen** und **St. Simeon.** In der letzteren soll eine Ikone von Unserer Lieben Frau vom Schilf Wunder wirken.

Dort, wo sich die Lissikrátous-/ Epimenídou- und Víronos-Straße kreuzen, befindet sich das **Choregische Lysikratesmonument,** das zu Recht wegen seiner korinthischen Säulen und seiner fast kapriziösen Feinheit gepriesen wird. Es trägt die Inschrift: „Lysikrates von Kikyna, Sohn des Lysitheides, war Choregos, die Phyle Akamantis trug den Sieg mit dem Knabenchor davon: Theon blies die Flöte, Lysiades aus Athen studierte den Chor ein. Euainetos war der Archon." Die Bedeutung dieses Monumentes aus dem Jahr 334 v.Chr. ist also mit der einer Platinschallplatte von heute vergleichbar.

Auf demselben Platz locken auch noch die Überreste des **Kapuzinerklosters** Besucher an, das hier von französischen Mönchen 1658 gegründet wurde. Vater François brachte die ersten Tomaten nach Athen, und Vater Simeon kaufte 1669 das Lysikratesmonument, das in das Kloster eingegliedert und bis 1821 als Mönchszelle gebraucht wurde. An-

geblich soll in dieser hohlen Trommel auch Lord Byron in den Jahren 1810 und 1811 Teile seines *Childe Harold* geschrieben haben.

Immer noch in der Oberen Pláka, die Lissikratous-Straße hinunter in Richtung Hadrianstor, steht die Kirche **Agía Ekateríni** (12. Jh.), die dem Kloster des Berges Sinai während der Regierungszeit des Patriarchen Bartholomäus von 1765 bis 1782 zur Verfügung gestellt wurde.

Tänze unter freiem Himmel: In der Scholeiou-Straße 8 (eine Seitenstraße der Adrianou-Straße) hat die **Dora-Strátou-Stiftung für Griechische Tänze** in einem vierstöckigen, renovierten Herrenhaus ihren Sitz. Die Tänzerin Dora Stratou (verstorben 1988) widmete ihr ganzes Leben dem traditionellen Tanz. Ein von ihr gegründetes Ensemble tritt jeden Sommer in dem Open-Air-Theater am Philopappos-Hügel auf. In dem Gebäude sehen Sie etwa 3.000 Trachten aus allen Teilen des Landes, eine Schmucksammlung und eine Bibliothek mit Aufnahmen und Nachschlagewerken über den griechischen Tanz und die dazugehörigen Kostüme. Außerdem werden hier regelmäßig Tanzunterricht und Vorträge angeboten.

Andere erwähnenswerte Museen in der Kato Pláka sind das **Museum für Griechische Volkskunst** in der Kidathineon-Straße 17 und das **Zentrum für Volkskunst und Brauchtum** in der nahegelegenen Angeliki-Hadzimiháli-Straße.

Das „Hadzimiháli" befindet sich im ehemaligen Wohngebäude der volkstümlichen Künstlerin, die ebenso wie Dora Stratou ihr Leben dem Erhalt der griechischen Kultur widmete. Die Sammlungen beider Patriotinnen sind Denkmäler des dahinschwindenden Dorflebens in ihrem Land. Wechselnde Ausstellungen haben oft die Trachten einer bestimmten Region zum Thema. Webereien, Stickereien, Werkzeuge, Schreinerarbeiten und sogar dekorierte Brote werden dabei ausgestellt.

Im Café haben sich früher vor allem die Männer getroffen.

Am Rande der Pláka, Leofóros Amalías 36, ist das **Jüdische Museum von Griechenland** im dritten Stock eines prunkvollen Gebäudes mit einem dieser verrückten Aufzüge aus Paris untergebracht. Es wurde 1977 eröffnet und zeigt religiöse und zeremonielle Gerätschaften, Kostüme, Stickereien, alte Fotos und Dokumente. Die Geschichte der griechischen Juden geht zurück bis ins 3. Jh. v.Chr. Heute leben noch etwa 7.000 Juden in Griechenland; die meisten sind Nachkommen der „Sephardim", die im 15.Jh. vor der spanischen Inquisition flüchteten. Das Museum hat natürlich einen Souvenirladen und die Gesellschaft der Freunde des Jüdischen Museums gibt eine Informationsschrift heraus.

Das erste gotische Bauwerk: An der Ecke Filellínon /Leoforós Amalías steht die anglikanische Kirche **St. Paul.** Mit ihrem Bau am Rande der verwüsteten Innenstadt wurde am Ostermontag 1838 begonnen. Der Entwurf des ersten Gebäudes gotischen Stils in Athen stammt von Henry Wadsworth Acland. Eine Steinplatte am Eingang ist allerdings das älteste britische Monument in Athen und erinnert an den Tod von George Stubbs und zwei handeltreibenden Marineoffizieren. Die kunstvoll bemalten Glasfenster zeigen die Heiligen Paulus, Andreas, Stephanus und Lorenz, außerdem Josua und Kaleb und das Leben Davids. Die 150 Jahre alte Kirche wurde kürzlich restauriert. In ihr werden immer noch regelmäßig gutbesuchte Gottesdienste abgehalten.

Die **Russische Kirche Agios Nikodimus** im nächsten Block wurde zwischen 1000 und 1025 n.Chr. als Teil eines später zerstörten Klosters erbaut. In den Befreiungskriegen wurde sie schwer beschädigt. 1855, nachdem der russische Zar sie angekauft hatte, wurde die Kirche von Grund auf renoviert. Erst zu diesem Zeitpunkt erhielt sie den Namen „Russische Kirche". Sie ist das größte mittelalterliche Bauwerk Athens und dient auch heute noch dem russisch-orthodoxen Kultus. Der Glockenturm und die dazugehörige Glocke wurden im 17. Jh. von Zar Alexander II. gestiftet, die Wandgemälde im Innern stammen von dem deutschen Maler Ludwig Thiersch.

Der naive Maler Geórgios Savákis ist ein in der Pláka sehr bekannter und beliebter Künstler. Man findet seine Werke an Außenwänden und auch verschiedentlich im Innern der Tavernen und Nachtklubs. Er hat sein Atelier in der **Théspidos-Straße 14.** Seine Gemälde befassen sich größtenteils mit dem Nachtleben um die Jahrhundertwende, den *Mánges* (eine Gruppe von Außenseitern, die ihren eigenen Kleidungsstil, Ehrenkodex und sogar Normen zur Austragung von Streitigkeiten hatte) und Wandermusikern. Savákis' Arbeiten sind farbenfroh und sprühen vor Leben. Der Künstler will an das Leben in diesen engen Straßen erinnern, bevor sie von der neuen Zeit, von elektrischem Licht und Touristen erobert wurden.

Junger Athener im Trachtenlook.

RUND UM DEN SYNTAGMA-PLATZ

Den Mittelpunkt Athens bildet der **Syntagma-Platz** (Platz der Verfassung). Er ist der Schauplatz vieler Aktivitäten, von Regierungsgeschäften (eine wirklich wichtige Sache) bis zur Begutachtung von Damenbeinen (was natürlich noch viel wichtiger ist) und den ganzen Kategorien dazwischen. Auch wenn das kulturelle Zentrum in der Nähe der Universität liegt und das archäologische in der Nähe der Akrópolis, so muß doch jeder über den Syntagma-Platz, wenn er die Stadt durchqueren will. Der laute, aggressive Verkehr ebbt nur an Ostern und Weihnachten ab, wenn alle Griechen nach Hause fahren.

In der Mitte des Platzes ragen hohe Bauzäune und Kräne auf. Wie fast überall in Athen finden hier zur Zeit Arbeiten für den Ausbau des Metro-Netzes statt. Die Bauarbeiten sollen planmäßig 1998 beendet sein. In der westlichen Ecke können Sie an einem kleinen Kiosk Konzertkarten kaufen. Die Harmonie des Platzes wird derzeit allerdings von Bauzäunen gestört. Wie überall in Athen wird wegen des Metro-Baus heftig gegraben.

An der Westseite des Syntagma-Platzes befinden sich Omnibus- und Trolleybushaltestellen sowie Banken mit Geldwechselbüros, zum Beispiel die **Nationalbank** (Ethnikí Trápeza) und die **Allgemeine Bank** (Genikí Trápeza). Das **Papaspírou** ist das älteste Café am Platze, gleich dahinter liegt McDonald's.

An der Nordseite stehen eine Reihe von Luxushotels, z.B. das N.J.V. *Meridien,* das nicht mehr bewohnte *King George,* das *Grande Bretagne* und das einstige *Astir-Palace* am Anfang der Vassílisis-Sofias-Straße.

Auf dem Syntagma-Platz finden oft Demonstrationen statt. Dann bricht der Verkehr zusammen, und die Busse müssen umgeleitet werden. Das große, ockergelbe, höher gelegene Bauwerk ist das **Parlamentsgebäude,** das einst königliche Palast war.

1935 ging es nach zwei schweren Bränden in den Besitz der *Voulí* (Parlament) über.

Vor diesem Gebäude legen Würdenträger aus aller Welt am **Grabmal des Unbekannten Soldaten** ihre Kränze nieder, und an hohen Feiertagen versinken die Treppen in einem Blumenmeer. Das Relief eines sterbenden Soldaten wurde einer Skulptur aus dem Tempel der Aphaia auf Ägina nachempfunden. Die Bronzeschilder an der Mauer zeigen die siegreichen Kämpfe, an denen griechische Soldaten seit 1921 beteiligt waren, wie z.B. in El Alamein, auf Kreta und in Korea.

Eine Elitetruppe, *Evzónes* genannt, halten an dem Grab Ehrenwache. An Sonn- und Feiertagen tragen diese Soldaten die Uniform der Gebirgskämpfer zur Zeit der Revolution, bestehend aus der sog. *Foustanélla* – einem kurzen, weißen Baumwollkilt mit 400 Falten –, weißen Strumpfhosen, einer bestickten Samtjacke und roten Schuhen mit Pompons, die *Tsa-*

Links: Ein Blumenmarkt beim Parlament.
Rechts: Die *Foustanella* eines Soldaten hat 400 Falten.

roúchi. An allen anderen Tagen tragen sie im Sommer einen braunen und im Winter einen dunkelblauen Umhang. Besonders sehenswert ist ihre genau choreographierte Wachablösung, ein Schauspiel, das täglich alle zwei Stunden abläuft. Am Sonntag findet um 11.00 Uhr zusätzlich noch eine Parade mit Musikkapelle statt. Diese Jungs sind jedoch nicht nur hübsch anzusehen: Sie sind speziell ausgebildete Elitetruppen. Vor ihren kleinen Unterständen füttern Touristen zahme Tauben.

An der Südseite des Platzes finden Sie mehrere Fluggesellschaften, Pelzgeschäfte sowie ein Auktionshaus. Die Straße ist nach dem Wittelsbacher Otto (Othónos), dem ersten König des modernen Griechenland, benannt.

Die Anfänge: Der Bezirk um den Syntagma-Platz wurde erst nach dem Unabhängigkeitskrieg 1834 ausgebaut. In der Antike war er ein Friedhof außerhalb der Stadttore, in der Nähe von Apollos Garten der Musen – in den 1830er Jahren hieß der Syntagma-Platz „Platz der Musen". Hier unterrichtete Aristoteles seine Studenten, während sie spazierengingen, was ihnen den Spitznamen „Spaziergänger" (die Peripatetiker) eintrug.

Durch den Unabhängigkeitskrieg verarmten die Athener, die **Ermou-Straße** z.B. war nur mehr ein breiter, verschlammter Weg mit ein paar Hütten. Oft kauften die ins Land zurückgekehrten Griechen ehemals türkisch besetzte Häuser und Grund für ein Butterbrot. Aber der Wiederaufbau Athens war merkwürdig planlos. Man baute nur etwa 160 Häuser wieder auf, und es war sehr schwer, Fensterglas und Bauholz zu bekommen.

In dieser Zeit wurde Athen von König Otto, dem noch unmündigen Sohn König Ludwigs I. von Bayern, regiert. Ludwig verkündete, daß Athen sich im „Schatten der Akrópolis" zu einer neuen Stadt über den antiken Ruinen erheben sollte, damit der Ruhm der klassischen Welt wiederhergestellt sei. Konstantinopel

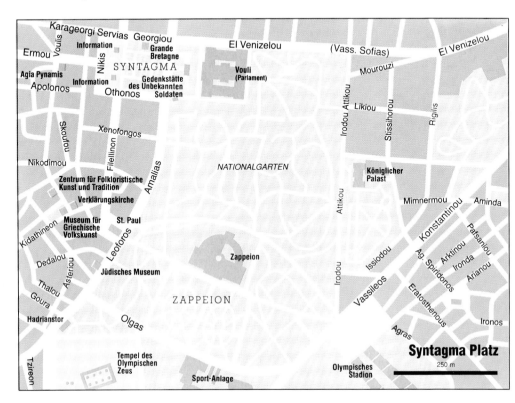

Syntagma Platz

250 m

sollte in Vergessenheit geraten: Athen war die Hauptstadt des Königreiches Griechenland. Als Folge davon zogen die Grundstückspreise kräftig an.

Es wäre bestimmt leichter gewesen, eine neue Stadt in einem unerschlossenen Gebiet zu errichten, aber zwei Architekten aus München, der ausgewanderte Grieche Kleanthes und sein Kollege Schaubert, wollten sich diese wunderbare Aufgabe nicht entgehen lassen und stellten sich der Herausforderung. Klassik im Zusammenspiel mit modernem Komfort! Ein Königspalast! Plätze, Parks und viele Gärten! Was für eine gewaltige Verbesserung für die Stadt Athen – zumindest vom Münchner Standpunkt aus gesehen!

Die Athener dagegen protestierten. Breite Boulevards, so argumentierten sie, wirkten wie ein Backblech, auf dem die Menschen in der Sonne braten. Es sei alles zu breit, zu groß angelegt. Der Unterschied zu den kleinen Straßen würde einfach zu

kraß ausfallen. Wo sollten sie Schatten finden? Und wo würden ihre Geschäfte sein? Wahrscheinlich wollten sie aber nur ihr Straßenlabyrinth mit den vielen Verstecken behalten.

Um der Uneinigkeit ein Ende zu setzen, zog der König noch einen weiteren Architekten aus München, Leo von Klenze, hinzu. Sein Plan wurde am selben Tag des Jahres 1834 akzeptiert, an dem man Athen zur Hauptstadt ausrief.

Die politisch engagierten Athener machten eine offizielle Eingabe und erwirkten eine Änderung der Pläne. Die grünen Parks wurden nicht bepflanzt, die Straßen enger ausgelegt, Säulengänge, die auf dem Papier sehr elegant wirkten, waren nach der Fertigstellung verwinkelte Gassen. Die alten Straßen ziehen sich immer noch wie ein Spinnennetz zu beiden Seiten der breiten Alleen durch Athen. Die Verkehrsregelung ist eine Wissenschaft für sich – aber in den Gassen haben sich Hunderte kleiner und kleinster Geschäfte niedergelassen.

Hemingway nannte die *Evzones* „Männer, die im Ballettröckchen kämpfen".

Das Herrscherpaar residierte im Papagarrípoulos-Haus am **Klafth-mónos-Platz,** bis 1842 der Palast am Perivoláki (Kleiner Garten)-Platz fertiggestellt war. An ihm schieden sich die Geister. Es wurde als lächerlich, würdevoll, fehl am Platz, streng, häßlich und schließlich als schönes Beispiel neoklassizistischer Architektur beschrieben. Weil man ja schließlich die Erwartungen der Leute nicht enttäuschen durfte, sorgte König Ludwig für eine beeindruckende Fassade und eine angemessene Innenausstattung. Heute ist hier der Sitz des griechischen Parlaments.

Das Grande Bretagne: Die Häuser des gemeinen Volkes unterschieden sich sehr von denen der Reichen und den öffentlichen Gebäuden. Ein gewisser Herr Demitríou, der aus Triest zurückgekehrt war, baute mit Genehmigung des Königs in unmittelbarer Nähe des Palastes ein weiteres, sehr elegantes Haus, dessen Pläne von Theofil Hansen stammten. Das Haus diente als Gästehaus für den König,

und da es vielbesucht war, nannte man es bald das „Petit Palais", den kleinen Palast. Nach dem Tod seines Besitzers war dort für kurze Zeit das Französische Archäologische Institut untergebracht. Später kaufte es ein Koch, der an diesem Platz ein Hotel eröffnete. Es hieß nun **Grande Bretagne** und wurde von einem Gast als „eines der besten Hotels Europas" bezeichnet. „Es liegt in einer bezaubernden Umgebung, das Gebäude imponiert durch seine architektonische Ebenmäßigkeit. Besonders hervorzuheben sind die luftigen Räume und die gute Küche." Bis in das 20. Jh. hinein gab es im ganzen Haus jedoch nur ein einziges Badezimmer – im Keller!

1924 und 1930 baute man das Hotel stilgerecht aus. Während des Zweiten Weltkrieges diente es abwechselnd den Griechen, Deutschen und Briten als Hauptquartier. Einmal wurde es von den Griechen vermint, um die Deutschen in die Luft zu jagen, aber der Anschlag wurde vereitelt. Wäh-

Unten und rechts: Beobachtungen aus dem Nationalgarten, einer Oase der Ruhe. Hier läßt sich auch gemütlich Zeitung lesen.

rend des Bürgerkrieges 1944, als Winston Churchill in diesem Gebäude eine Konferenz abhielt, verfehlte eine für ihn bestimmte Handgranate ihr Ziel.

Das Grande Bretagne war das erste europäische Hotel mit Klimaanlage. 1956 wurde es, dem Hansen-Stil treu bleibend, vollständig umgebaut – dieses Mal wurden selbstverständlich Badezimmer eingebaut.

Eine blumige Romanze: Direkt an den Palast angrenzend, ließ Königin Amalia einen exotischen **Königlichen Garten** nach Plänen des Franzosen Barauld anlegen. Die Arbeiter stießen bei den Grabungen auf römische Ruinen, die an ihrem Platz belassen wurden. Mosaikfußböden, umgestürzte Säulen und Marmorstücke verleihen dem Garten einen Hauch von Romantik.

Tausende von Pflanzen wurden aus Italien und ganz Griechenland herangebracht, aber immer noch akut blieb das Wasserproblem. Dann fand man unter dem Buschwerk einen römischen Aquädukt aus dem 6. Jh. v.Chr., der die Basis für das jetzige Bewässerungssystem bildete. Heute versorgen Kanäle alle Teile des Gartens mit Wasser. Sie werden sogar gelegentlich an einem Teich mit Enten, Goldfischen und Schildkröten vorbeikommen.

Der größte Ententeich befindet sich in der Nähe eines kleinen **Zoos** im Zentrum. Dort werden hauptsächlich Vögel gehalten, aber es gibt auch Rotwild, Ziegen, Wölfe und andere Tiere; leider sind die Käfige nicht artgerecht. Tierliebhaber füttern ganze Legionen streunender Katzen.

Die Gartenanlage wurde 1923 als **Nationalgarten** der Öffentlichkeit zugänglich gemacht. In einem Pavillon ist ein **Botanisches Museum** untergebracht, ein paar Meter davon entfernt residiert in einem Steinhaus eine **Kinderbibliothek** mit Büchern und Spielen in Englisch, Griechisch und Französisch. Diese Einrichtungen sind in der Regel bis 14.00 Uhr geöffnet und montags geschlossen.

Auf den 158 000 qm des Parks wachsen heute 519 verschiedene Pflanzenarten in Tausenden von Exemplaren. Viele schattige Wege öffnen sich zu Blumenrondellen, manchmal sieht man einen von Bänken und Blumen umgebenen antiken Steinsitz oder eine Treppe, die zu einer Rosenlaube führt. Es kann leicht passieren, daß man die Zeit in dieser grünen Oase vergißt. Allerdings kann es schon einmal vorkommen, daß dem an Smog gewohnten Zeitgenossen bei diesem Überangebot an frischer Luft die Sinne schwinden. Der Park ist den ganzen Tag geöffnet.

Auf der Rückseite des Parlamentsgebäudes kann man Kaffee trinken. Der Straßeneingang des Cafés liegt an der **Iródou-Attikoú-Straße,** einer der exklusivsten Wohngegenden von Athen. An Treibhaus und Hausmeisterwohnung vorbei gelangt man zur Kaserne der Evzónes-Truppen, die das Parlament bewachen. Das **Haus des Präsidenten** wird auch bewacht.

Der Záppionpark: Zwischen dem Nationalgarten und dem Tempel des Zeus erstreckt sich ein etwas kleinerer Park, der Záppion. Als der Königliche Garten angelegt wurde, gab es hier nur ein Gerstenfeld. Später bebauten die Brüder Zappas dieses Gebiet: Die schöne Ausstellungshalle, das **Záppion**, wurde 1840 von Hansen entworfen und von 1885–1888 von Ernst Ziller schließlich fertiggestellt. Im Záppion finden alle möglichen Ausstellungen statt. Im Winter veranstalten ganze Horden von Kindern in ihren Faschingskostümen ein buntes Spektakel.

Gleich in der Nähe steht ein pagodenähnliches Bauwerk mit goldgelben Mauern und rotem Ziegeldach. Dies ist die beliebte **Aigli Cafeteria,** in der man neben den Erfrischungen auch Unterhaltung serviert bekommt. Das **Aigli Freilichtkino** liegt unmittelbar dahinter. Immer wenn das Kabarett im Café zu laut wird, dreht man im Kino einfach den Ton ab. Dann bleibt einem oft nichts anderes übrig als auf die griechischen Untertitel zurückzugreifen, falls man Wert darauf legt, der Handlung des gezeigten Films zu folgen.

Setzen Sie sich in der Amalias-Allee in das **Café Oase.** Sie erkennen es an den hübschen Laternen und können von dort das Treiben rundum wunderbar beobachten.

Kleine Wege führen von dem Haus zu einem großen Kinderspielplatz, zu dem Erwachsene ohne Begleitung allerdings keinen Zutritt haben. Der Eingang liegt am Ólgas-Boulevard, und zwar dort, wo die Busse auf Fahrgäste zur Küste warten. An der Ecke Olgas-/Amalias-Allee hat man eine romantisch stilisierte **Statue von Lord Byron** errichtet. Sie zeigt den Dichter in den Armen einer Muse.

Die Gärten schließen im Normalfall schon in der Abenddämmerung, aber der Záppion ist zu dieser Stunde noch geöffnet. Wenn Sie also nach Einbruch der Dunkelheit dort gerne ein bißchen herumbummeln möchten, dann stoßen Sie mit Sicherheit auf Gleichgesinnte.

Links und rechts: An der Stelle des Zappion war früher ein Gerstenfeld.

VON SYNTAGMA NACH MONASTIRÁKI

Vom Syntagma-Platz führen wichtige Einkaufsadern nach Westen. Sie sind ein einziger Bazar. Es gibt ganze Straßen, in denen nur Schuhe, Textilien, Töpfe oder Brautkleider angeboten werden.

In der **Karageorgi-Servias-Straße** (und dann Perikleous-Straße) sollten Sie in der Nähe des Platzes nichts kaufen, weil hier vor allem teurer Touristennepp angeboten wird. Etwas weiter entfernt geht es zunehmend griechischer zu, mit Modeschmuck, Spitzen und Bordüren. Eine Seitenstraße, die **Leka-Straße,** ist der Standort vieler Silberschmiede aus Joánnina. Hungrige sollten das *Ariston* in der Voulis-Straße 10 ansteuern, wo seit 1910 Käsepasteten *(tiropites)* verkauft werden.

In der Ermou-Straße finden Sie vor allem im Syntagma-Bereich hochwertige Damenbekleidung und Schu-

Vorhergehende Seiten und links: Arbeiten, um zu leben: Postkartenverkäufer und Alteisenhändler in Psirí. **Rechts:** Auf Achse.

he. In Richtung Kapnikaréa-Kirche lassen die Preise und die Qualität nach. In diesem Straßenabschnitt werden ebenfalls Brautkleider, Kinderkleidung und verschiedene Haushaltsartikel angeboten.

Die Straße führt um die **Kapnikaréa-Kirche** herum. Ludwig I. von Bayern bewahrte dieses Bauwerk aus dem 11. Jh. vor der Zerstörung. Der Name der Kirche gibt Rätsel auf: Ist sie nach ihrem Erbauer benannt oder war ihr Gründer ein „Herdsteuer-Eintreiber"? In einem Brief von 1703 wird ein Mönch namens Kapinakas erwähnt, der hier vielleicht als Pate fungierte. Die Kreuzkuppelkirche, die von der Universität restauriert wurde, ist die besterhaltene byzantinische Kirche in der ganzen Stadt. An ihrer Nordseite steht die **Kapelle St. Barbara.**

Zwischen der Kirche und dem Monastiráki-Platz stoßen Sie nun vorwiegend auf billige Textilien und Souvláki-Buden.

Die **Mitropóleos-Straße** oberhalb der Kathedrale gehört den Kürschnern, unterhalb finden Sie Textilien, Teppiche, Souvenirs und die altbekannten Souvlaki-Stände. An der Ecke zur Voulis-Straße verbirgt sich unter einem Hochhaus, das man ihretwegen z.T. auf Pfeilern erbaute, die **Agia Dynamis** (Kirche der Heiligen Kraft) aus dem 17. Jh. Dieses Kleinod hätte man auch Heiliges Dynamit nennen können, denn hier fertigte der Munitionsmeister Mastrópavlis Patronen für die griechischen Rebellen. In Müllsäcken wurden sie hinausgeschmuggelt. Die Wände im Innern zeigen Spuren eines alten Freskos, das die Agía Filothei, Athens Schutzheilige, darstellt.

Ein paar Minuten weiter westlich nimmt Ihnen die **Große Mitropolis** zunächst das Licht. Athens Kirchenarchitektur kennt seit dem Parthenon kein weiteres Beispiel einer Kombination von „Größe und Schönheit." Die Kathedrale ist riesig. Sie wurde von vier aufeinanderfolgenden (aber wenig erfolgreichen) Architekten entworfen und besteht aus den ausge-

schlachteten Mauern von ungefähr 70 alten Basiliken. Kinder benutzen die steile Auffahrt als Skateboardrampe, während rechtsgerichtete Demonstranten für ihre Zwecke eher den Marmorvorplatz vorziehen.

Den ersten Entwurf legte Eduard Schaubert vor. Er wurde aber schon bald nach der Grundsteinlegung 1842 von zwei griechischen Architekten abgeändert, und auch Boulanger, der die Kirche 1862 schließlich vollendete, nahm weitere Korrekturen vor. Allgemein wird die orthodoxe Kathedrale, die der Verkündigung Mariens geweiht ist, als häßlich empfunden, und auch künstlerisch wird sie nicht hoch eingeschätzt. Sie ist aber bei prominenten Athenern als Trauungskirche sehr beliebt.

Die **Kleine Mitrópolis,** auch Agios Elefthérios („Befreier") oder Gorgeopikoos („Jungfrau, die schnell erhört"), steht direkt neben ihrer großen Schwester auf dem Mitrópoleo-Platz. Sie wurde im 12. Jh. geschaffen. Man vermutet, daß sie eine besondere Betstätte für Schwangere war oder aber die Privatkapelle des Erzbischofs von Athen. Ihr Mauerwerk besteht aus pentelischem Marmor, in den verschwenderisch antike Friese und Reliefs eingelassen sind. Auf einem Fries sind der attische Kalender und die Tierkreiszeichen dargestellt. Wahrscheinlich stammt er von einem griechischen Tempel des Serapis und der Isis aus der näheren Umgebung. Nur etwa 100 m nach der Kathedrale steht ein **Postamt** mit außergewöhnlich freundlichem Personal.

Wenn Ihnen das Überangebot an Geschäften zuviel wird, sollten Sie zu dem kleinen Platz weitergehen, wo Sie im **Zentrum Hellenischer Tradition** eine kühle Oase der Ruhe finden. Sie gelangen durch einen kleinen Säulengang zwischen der Pandrosoú-Straße 36 und der Mitropóleos-Straße 59 dorthin. Trinken Sie Ihren Kaffee im „Schönen Griechenland" (Oréa Ellas) im ersten Stock und lassen Sie die Wolfsmilch-Kletterpflanzen an der Seite des Parthenon auf sich wirken. Hier können Sie auch hervorragende handwerkliche Arbeiten aus Stoff, Marmor, Holz und Schmuck erstehen. Die Verkäufer sind unaufdringlich, im Gegensatz zu ihren Kollegen in den unteren Straßen.

Ikonenfreunde werden im Straßengewirr südlich der Kathedrale fündig, wo auch Priestergewänder, Kreuze und andere sakrale Objekte angeboten werden. In der Agia-Filotheis-Straße liegen der **Palast des Erzbischofs** und die **Ag.-Andreas-Kirche.** In der Apolonos- und Navarchou-Nikodimou-Straße arbeiten Ikonenmaler und verkaufen ihre Werke.

Aerides und Umgebung: Oberhalb des Monastiráki-Platzes liegt **Aerides,** ein Stadtviertel, das nach dem **Turm der Winde** benannt ist. Es endet an der Eolou-Straße.

Der Turm der Winde, Aerides, ist ein marmornes, achteckiges Gebäude, in dem ursprünglich eine Wasseruhr untergebracht war, die der syrische Astronom Andronikos von Kyrrhos konstruiert haben soll. Aus einem Reservoir tropfte eine begrenzte

Menge Wasser in eine halbrunde Zisterne außerhalb der Mauern. Das Wasser kam vermutlich aus der Klepsydra-Quelle der Akrópolis.

Die Seiten des Turmes waren auf die Himmelsrichtungen ausgerichtet und konnten als Kompaß verwendet werden. Jede Seite verkörpert eine Himmelsrichtung, und auf Steinreliefs sind die jeweiligen Windgötter dargestellt. Auf jeder der acht Seiten war außerdem eine Sonnenuhr befestigt. An der höchsten Stelle war Triton, ein Meeresgott, als eine Art Wetterfahne angebracht. Einem Gerücht zufolge schenkte Julius Cäsar den Athenern den Turm als Planetarium. Unter der türkischen Herrschaft wurde er, der sehr viel komplexer ist, als er von außen aussieht, zur Tanzhalle der Tanzenden Derwische.

An der Nordseite des Turms bläst Boreás, der Gott des Nordwindes, in eine Muschel; im Nordosten schüttelt der griesgrämige alte Kaikias Hagelkörner, möglicherweise auch Pinienzapfen, aus seinem Schild; im Osten zeigt uns der junge Apeliotes die Obst- und Blumenernte; im Südosten droht Euros mit einem Sturm; Notos, der Südwind, gießt Wasser aus einem Krug auf die Welt; Lips im Südwesten bläst ein Schiff an, der westliche Zephyros wirft Blumen in die Luft, und im Nordwesten trocknet Skiros eifrig das Wasser, das der Südwind mitgebracht hat. Eigentlich bringt der Südwind in Athen eher trockenen Staub aus Afrika als Regen, aber vielleicht war das früher einmal anders.

An den Zigeunerinnen, die Ihnen auf handbetriebenen Maschinen hergestellte Spitzentischdecken anbieten, erkennen Sie den **Agoras-Platz.** An einer Ecke gibt es einen Tamata-Laden, in dem Sie von fast jedem Heiligen Ikonen erwerben können, mit oder ohne Metallüberzug, und geweihtes Licht. Oberhalb der Aerides-Zone können Sie die **Erzengel-Kirche** (Taxiarchi) und die alten Häuser der Pláka besichtigen.

Vom Aerides zum Monastiráki: Der Turm der Winde ist die westliche

Der Turm der Winde: Jedes Gesicht verkörpert eine Himmelsrichtung.

Begrenzung der Römischen Agorá, die an allen vier Seiten von Säulenhallen umgeben war. Im Sommer wird der große, rechteckige Platz im Innern (ca. 110 x 95 m) gelegentlich für Konzerte oder Theateraufführungen benutzt. Der Tragbalken am Haupttor enthält eine Widmung an Athene Archegetis. Aus der Inschrift geht auch hervor, daß die Agorá von Julius Cäsar und Augustus gestiftet wurde. Man datiert den Bau in die Jahre 17 v.Chr. bis 2 n.Chr. An der Nordseite des Eingangs hängt ein Ölsteuererlaß von Hadrian. Innerhalb der Mauern reihten sich Läden in dichter Folge aneinander. Einige von ihnen wurden untersucht, und dabei entdeckte man auf dem Fußboden und an den Säulen die Namen der ehemaligen Inhaber. Etwas nördlich vom Turm der Winde stehen die Ruinen einer öffentlichen Bedürfnisanstalt aus dem 1. Jahrhundert n.Chr. Im Ausgrabungsgelände befinden sich auch die Überreste der **Fethiye-Moschee** (Siegermoschee).

Die **Adrianoú-Straße** ist eine der Hauptadern des Viertels, die kurvenreich um die Ausgrabungen herum verläuft. Hier werden gehämmerte, dekorative Kupfer- und Messinggegenstände, Korbwaren und originelle Taschen aus Autoreifen feilgeboten.

Die kurze **Aréos-Straße** verläuft vom Monastiráki-Platz, vorbei an der Moschee und der anschließenden **Hadriansbibliothek** zur Adrianoú-Straße an der Südseite der Ausgrabung. Die Mauer der Stoa ist sehr gut erhalten. Von der früher angrenzenden kleinen Kirche sehen Sie heute nur noch Reste des Mosaiks.

Die Bibliotheksanlage bestand aus einem von 100 Säulen umstandenen Hof mit einem marmornen Wasserbecken in der Mitte. Von der eigentlichen Bibliothek ist noch eine Rückwand vollständig erhalten. Im Osttrakt gab es vier kleinere Zimmer, die an einen zentralen, großen Saal mit Nischen für Buchrollen anschließen. Man nimmt an, daß der Gouverneur Herkulius im Jahr 410 einen Vorle-

Die Römische Agorá wurde von den Cäsaren gestiftet.

sungssaal bauen ließ, von dessen Mauern noch ein Stück von 2,70 m erhalten ist. Der Saal wurde in eine byzantinische Kirche umgewandelt, die der Muttergottes geweiht war.

Der Monastiráki-Platz: In den großen, kreisförmigen **Monastiráki-Platz** münden sieben Einkaufsstraßen. Monastiráki heißt „Klösterchen"; die Endsilbe „aki" ist eine Verkleinerungsform. Der Platz verkörpert eine Art Lebensphilosophie. Der Athener wie auch der Fremde verbindet Monastiráki mit der ewigen Agora, dem traditionsreichen **Flohmarkt,** Souk, Basar oder Yusurum, ein türkisches Wort, das „Platz, wo man alles findet" bedeutet.

Hier ist schon immer das Geschäftszentrum der Hauptstadt gewesen. In der Hoffnung, damit den Verkehr einzudämmen, haben die Stadtväter eine Verschönerung des Viertels mit Wegen und Blumenbeeten geplant, aber diesem „Facelifting" stehen Monastirakis fest verankerte orientalische Wurzeln entgegen.

Im Mittelalter stand hier ein Kloster, das zu der Kirche Mariä Entschlafung gehörte, jenem kleinen Bauwerk im Zentrum des Platzes. Es könnte aus dem 10. Jh. stammen, die Grundmauern sind vielleicht sogar noch älter. Im Kloster wurde ein einzigartiger, rauher Stoff *(aba)* hergestellt. Die Nonnen kümmerten sich um die Bedürftigen und bestritten ihren Lebensunterhalt mit Olivenhainen außerhalb der Stadt. Dieses Einkommen wurde nach der Unabhängigkeit immer geringer, und die Kirche verfiel. Man hat das Kloster wegen Ausgrabungen mehrmals stückweise und für den Bau der Metro schließlich ganz abgetragen. Die Kirche wurde 1907 nicht sehr geglückt wiederhergerichtet.

Der Platz hatte im Laufe der Zeit viele Namen: Er wurde Hadrians-Platz genannt (wegen der Bibliothek), Platz des „Unteren Brunnens", als hier noch ein türkischer Basar stattfand, und „Wagenplatz", als man von hier mit gemieteten Pferdekut-

Kleine Strolche finden in Athen immer ein Versteck.

schen nach Piräus fahren konnte. Seit dem Bestehen der Metro ist **Monastiráki** eine der meistfrequentierten Stationen.

Viele Straßen laufen hier zusammen. Das Verkehrschaos wird noch verstärkt durch die unzähligen Händler mit Früchten der Saison und Nüssen, durch gelegentliche Schausteller, einen Wegweiser, der irrtümlich den „Eingang zum Flohmarkt" anzeigt, ein Geschäft mit Kräutern und okkulten Gerätschaften (rechts und links davon werden Ikonen und Ketten zum Verkauf angeboten), Staub, Lärm und die ganze Aggression einer Großstadt.

An einer Ecke finden Sie die fast vollständig erhaltene **Moschee,** die von dem Stadtkommandanten Moslem Tzisterákis 1759 erbaut wurde. Er machte sich bei den Bürgern der Stadt unbeliebt, weil er eine Säule des Tempels des Olympischen Zeus pulverisieren ließ, um Wandfarbe daraus herzustellen. Das wuchtige, viereckige Gebäude mit Kuppel und Säulenloggia wurde abwechselnd als Gefängnis, Kaserne, Lagerhaus und Musiksaal des Militärs benutzt. Jetzt ist es ein Museum für Volkskunst.

Viele Besucher interessieren sich nicht so sehr für die Moscheen (obwohl in der Römischen Agorá noch das Tor der **Medresse-Schule** und die Überreste der **Fethiye-Moschee** besichtigt werden können) oder für die antiken Ausgrabungen in dieser Straße, von denen viele geschlossen sind. Es zieht sie eher in die **Pandrossou-, Ifestou- und Adrianou-Straße** mit ihren Seitengassen und Säulengängen, wo sie dringlichst aufgefordert werden, doch hereinzukommen und sich das original griechische „Was-immer-wir-auch-gerade-verkaufen" anzusehen – selbst dann, wenn auf dem Etikett „Made in Hong Kong" steht. Die meisten der angebotenen Waren werden jedoch tatsächlich in Griechenland hergestellt.

Die byzantinische Kirche **Ágii Apóstoli** (1000–1025) steht auf dem Ausgrabungsgelände der **antiken Agorá**, dem Herzstück des Athener Gemeinwesens, zu Füßen der Akropolis. Von den meisten Bauten des antiken Marktplatzes – dem Odeion des Agrippa, dem Buleuterion (Rathaus), der runden Tholos u.a. – sieht man nur noch die Fundamente. Hervorragend erhalten ist dagegen ihre Begrenzung im Westen, der dorische **Hephaistos-Tempel** (um etwa 440 v.Chr.), der besterhaltene Tempel ganz Griechenlands. Vollständig restauriert wurde die 116 Meter lange **Stoa des Attalos** (um 150 v.Chr.) im Osten. Sie ist heute Museum für alle auf der Agorá gemachten Funde.

Monastiráki, der Basar: Geht man vom Platz nach Westen entlang der Ermoú-Straße, geraten die eleganten Geschäfte von Syntagma in Vergessenheit. Dafür umgibt Sie ein absolutes Durcheinander aus Drahtzaunläden, Eisenwarenhandlungen, Büromöbelanbietern und Computer-Geschäften. Die wenigen Straßen zwischen der Ermou – Straße und der antiken Agorá – die zur Zeit alle wegen Reparaturarbeiten aufgerissen

Wegen Geschäftsaufgabe geschlossen.

werden und hoffentlich nicht, um restauriert zu werden – sind das einzige, was vom ursprünglichen Basar übriggeblieben ist.

In der **Dexípou-** und **Aréos-Straße** wird überall alles zum Verkauf angeboten, was ihr Herz begehrt oder verwünscht. Ein Geschäft in der Aréos-Straße mit einem Schild „Wir verschicken jeden beliebigen Gegenstand nach Überallhin" hat neben Schiffslaternen auch Kelim-Brücken im Angebot, britische Helme, noch funktionierende, allerdings vorsintflutliche Schreibmaschinen, Micky-Maus-Hausschuhe, Puppenköpfe aus Porzellan, Hufeisen, naive Ölmalerei, Grammophone mit Trompetenmusik, abgeschriebene Tagebücher, Mörser und Stößel, Unterwäsche aus dem 19. Jh. in Übergröße und ein Porträt von Franklin Delano Roosevelt. Natürlich finden Sie auch den letzten Schrei an Kitsch: Lampen in Traubenform oder Amorfiguren.

Sehen Sie sich die **Ifestou-Straße** ruhig etwas näher an! Sie bietet Möbel, Messing- und Kupferwaren und dazu noch eine wirklich interessante Atmosphäre.

Man kann sich gar nicht an all den Puppen in griechischen Kostümen, an den Pelzen, dem Marmor und Alabaster sattsehen. Vergleichen Sie jedoch Qualität und Preise an verschiedenen Ständen, und sehen Sie vor dem Kauf einer kleidsamen Baumwolltracht nach, ob die Säume auch sauber vernäht sind. Außerdem ist es wichtig, sich danach zu erkundigen, ob das Stück vielleicht in der Wäsche noch eingeht. Das gilt auch für Töpferware – manchmal ist sie weder spülmaschinen- noch spülmittelfest. Wenn Sie den Standbesitzer mit Ihrer Frage nicht in die Enge treiben, werden Sie in der Regel auch eine ehrliche Antwort bekommen.

Im Buch- und Zeitschriftenladen der Familie Nasiótis in einem Keller in der Ifestou-Straße 24 verlieren auch Lesemuffel den Kopf. Das Angebot umfaßt 200.000 Exemplare. Wenn Sie sich schon von Rennern

Der Flohmarkt in Monastiráki.

wie dem *Vorlesungsverzeichnis der Harvard Universität von 1944* oder *Was Eisenhower denkt* nicht verführen lassen, dann schaffen es vielleicht das Buch über *Rembétika* (Griechischer Blues) oder die Postkarten von Golgotha, die angeblich aus dem Jahr 33 n.Chr. stammen. Zwischen 1927 und 1949 verkaufte Vater Nasiótis seine Bücher noch mit einem Handwagen. Dieser Werdegang ist typisch für viele Monastiráki-Händler, von denen einige noch heute die Gehsteige mit ihren pistaziengrünen Karren unsicher machen.

Das Zentrum des echten Flohmarktes ist der **Avisinias-Platz,** auf dem jeden Morgen waschechte Altwarenhändler mit einer Ladung Möbel und Gerümpel ankommen und mit Radioteilen nur leicht beschädigten Beleuchtungen aller Art und *Palaiadzidika* (altem Zeug) einen schwunghaften Handel treiben. Einige der am Platz ansässigen Händler haben allem Ungemach, wie Modernisierungsplänen oder Erdbeben, getrotzt. Früher

konnte man hier interessante Antiquitäten aufstöbern, heute ist es schon schwer, irgend etwas von Wert zu finden. (Für diesen Zweck suchen Sie wohl besser die **Auktionshallen** auf, wie beispielsweise die in der Ermou-Straße). Es herrscht hier immer ein „geschäftiges Chaos", aber am Sonntag, wenn die meisten Geschäfte geschlossen sind, beginnt der Spaß erst richtig. Die Straßen werden von Verkaufskarren, Ständen und Menschen verstopft. Die Ware ist mehr oder weniger die gleiche geblieben. Sie können preislich gesehen ein Schnäppchen machen, genausogut aber auch einem Halsabschneider in die Hände fallen. Feilschen ist ein unbedingtes Muß! Verkäufer sind geradezu beleidigt, wenn man sie um das Vergnügen des Handelns bringt, andere streichen den unerwarteten Geldsegen mit kaum verhohlener Freude ein.

In der **Pandrossoú-Straße** steigt das Niveau wieder. Handwerker und Juweliere bieten Qualität an, der

Links und rechts: Der Flohmarkt, eine traditionsreiche Variante des Recycling.

Goldkauf kann ein lohnendes Geschäft sein. Gewebte Matten oder Brücken, derbe Flokati-Teppiche und Handtaschen, Keramik und Lederartikel gehören zum Repertoire.

An der **Pandrossoú-/Kyrikéou-Straße** breiten Händler auf den steilen Treppengassen farbenfrohe Wollwebereien aus dem Bergdorf Métsovo aus. Es lohnt sich, hier ein Paar Hüttenschuhe zu kaufen. Schräg gegenüber ist das Geschäft des ältesten und angesehensten Antiquitätenhändlers der Pláka.

Zwischen 1928 und 1939 erhielt die **Hadrian-Straße** (Adrianoú) ihren ursprünglichen Namen wieder. Sie verläuft fast exakt vom Hadriansbogen am Leofóros Amalías zur Thissío-Straße. Folgen Sie ihr vom oberen Rand des Monastiráki-Platzes an der Attalos-Stoa und den Ausgrabungsstätten der Agorá entlang. Hier gibt es wieder ein breites Warenangebot, wie beispielsweise günstige Schuhe.

Die kleine Kirche **Ágios Fílippos** stammt ursprünglich vermutlich aus dem 11. Jh. und wurde kurz nach dem Unabhängigkeitskrieg wieder aufgebaut. Angeblich ärgerte sich der Apostel Philippus während seines Aufenthaltes in Athen über den Sekretär des obersten Priesters von Jerusalem. Er soll dort, wo die Kirche heute steht, der Erde befohlen haben, sich aufzutun, um seinen Groll zu verschlingen.

Im Schatten eines Baumes ganz in der Nähe finden Sie ein recht passables Restaurant, einen Second-Hand-Laden und einen Zeitungskiosk.

Am Eingang zur antiken Agorá spielt sich häufig folgende Szene ab: Ein griechischer *Salépi-Verkäufer,* der eine Erfrischung aus Orchideenwurzeln in einem orientalischen Chrom-Messing-Behälter anbietet, versperrt den Eingang. Ein Polizist will ihn zum Weitergehen bewegen, die Athener jedoch protestieren: „Laß ihn in Ruhe, er tut doch keinem etwas!" Der Mann in Uniform geht fort. *„Tí na kánoume?"* sagt er. „Was kann man da machen?" – ein sehr beliebter Satz in Griechenland.

Nur ein paar Schritte weiter lädt eine Ouzeríe zu Erfrischungen ein. Gegenüber ist eine Stoa ausgegraben worden, nach der die stoischen Philosophen benannt sind.

Ein Labyrinth namens Psirí: Westlich der Athinas-Straße liegt **Psirí,** wo einst Keramiken und Eisenwaren hergestellt wurden. Es gibt dieses Handwerk hier immer noch, aber in der Hauptsache hat sich heute die Lederindustrie angesiedelt. In der **Ag.-Theklas-Straße** 11 lebte Lord Byron einst bei der Familie Mákris, deren Tochter Teresa ihn zu *Maid of Athens* inspirierte. Das Haus wurde vor einiger Zeit abgerissen.

Der **Psirí-Platz** heißt offiziell Iróon (Helden)-Platz nach den Revolutionären aus dem Unabhängigkeitskrieg. Zwischen verrostetem Eisen- und Plastikschund gibt es hier eine „Fleisch-Boutique" und einen Croissant-Laden, ein Aufstieg, verglichen mit seiner Vergangenheit des Platzes.

Am unteren Ende der Ermou-Straße am Rande von Psiri steht die **Agi-on-Assómaton-Kirche** (11. Jh.), die den Engeln geweiht ist. An diesem Punkt kreuzen sich viele Straßen.

Wenn Sie die **Synagoge** besuchen wollen, kehren Sie der Akrópolis den Rücken zu, gehen links in die Agion-Assómaton-Straße und dann gleich am Rande des antiken Friedhofs **Kerameikos** in die Melidóni-Straße. Das reizvolle kleine Gebäude auf der linken Straßenseite (Richtung Kerameikos) ist die Synagoge. Der Kerameikos (Keramikós), der antike Friedhof von Athen, gibt einen hervorragenden Eindruck vom klassischen Bestattungswesen. Die meisten Grabdenkmäler stammen aus dem 4. Jh. v.Chr., als wohlhabende Athener Familien Monumente mit Sphinxen, Tierdarstellungen und Abschiedsszenen errichten ließen.

Im Nordwesten des Kerameikos, in der Nähe der Pireos-Straße, liegt die Endstation **Eleftherias** für die Buslinien nach Daphni und Elefsina (Eleusis). Die **Städtische Kunstgalerie** ist nicht weit davon entfernt.

Karnevals-Masken am Monastiráki-Platz.

AM SAMSTAGABEND IM KINO

Für viele Besucher Athens ist ein Abend im Open-Air-Kino eine der Freuden, die die Stadt zu bieten hat. Was kann es nach einem anstrengenden Tag Schöneres geben, als sich in einen weichen Stuhl unter einem romantischen Vollmond zum x-ten Mal *Casablanca* oder *Die 39 Stufen* anzusehen?

Die Atmosphäre ist wirklich entspannend. In Athen geht die ganze Familie ins Kino, und Snackbars bieten den Zuschauern Limonade, Bier und Knabbereien. Das *Amarylis* in der Agía-Paraskeví-Straße ist sogar eine *ouzeríe*, wo man an einem kleinen Tisch *mezédes* und *oúzo* genießen kann.

Da die Griechen Untertitel der synchronisierten Fassung vorziehen, werden vorwiegend Filme in Originalfassung gezeigt. Die Lautstärke muß jedoch wegen der Anlieger sehr gedämpft werden, was wiederum die Fertigkeit im Lippenlesen fördert, wenn Sie nicht zufällig Griechisch können. Im Sommer werden neben neuen Filmen auch die Renner vergangener Jahre sowie Klassiker gezeigt. Es dürfte wohl kaum eine andere europäische Stadt geben, in der man so viele Retrospektiven auf namhafte Regisseure zu sehen bekommt.

Vor etwa zehn Jahren waren gute amerikanische und europäische Filme mit einem Jahr Verzögerung in Athen zu sehen. Heute werden sie oft zuerst in Griechenland und danach erst in London gezeigt.

Das Kino hat jedoch an Popularität verloren. Seine Krise kann man am besten mit Statistiken belegen. 1968 waren es noch 138 Millionen Kinobesucher jährlich, zwanzig Jahre später nur noch etwa 17 Millionen.

Chrístos Karaviás, der Präsident der Panhellenischen Föderation der Filmtheater, führt diesen Rückgang auf die Erhöhung der Eintrittspreise, die Zunahme an Videorecordern und die geänderten Einkaufszeiten zurück. Fußball- und Basketballübertragungen im Fernsehen sind die Konkurrenten des Kinos.

„Jedesmal, wenn am Abend die Mannschaft Aris auf dem Bildschirm zu Hause erscheint, könnten wir genausogut schließen und heimgehen", sagt ein Kinobesitzer.

Die Zahl der Lichtspieltheater ist von 200 auf weit unter 100 zurückgegangen, und man vermutet, daß auch noch andere, bisher gut besuchte Häuser schließen müssen.

Die Tatsache, daß immer mehr gedankenloser Ramsch auf Videokassetten auf den Markt kommt, läßt jedoch die Kinobesitzer wieder hoffen. Es gibt zum Glück auch das Publikum, das anspruchsvolle Filme vorzieht, die zum Nachdenken anregen.

Der letzte Kaiser und *Die unglaubliche Leichtigkeit des Seins* wurden in Athen begeistert aufgenommen, obwohl beide Filme Überlänge haben. Vor ein paar Jahren hätte man sie wohl kaum ins Programm genommen, denn die Vorliebe der Kinogänger für leichte Komödien und Abenteuer war bekannt.

Der Manager der Pro-optikí-Theater, Pandelís Mitrópoulos, glaubt, daß „sich die derzeitigen 45.000 bis 50.000 Kinoplätze in Athen auf etwa 15.000 in 25 Häusern reduzieren werden, von denen fünf oder acht sehr luxuriös eingerichtet und die anderen mit technischen Finessen ausgerüstet sein werden."

Andere Kinobesitzer und Vorführer sind sich ebenfalls darüber im klaren, daß sie nur durch aufwendige Verbesserungen im Geschäft bleiben können. Die Spentzo-Gesellschaft investierte $ 350.000 in die komplette Renovierung des Ideal-Kinos am Omónia-Platz mit einer Massivleinwand, Dolby und Stereoton sowie Plüschsitzen aus Frankreich. Seitdem macht das Haus hervorragende Geschäfte, im Vergleich zu der Zeit vor der Neuausstattung. Andere Kinos, die ebenfalls diesen Weg beschritten haben, verzeichnen die gleichen Erfolge. Bei einigen haben sich die Einnahmen sogar vervielfacht, wenn man einen 40prozentigen Rückgang im Jahr vor dem Ausbau zugrundelegt.

Vielleicht wird bald auch Hitchcock ein Comeback erleben. ∎

VOM SYNTAGMA-
ZUM OMONÍA-PLATZ

Zwischen dem Platz der Verfassung **(Syntagma)** und dem Platz der Eintracht **(Omonía)** liegt das europäische Athen, im Gegensatz zur griechischen Pláka und dem orientalischen Monastiráki. Die Architekten dieses Stadtteils waren mit dem bayerischen König nach Griechenland gekommen und hatten nur zu gern die Gelegenheit ergriffen, klassische Architektur mit deutschen Variationen zu vereinen. Das Zentrum der klassischen Welt war die Akrópolis. Ein langer, gerader Boulevard sollte von dort zu einem neuen Palast am Omonía-Platz führen – die heutige **Athinas-Straße** – und ein anderer hatte, von großzügig angelegten Plätzen und Parkanlagen umgeben, das Olympiastadion zum Endpunkt. Wegen unüberbrückbarer Meinungsverschiedenheiten zwischen den Architekten und den anderen Verantwortli-

chen wurde der Palast dann am Syntagma-Platz errichtet. Aber die finanziellen Mittel reichten nicht aus, um auch noch den Omonía-Platz auszubauen. (Diese Erklärung wurde und wird übrigens schon seit der Antike für alle ungelösten Probleme im Städtebau abgegeben.) In diesem Bezirk verlaufen lange Boulevards, die an Paris erinnern, anstelle kleiner, sich windender Sträßchen für Esel und *hoi polloi* (Fußgänger). Die Grenzen bilden der Záppion-Park, der Syntagma- und der Omonía-Platz. Die Stadíou-Straße erreichte übrigens nie das Stadion, sondern endet bereits am Syntagma-Platz.

Durcheinander von Straßennamen: Wenn Sie lieber Schildern vertrauen als Menschen von den Lippen ablesen, geben wir Ihnen hier ein paar Tips: Die **Eleftheriou-Venizelou-Straße** heißt überall **Panepistimíou,** d.h. Universitätsstraße; die **Stadíou** ist eigentlich die **Churchill-Straße,** aber niemand nennt sie so; und nach der **Roosevelt-Straße** zu fragen ist sinnlos, weil die Athener **Akadimías** sagen.

1834 hatte Athen 6.000 Einwohner. Heute sind es über vier Millionen, und dazu kommen noch eine Million Autos und über 70.000 Motorräder. Um den Lärm einzudämmen, hat man in der Innenstadt Fußgängerzonen angelegt. Die **Voukourestíou-Straße** mit ihren Juweliergeschäften und die Boutiquenstraße **Valaorítou** bilden zusammen einen der elegantesten Einkaufsbezirke. Auf der **Panepistimíou-Straße** zwischen den Nebenstraßen Kriezoótou und Amerikís sind Griechenlands Top-Juweliere, **Lalaoúnis** und **Zolótas,** zu Hause. Gönnen Sie sich eine Erfrischung bei einer Erholungspause in der legendären *ouzeríe* **Apotsós** im Säulengang auf Nr. 10.

Weiter südlich haben in der Voukourestiou-Straße gepflegte schwarze Mietlimousinen die Fußgänger verdrängt. Im selben Block bietet die berühmte Konditorei **Aristokratikón** ihre Schokoladetrüffeln an. Gegenüber, am Rande des Säulen-

Links:
Die Athener lieben ihre mehr als 70.000 Motorräder.
Rechts:
Orthodoxe Taufe.

ganges, finden Sie das **„Brazilian"** aus dem Jahr 1932. Hier befinden sich auch die Paketpost und die Vorverkaufsstelle für die Athener Festspiele, Kinos und Theater.

In der Amerikís-Straße können Sie weitere vier Theater besuchen, außerdem den einzigen *Rembétika-Klub,* **Kelári Athenaéum,** im Zentrum der Stadt, den Christlichen Verein junger Frauen (engl. YWCA), die Athenäum-Konzerthalle und zwei englische Buchläden.

Die Gebäude der Stadíou-, Akadimiías- und Panepistimíou-Straße sind unterschiedlich. Hier gibt es neben „einfacheren" Ausführungen mit Gipssäulen und Simsen auch die drei **„Tempel der Gelehrsamkeit"** in der Panepistimíou-Straße. Sie wurden von den Gebrüder Hansen in den Jahrzehnten nach dem Unabhängigkeitskrieg entworfen. Christian Hansen zeichnete die Pläne für die **Universität** mit ihrem anmutigen Brunnen im Hof und der Wendeltreppe. Die bunten Fresken mit den klassi-

schen Motiven hinter den Säulen am Eingang sind nachts oft beleuchtet. Der atemberaubend schöne Vortragssaal mit einer wunderbar bemalten Decke und einem Porträtfries hinter einer Glastür ist sehenswert. Auf dem Universitätsgelände hat die Polizei keine Amtsgewalt. Daher ist es auch Veranstaltungsort zahlreicher Demonstrationen. Die Wände auf der Rückseite des Gebäudes ziert politisches Graffiti.

Theofil Hansen war der Architekt der **Akademie der Wissenschaften,** deren Seitenflügel mit bunten Friesen und zwei Säulen mit Statuen von Apollo und Athene dekoriert sind. Vor dem Gebäude unterstreichen Statuen von Sokrates und Plato die intellektuelle Autorität und Tradition der Akademie. In der einfachen, aber eindrucksvollen **Nationalbibliothek** (auf der linken Seite, auch von Theofil Hansen) finden sich Bücher in vielen Sprachen.

Gleich neben der Akademie sehen Sie die **Augenklinik,** die 1845 von

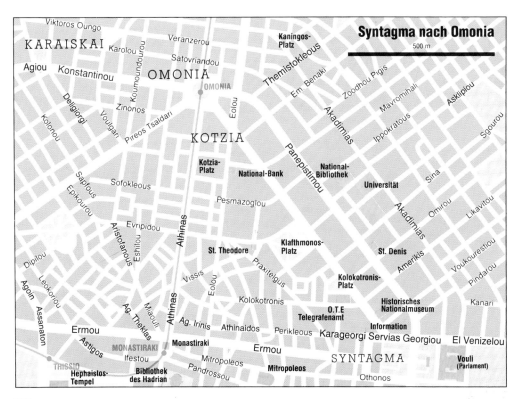

Theofil Hansen entworfen wurde, ein graurotes, großes Gebäude aus der späten Phase des Neoklassizismus. Weiter in Richtung Syntagma erhebt sich die **Römisch-Katholische Kathedrale St. Dionysius**, die Dionysios Areopágites, Athens Schutzheiligem, geweiht ist.

Hinter den drei Gebäuden der „Gelehrsamkeit" liegen die Akadimías-Straße und der laute, überfüllte Busbahnhof. Auf der anderen Seite der Akadimías-Straße steht das **Kulturzentrum von Athen.** Das derzeitige Programm umfaßt: Kunst, Handwerk, EDV, Schach, Psychologie und Selbsterfahrung sowie Gymnastik. Die Lehrsäle verteilen sich auf mehrere solcher Zentren in der Stadt – aber überall ist der Unterricht kostenlos. Das Kulturzentrum fördert auch Vorträge, Theateraufführungen, Foto- und Poesiewettbewerbe, Filme und Seminare.

Im Keller werden Sie durch ein **Theatermuseum** geführt, das mit Nachbildungen der Umkleideräume

berühmter griechischer Schauspieler in ihren bekanntesten Rollen, einer Plakatsammlung und einer Bibliothek mit Nachschlagewerken aufwarten kann.

Seit diese Gegend neuerdings zur Kulturzone ernannt wurde, wird das kürzlich restaurierte, nun auffallend rosafarbene **Palamás-Gebäude** für Ausstellungen und Vorträge genutzt.

Die Korai-Straße zwischen der Universität und der Stadíou-Straße ist eine weitere Fußgängerzone mit Bänken, Grünanlagen und gelegentlich einer Ausstellung mit Plastiken.

Im Süden, in der Stadíou-Straße, ist der **Kláfthmonos-Platz,** ein kleiner Park mit Restaurant und Café. Offiziell heißt er **Platz des 25. März** (Pl. 25 Martíou), weil hier 1821 die Griechen ihren ersten Unabhängigkeitstag feierten. Seit 1879 wird er jedoch „Platz des Weinens und Wehklagens" genannt. Entlassene Beamte und andere Arbeitslose trafen sich hier in schwerer Zeit in einem Café und beklagten ihr hartes Schicksal.

Die Akademie der Wissenschaften in der Panepistimiou-Straße.

In der Stadíou-Straße Nr.4 kann man Monatskarten für die Busse kaufen und im Sommer, während des Athener Festivals, auch Eintrittskarten. Das interessante **Museum der Stadt Athen** liegt auf der anderen Seite des Platzes in der Paparigopoúlou-Straße. König Otto und Königin Amalia lebten in ihrer Jugendzeit vorübergehend hier, bis der Palast fertiggestellt war. Das Mobiliar entspricht immer noch den Ansprüchen eines Regenten. Der grüne, damastbezogene Thron sieht wie ein eleganter Sessel aus, die Wände aus handbemaltem Gips geben die Originaldekoration wieder, die man im ersten Stock auf einem Fries immer noch erkennen kann. Im Untergeschoß steht ein Modell von Athen aus dem Jahr 1842, auf dem ganz deutlich zu erkennen ist, daß es in der Panepistimíou-Straße lediglich die Universität gab, dazu noch zwei Häuser und die königlichen Ställe. Die Akadimias-Straße existierte damals überhaupt noch nicht.

Im angrenzenden Haus sind Originalwerke von Künstlern aus jener Zeit ausgestellt.

Auf keinen Fall übersehen sollte man den Haufen antiker, behauener Steinblöcke in einer Ecke des **Klafthmonos-Platzes:** Es handelt sich dabei um die Überreste der alten **Stadtmauer,** die Themistokles im Jahr 490 v.Chr. erbaut hat. In der Tiefgarage kann man einen restaurierten Abschnitt der Stadtmauer besichtigen.

Im Nordosten des Platzes steht die zeitgleich mit der Kapnikaréa erbaute byzantinische Kirche **Agii Theodori,** die den heiligen Theodoren geweiht ist. Bemerkenswert an dem Bau (11. Jh.) sind vor allem die schönen Portale.

Die **Elefthérios-Venizélos-Gedächtnisausstellung** in der Christou-Lada-Straße 2 ist dem Ministerpräsidenten (1898–1935) gewidmet, der eine bewegte Karriere hinter sich brachte. Er überlebte die Russische Revolution, die Balkankrise, den Ersten Weltkrieg, den Krieg mit der Türkei und den Völkeraustausch und emigrierte schließlich unter der Regierung von Metaxás. Um die Ecke können Sie den Parnassos-Vortrags- und Konzertsaal besichtigen. In der **OTE** (Telefongesellschaft) in der Stadiou-Straße 15 werden Auslandsgespräche vermittelt.

Nach der Kirche Ágios Geórgios Karítsis (1845) kommen Sie zu dem Platz, auf dem eine bronzene Reiterstatue des Kolokotrónis – „Der Alte Mann von Morea", eines Helden der Revolution – vor dem **Historischen Nationalmuseum** Wache steht. Die Inschrift lautet: „Reite weiter durch die Jahrhunderte, tapferer General, und zeige den Menschen überall, daß Sklaven befreit werden können." Ganz in der Nähe finden Sie ein futuristisches Gebilde aus Erde und Kakteen, das ein Zeitmesser sein soll. Allerdings kann man erst ab dem dritten Stockwerk des angrenzenden Hauses etwas ablesen.

Das Museum ist im früheren Parlamentsgebäude beheimatet. Auf seinen Stufen wurde 1905 Theódoros

Detail an einem der eleganten Häuser dieser Gegend.

Deliyánnis ermordet, der dreimal als Ministerpräsident amtiert hatte. Heute können Sie sich dort durch Bücher, Kostüme und Drucke über die neue griechische Nation informieren. Im Nachbarhaus lädt ein reizendes, hinter Büschen verstecktes Café zu einer Pause ein.

Außerhalb des offiziellen Kulturgeländes stoßen Sie auf den **Melathron Ilion,** den Palast von Ilium, der 1878 für Heinrich Schliemann, den Entdecker von Troja und der Schätze von Mykene, erbaut wurde. Ernst Ziller, der das Kronprinzenpalais baute und das Stadion ausgrub, fertigte den Entwurf an. Im **Schliemann-Haus** ist heute ein numismatisches Museum untergebracht.

Der **Omonía-Platz,** der älteste Platz Athens, wurde ursprünglich einfach der Nordrand genannt. In den Jahren nach König Ottos Entthronung (1862) lieferten sich zwei politische Gruppen – Wegelagerer, wenn man es genau nimmt – eine aus den Bergen und eine aus der Ebene, blutige Schlachten, bis sie schließlich einen Schwur der Eintracht *(omonía)* ablegten. Unter der Regierung von König Georg I. lockte dieser Platz mit seinen neu errichteten Brunnen, den schattenspendenden Palmen und den Hotels, in denen eine Militärkapelle Operettenmusik spielte, wieder ein zahlreiches Publikum an.

Im 20. Jh. schrumpfte der einstige Vergnügungspark zu einer Reihe billiger Cafés zusammen, und in den 70er Jahren war er zu einem heißen, staubigen Marktplatz mit wenig gepflegten Geschäften geworden. Acht wichtige Verkehrsstraßen treffen im Kreisverkehr zusammen, und es ist gar nicht so einfach, die Orientierung zu behalten und in die richtige Richtung zu fahren.

Momentan zieren Bauzäune den Platz, denn auch hier wird für den U-Bahn-Bau gegraben. Ein Ende der Bauarbeiten ist für 1998 geplant. Das **Bretania Kafenion** bewirtet Sie mit einer Auswahl der besten Joghurtsorten Athens. Die große Apotheke,

Bakákos, führt sämtliche in Griechenland hergestellten und erhältlichen Medikamente.

Unterirdisch führen die Passagen der **Metro** vorbei an Uhrengeschäften, an einem Postamt, an Banken und unzähligen Gruppen miteinander diskutierender Männer, wie sie in Athen allgegenwärtig sind.

Die traditionsreichen Kioske am Omonía-Platz bieten eine große Bandbreite an ausländischen Zeitungen, Zeitschriften, Büchern, Tabaksorten, Süßigkeiten und populären Herrenmagazinen.

Nordöstlich des Platzes können Sie in den Gebäuden des Kaufhauses Minion alles nur Erdenkliche erstehen. Hier liegt auch der **Káningos-Platz** mit den Endstationen vieler Bus- und Straßenbahnlinien. Der Platz wurde nach George Canning benannt, dem englischen Premierminister zur Zeit des griechischen Unabhängigkeitskrieges. Auf dem kleinen Platz an der Ecke Gladstonos-/Kaningos-Straße sollten Sie unbedingt ein *souvlaki* probieren.

Am Omonía-Platz stehen viele Hotels, die größtenteils bei der Nationalen Griechischen Tourismusorganisation nach der von ihr festgelegten Kategorien-Einteilung in A-D registriert sind. Allerdings sind es nicht nur Familienhotels. Im Empfangsraum halten sich vorwiegend nicht mehr ganz junge Frauen auf, deren Aufmachung dem Styling ihrer eigenen Töchter entspricht. Eine einfache Kasse dient als „Rezeption", gezahlt wird stundenweise.

Außer den zahlreichen Gebäuden mit staatlichen Behörden werden Sie auf diesem Platz noch ganz andere Dinge sehen: Herren, die nach Damengesellschaft Ausschau halten, Damen, die einen Herrn suchen und die unvermeidlichen Diskussionsgruppen, die an der Intensität ihrer Debatte, den nachhaltig geschwungenen Zeitungen und der Menschentraube zu erkennen sind. Wenn Sie den quadratischen Platz umrunden – im modernen Griechenland ist das geometrisch möglich – kommen Sie

in die **Agíou-Konstandínou-Straße.** Lassen Sie das Nationaltheater an der Ecke zu einer Seitenstraße hinter sich und suchen Sie in einem Bogengang ein Café, in dem sich griechische Zigeuner ein musikalisches Stelldichein geben. Man kann sie schon aus einiger Entfernung am Klang der Klarinetten, Geigen und *tambourlakia* (kleine Trommeln) erkennen.

Vom Omonía- zum Monastiráki-Platz: Mehrere Straßen führen zurück zur Akrópolis, aber die **Athinas-Straße** ist die direkte Verbindung. Auf diesem Weg kommen Sie an Händlern, dem schlichten klassizistischen Rathaus (Dimarchíon) und der Nationalbank gegenüber dem **Kotzía-Platz** vorbei. Hier stieß man 1985 bei Ausschachtungsarbeiten für den Bau einer Tiefgarage auf verschiedene antike Ruinen, die Reste einer Straße und eines Friedhofs aus dem 7./6. Jahrhundert v.Chr. sowie einen Abschnitt der Stadtmauer. Auch die Fundamente des von Ziller um 1880 erbauten Stadttheaters, das 1935 abgerissen wurde, legte man frei.

Die **Sophokleous-Straße** zieht sich zwischen Bankgebäuden hin. Gegenüber dem Rivoli-Kino operiert in einem denkmalgeschützten Gebäude die **Börse** (gegründet 1876), die einzige in ganz Griechenland. Das Börsenvolumen hat sich in den letzten Jahren stark erhöht, vor allem auch durch ausländische Investmentbanken. Der griechische Markt wird als „emerging market", als „aufstrebender Markt", betrachtet. Die Börse ist inzwischen vollständig mit EDV ausgestattet.

Weiter unten in der Athinas-Straße treffen Sie auf die **Markthalle** (1879). Die Fleischabteilung ist den empfindsameren Gemütern nicht zu empfehlen, da dem Kunden stolz *alles* hautnah zur gefälligen Ansicht präsentiert wird. Die Fischabteilung im Mittelsektor begrüßt ihre Kunden mit ähnlich appetitlicher Szenerie. Die Preiskontrollpolizei thront auf einem Balkon über einer kleinen *ouzeríe*. Kleine Geschäfte, wo es Wurst, Käse und vieles andere zu kaufen gibt, haben sich in Nischen in den Außenmauern des Gebäudes niedergelassen.

Eingeweihte Athener besuchen um 3.00 Uhr morgens die **Monastiri Taverna** auf dem Markt, um *patsá* zu essen, eine Suppe aus Hufen, Horn und Eingeweiden. Sie sieht zwar nicht sehr einladend aus, schmeckt aber großartig. Manchmal geht es im Lokal etwas rauh zu.

Der Viktualienmarkt hat seinen Standort neben dem großen Markt. Er ist durch den Bau einer Parkgarage und anderer Projekte in die Mitte der Straße verbannt worden. Auf der Rückseite des Gemüsemarktes werden Oliven, Öl, Getreide und Hülsenfrüchte verkauft.

Unterhalb des Marktes und etwas seitlich von der kleinen Kirche **Agía Kyriakí** reihen sich in der Athínas-Straße die Computergeschäfte aneinander. Parallel zu ihr verläuft die Eólou-Straße, in der fast keine Autos fahren. Hier können Sie von einem Bekleidungsgeschäft ins andere bummeln. Unterhalb der Evripídou-Straße lädt die moderne **Panagía-Chrysospiliótissa-Kirche** (Unsere Liebe Frau der Goldenen Höhle, ehemals Unsere Liebe Frau der Goldenen Burg), zu einem kurzen Gebet ein. Hier stand früher eine alte Kirche mit einer Ikone der Muttergottes, die man auf der Akrópolis gefunden hatte. Als man die Ikone zur Akrópolis zurückbringen wollte, kehrte sie auf wunderbare Weise zur Kirche zurück. Daraufhin baute man ihr eine würdigere Behausung. In dem etwas ungewöhnlichen Kiosk bei der Kirche werden neben den üblichen Souvenirs auch geistliche Dinge wie Ikonen, Kerzen, Medaillons und Votivtafeln verkauft.

Etwas weiter unterhalb an der Eolou-Straße steht die **Kirche Agía Iríni,** die zu König Ottos Zeiten die Kathedrale von Athen war. Im mittleren Hof wurde ein kleines Gartenzentrum angelegt. Am Fuße der Eolou-Straße sind Sie dann wieder am Turm der Winde angelangt.

Das „wilde Parken" veranlaßt die Polizei zu strengen Verkehrskontrollen.

VON KOLONÁKI NACH EXÁRHIA

In Kolonáki finden Sie in erster Linie gute Museen und elegante Geschäfte. Das **Museum für Kykladische und Antike Kunst** in der Neofitou-Doúka-Straße Nr. 4 verdankt seine Berühmtheit einer unvergleichlichen Sammlung im ersten Stock. Beim Anblick der frühen Kykladen-Idole (3. Jahrtausend v.Chr.) versteht man das Interesse, das ihnen Künstler des 20. Jh. entgegenbringen. Die weißen Marmorfiguren wurden von früheren Kritikern als barbarisch abgetan, aber Picasso und auch Modigliani bewunderten sie sehr. Die Bedeutung dieser zumeist weiblichen, mächtigen Figuren, die bis zu 1,40 Meter hoch sind, ist immer noch umstritten. Da sie meist in Gräbern entdeckt wurden, sind sie den Toten vielleicht als Führer durch die Geisterwelt mitgegeben worden. Manche halten sie für stilisierte Fruchtbarkeitsgöttinnen.

Im zweiten Stock besticht eine große Anzahl rot- und schwarzfiguriger Schalen, auf denen verschiedene Motive dargestellt sind, z.B. Herakles, der den nemeischen Löwen erdrosselt, Eos, die erfolglos Kephalos zu verführen sucht, und drei, die es sich gutgehen lassen. Breughel malte dieses Motiv erst 2.000 Jahre später. Die letzte Schale wird von der Museumsleitung als das Glanzstück der Ausstellung auf diesem Stockwerk gepriesen. Auf einer Seite der Urne diskutieren zwei Männer, die mit einer Art Mantel *(himatía)* bekleidet sind, ein dritter Mann hört zu. Ein Lanzenreiter auf einem anderen Gefäß hat eine frappierende Ähnlichkeit mit Don Quijote. Wenn Sie weitergehen, werden Sie sogar Darstellungen antiker Pferderennen entdecken können.

Die Schilder besagen, daß die schönsten Stücke aus dem 5. Jh. v.Chr. stammen, das nicht umsonst das „Goldene Zeitalter" genannt wird. Andere Arbeiten aus den beiden anschließenden Jahrhunderten sind weniger kunstvoll gefertigt. Es lohnt sich aber auf jeden Fall, sie zu besichtigen. Zur Entspannung gibt es einen Laden, eine Snackbar und einen ruhigen Innenhof mit Tischen und einem Brunnen.

Das **Benáki-Museum** an der Ecke Vassilissis Sofias- und Koumbari-Straße wurde von Emmanuel Benaki, einem alexandrinischen Händler, gegründet. Die Ausstellungsstücke sind mit spärlichen Informationen versehen, aber die meisten bedürfen auch keiner Erklärung. Der Rundgang beginnt mit der Sammlung aus Gold-, Bronze- und Terrakotta-Antiquitäten, führt vorbei an koptischen und türkischen Stoffen und endet mit ägyptischen und frühchristlichen Geräten, Töpfer- und Glaswaren aus Rom, Byzanz, Damaskus und Kairo. Das Prunkstück ist eine rekonstruierte ägyptische Empfangshalle mit Mosaik und Brunnen.

In den ausschließlich griechischen Flügeln und im Untergeschoß sind Stickereien und Schmuck aus dem ägäischen Raum ausgestellt. Besondere Erwähnung verdienen Stücke mit Koralleneinfassungen aus Saphrambolis, dem Gold aus Kleinasien und von den Inseln. Im zweiten Obergeschoß sind Erinnerungen an verschiedene Aufstände und deren Anführer und zeitgeschichtliche Gemälde und Stiche ausgestellt. Ganz zum Schluß können Sie im Museumsladen einkaufen und sich dann im Dachterrassen-Café ausruhen, von dem aus der Nationalgarten gut überschaubar ist. Am Sonntagmorgen um 11 Uhr haben Sie hier einen Logenplatz für die schönste Militärparade der Stadt. Die farbenprächtig gekleideten *Evzones* ziehen direkt am Museum vorbei in ihre Kaserne.

Hinter den beiden Museen kommen Sie zum **Kolonáki-Platz** (offiziell Platia Filikís Eterías genannt), in dessen Bereich der ausländische Einfluß dominiert. Sie finden dort internationale Restaurants und Designerläden, und einige Botschaften liegen in unmittelbarer Nähe. Bei den Preisen in der Patriarhouloakim-Straße und der Fußgängerzone Tsakalof-Straße lassen Sie ihren Geldbeutel lieber ganz tief in der Tasche. Im Südwesten des Platzes steht etwas versteckt eine kleine klassische Säule *(kolonáki), so,* als würde sie sich ihrer griechischen Abstammung schämen.

Schauen Sie sich auch den **Dexamení-Platz** im Norden an, der mit ein paar reizenden Cafés ober- und unterhalb eines Wasserdepots lockt, dessen Bau schon von Hadrian begonnen wurde. In der Nähe der Kirche, in der Skoúfa-Straße, lockt ein schattiger Platz zum Verweilen. Die luxuriösen Villen an der Ecke Fokilidhou-/Pindarou-Straße sind angeblich die teuersten Immobilien ganz Griechenlands.

In der Stratigoú-Sindesmoú-Str. 24 hat die Planungsabteilung der Doxiades-Gesellschaft für Städtebau ihren Sitz. Als sie vor Jahren mit einem Bauvorschlag zur Behebung der Verkehrskrise in Athen beauftragt wurde, mußten sämtliche Pläne letztlich als undurchführbar ad acta gelegt werden; mehrere Tunnels sollten un-

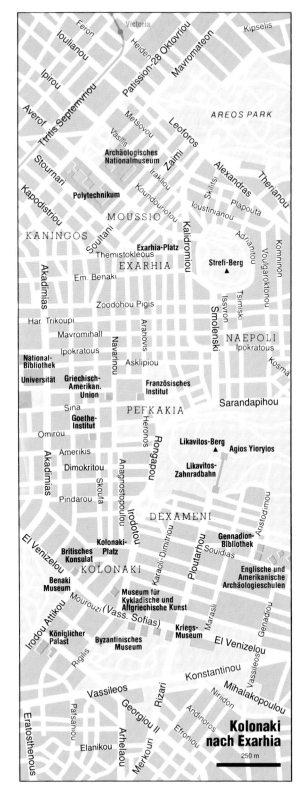

ter dem Berg Hymettos verlaufen. Der Flughafen bei Spáta wird nun trotz vieler Verzögerungen gebaut werden.

Am steilsten werden die ansteigenden Straßen nach Dexameni, wenn sie über die Hänge des höchsten und beliebtesten Berges der Stadt, des **Lykabettos** *(Iykavittós)*, nach oben führen. Östlich von Kolonáki stehen inmitten von Grünanlagen die **Britische und Amerikanische Schule für Archäologie** und die **Gennadios-Bibliothek** (hier gibt es gute Edward-Lear-Reproduktionen). In Athens höchstgelegener Straße, der Hoida-Straße, sind die Häuser nicht höher als höchstens vier Stockwerke. Von hier können Sie die wundervolle Aussicht über das Straßengewirr im Stil von San-Francisco, über einen Großteil Athens und bis aufs Meer hinaus genießen.

Für das letzte Stück des Aufstiegs nehmen Sie am besten die **Zahnradbahn** (Ecke Ploutárhou-/Doras-D'Istria-Straße), die den ganzen Tag über verkehrt. Selbstverständlich können Sie sich auch durch die Büsche schlagen. Sie brauchen sich aber dann nicht zu wundern, wenn Sie ab und zu auf ein Liebespaar oder dessen Hinterlassenschaft stoßen. Den Gipfel krönt die weiße **Agios-Giórgios-Kapelle.** Von einem recht teuren Café kann man die Aussicht genießen, die in der Abenddämmerung am bezauberndsten ist, wenn sich die Lichter der Stadt kilometerlang dahinziehen.

Ein paar hundert Meter nordöstlich erreichen Sie hinter dem zweiten Gipfel des Berges das **Lykabettos-Theater,** in dem während der Zeit der Festspiele Nebenveranstaltungen stattfinden. In den wärmeren Monaten werden hier sporadisch Jazz- und Tanzabende veranstaltet. Direkt unterhalb der Agios-Giorgios-Kirche kommen Sie nach einem angenehmen Spaziergang durch den **Pefkákia-Park** hinunter nach Exárhia.

Beim Verlassen des Stadtteils Kolonáki über die Skoúfa- und Na-

Blick aus der Lykabettos-Zahnradbahn.

varínou-Straße oder Tsakálof-Didótou-Straße merkt man, daß sich das intellektuelle und künstlerische Leben in diesem Sektor der Stadt fortsetzt. Die vielen Verlage und Buchläden (zumeist griechische Literatur) gehen auf die mittelalterliche Tradition von Gewerbestraßen zurück. Hier haben sich auch mehrere nationale Kultur- Institute angesiedelt: das **Goethe-Institut** in der Omirou-Straße 16, das **Institut Français** in der Sína-Straße 29 und die **Hellenisch-Amerikanische Handelskammer** in der Massalias-Straße 22.

Näher zum Berg hin wechseln sich Kunstgalerien, Foto- und Musikgeschäfte ab. Das Pop 11 an der Ecke Tsakálof-/Pindárou-Straße ist eine städtische Einrichtung mit Informationen und der Möglichkeit zum Kauf von Eintrittskarten für eine ganze Reihe von Veranstaltungen. Früher gaben sie sogar ihre eigenen *Rembétika-Platten* heraus, aber heute liegt die Betonung mehr auf Jazz, Blues und Rock.

Nachfolgerin der Pláka: Die lauten Bars, die einst die Pláka kennzeichneten, finden Sie nun in **Exárhia,** etwa 50 Blocks vom Aréos-Park entfernt. Der dreieckige Platz dieses Stadtteils wird gerne von Studenten und anderen jungen Leuten für Mußestunden genutzt; die Arahovis-, Themistokleous- und Kallidromiou-Straße sind ein wahres Mekka für Bistro- und Klubliebhaber. Das Nachtleben ist jedoch lange nicht so wild wie sein Ruf, dafür aber sehr gesellig. Es kommt nur selten zu Ausschreitungen. Die Drinks sind ziemlich teuer, aber die Fleischspieße *(souvlákia),* die in der Nähe verkauft werden, sind auch für Leute mit kleinem Geldbeutel erschwinglich.

Im Nordosten von Exárhia bildet der **Strefi-Berg** zusammen mit dem Areos-Park eine grüne Insel, deren landschaftliche Gestaltung mit Bogen, Terrassen und Schloßmauern wirklich einen Ausflug wert ist.

Am westlichen Fuß des Strefi steht das **Politechnion** (Polytechnische

Der Exárhia-Platz ist der Lieblingsplatz der Studenten.

Universität), an deren Mauern jedes erdenkliche Ereignis in Plakatform „verewigt" wird. In der Umgebung finden Sie unzählige Grafik- und Computergeschäfte.

Im November 1973 eskalierten die Studentendemonstrationen, die sich über Monate hinzogen, auf dem Universitätsgelände. Die Studenten hatten sich dort verbarrikadiert, sie wurden jedoch von der Bevölkerung unterstützt, die Lebensmittel einschmuggelte. In der Nacht des 17. November zeigte das Regime sein wahres Gesicht: Der Hof wurden von Scharfschützen unter Beschuß genommen, und Panzer durchbrachen die Tore. Über die genaue Anzahl der Toten wird nie Klarheit herrschen, denn die Leichen wurden sofort in Massengräbern beerdigt. Die Empörung, die das Massaker auslöste, war acht Monate später, neben anderen Gründen, ein wesentlicher Faktor beim Sturz der Junta.

An die Opfer erinnert heute noch der Name der Straße **Iróon Politech-**

In Kolonáki und Exárhia ist die Auswahl an Restaurants groß.

níou (Helden des Polytechnikums) in vielen größeren Städten. Am 17. November findet jedes Jahr ein Marsch auf die amerikanische Botschaft statt. In letzter Zeit ähnelte er leider eher einem Karnevalszug. Seitdem inszenieren die betont unpolitischen „Anarchisten" ihren eigenen Marsch.

Nördlich von Exárhia steht das **Archäologische Nationalmuseum**. Weltweit enthält es die reichste Sammlung antiker griechischer Kunstwerke. Bei den Exponaten handelt es sich um Schätze von unermeßlichem Wert, die aus allen Teilen des Landes stammen. Wenn Sie wenig Zeit haben, sollten Sie sich auf einige wenige Schwerpunkte wie beispielsweise den **Mykenischen Saal** beschränken. Er umfaßt den Zeitraum 1600–1100 v.Chr. und zeigt die spektakulärsten Funde der mykenischen Zentren: die sog. Goldmaske des Agamemnon und eine Vielzahl von kunstvoll verzierten Dolchen, Ringen, Siegeln und Gefäßen. Im angrenzenden Kykladischen Saal ist der berühmte Lyraspieler ausgestellt.

Im Erdgeschoß überwiegen die Skulpturen, die erst ab Saal 15 richtig interessant werden. Ein Bronzegott (Zeus oder Poseidon) schleudert entweder einen Dreizack oder einen Donner; das kann man nicht genau sagen, weil der Gegenstand selbst fehlt. Der bronzene Jockey in Saal 21, wild gestikulierend mit verzerrtem Gesicht, bildet einen krassen Gegensatz zu der olympischen Ruhe, die der zwei Jahrhunderte früher geschaffene Gott ausstrahlt.

Im Obergeschoß kann man in einer ruhigen Minute die **Fresken aus Akrotíri** (15. Jahrhundert v.Chr.), der kykladischen Hafensiedlung, auf sich wirken lassen.

Sie sind denen von Knossos mindestens ebenbürtig und zeugen von einem ungeheuren Themenreichtum – die reizenden „boxenden Kinder", die eilig einen Felsen hinaufkletternden „blauen Affen", das im Miniaturstil ausgeführte „Schiffsfresko", die zierlichen „weißen Antilopen" und viele andere mehr.

METS UND PANGRATI

Südöstlich der Pláka, des Záppion und des Nationalgartens erstreckt sich eine freundliche Wohngegend bis hinter einige römische Ruinen und das ausgetrocknete Bett des Flusses Ilissos.

Der **Hadriansbogen,** das Tor zu diesem Bezirk, überspannt heute die chaotischste Strecke des Leofóros Amalias. Der römische Kaiser Hadrian (117–38 v.Chr.) stiftete während seiner Regierungszeit im 2.Jh.n. Chr. dem nach-hellenistischen Athen zahlreiche Monumente. Der heutige Hadriansbogen sollte die klassische Stadt von der kaiserlichen trennen, was auch die griechische Inschrift an der Nordostseite besagt: „Hier ist die alte Stadt des Theseus." Auf der anderen Seite läßt sich stolz der römische Kaiser vernehmen: „Hier ist Hadrians und nicht des Theseus Stadt". Ganz strikt war diese Trennung jedoch

nicht, denn es finden sich auch in der Pláka viele römische Bauwerke.

Zweifelsohne winkt uns das vielleicht interessanteste römische Bauwerk Athens, der **Tempel des Olympischen Zeus,** aber von der anderen Seite zu. Hadrian ließ den größten Tempel im antiken Griechenland 700 Jahre nach Baubeginn, 131 n.Chr., fertigstellen. Heute sind nur noch 15 der ursprünglich 104 korinthischen Säulen erhalten.

Der Tempelbezirk wurde zu allen Zeiten in Ehren gehalten, wenn auch manchmal etwas zweckentfremdet. In byzantinischer Zeit thronte ein Säulenheiliger auf einem der noch erhaltenen Tragbalken. Unter osmanischer Herrschaft beteten gläubige Moslems zu Allah um Regen, der in ihrer Vorstellung mit Zeus Ombrios in seiner Rolle als Donnergott verschmolzen ist. Außerdem feierten bis in die frühen 60er Jahre unseres Jahrhunderts die damals noch zahlreichen Athener Milchmänner ihr Jahresfest auf diesem Gelände.

An der Ostseite des Tempels führt ein ziemlich schmutziger Weg nach Süden, zum einzigen gefüllten Wasserbecken des Flusses **Ilissos,** dessen im übrigen Verlauf trockenes Bett bald in einem Tunnel unterhalb des Kalirois-Boulevards verschwindet. Es ist schwer vorstellbar, daß das der gurgelnde Fluß sein soll, der von den heute noch existierenden Quellen bei Kessariani gespeist wurde und der Sokrates und seine Schüler so sehr entzückte.

Etwas unterhalb der Arditou-Straße zweigt der Weg zur Kapelle der **Agía Fotiní** ab. Sie wurde über einem Nymphenheiligtum erbaut und bildet mit den Bänken und dem Brunnen in ihrem Hof eine unerwartete Oase der Ruhe, nur ein paar Meter vom Verkehr entfernt. Danach können Sie, ohne etwas zu versäumen, nach **Mets** überwechseln.

Vor dem Ersten Weltkrieg hieß dieses Viertel Yéfiria (Brücken), nach den vielen Brücken, die über den Ilissos führten, dessen Flußbett heute größtenteils ausgetrocknet ist. Der

jetzige Name stammt von einem Pro-Entente-Café aus der Zeit des Ersten Weltkriegs. Die königliche Familie favorisierte die Deutschen; bevor sich Griechenland 1917 den Alliierten anschloß, kam es zu einem Bürgerkrieg im Kleinen. Nach dem Krieg entstand hier ein Künstlerviertel, das während der Depression ziemlich herunterkam. Heute ist es wieder einer der exklusiveren Stadtteile.

Mets erscheint viel größer, als es ist, wenn man die Straßen zu Fuß erkundet, vor allem die ansteigenden. Die Wiederentdeckung dieses Viertels als Wohngegend zog den Bau moderner, geschmackvoller Häuser nach sich, denen aber leider die bisherigen alten Gebäude weichen mußten. Die Mieten sind zur Zeit für einen Künstler, der nur von der Kunst lebt, unerschwinglich. In der vernachlässigten **Kefálou-Straße** werden viele neoklassizistische Häuser wahrscheinlich dem nächsten Preisanstieg auf dem Immobilienmarkt oder dem Abrißbagger zum Opfer fallen.

In der **Markou-Moussouroú-Straße**, der nordöstlichen Grenze von Mets, finden Sie gepflegte Bars und Restaurants. Berühmt-berüchtigt ist das **Myrtia** (Nr. 35), das lange Zeit die militärische Machtelite zu seinen Stammgästen zählte. Die Qualität der Speisen entspricht leider nicht den Preisen. Das Lokal unterscheidet sich von anderen vor allem durch die Kundschaft, aber auch dadurch, daß es einen eigenen Türsteher hat und im Sommer manchmal „Katzenmusik" im ummauerten Hintergarten bietet.

Geräusche anderer Art hörte man früher einmal in der **Nikifórou-Theótoki-Straße:** Von dort bombardierten im Dezember 1944 ELAS-Truppen das britische Hauptquartier am Syntagma-Platz. Nach erbittertem Widerstand mußten sich die linksgerichteten Guerillas schließlich zurückziehen. Die meisten Häuser wurden wieder restauriert, aber vor noch nicht allzu langer Zeit konnte man am Haus Nr. 14 und anderswo Einschußlöcher sehen.

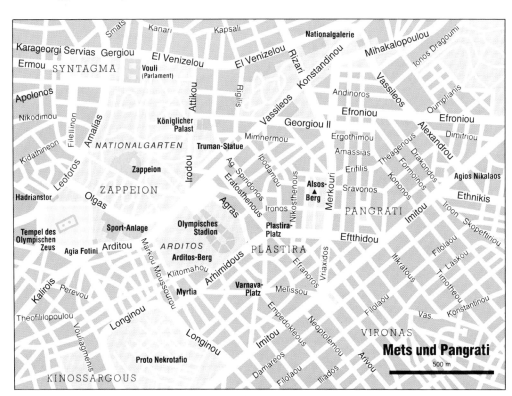

Mets und Pangrati

500 m

Auf dem Berg **Arditos** erstreckt sich das größte Waldgebiet von Athen. Um die allsommerlichen Waldbrände zu verhindern, läßt man niemanden mehr hinein. Das **Olympiastadion** im Nordwesten wurde 330 v.Chr. von Lykurgos für die Panathenäischen Wettkämpfe erbaut. Nach ihnen heißt es „Panathenaikon". Die Römer veränderten es zum Teil, Herodes Attikus ließ es zu seiner vollen Schönheit ausbauen. Die zugeschnittenen Marmorblöcke der 60.000 Sitze wurden von byzantinischen und mittelalterlichen Bauherren abgetragen und gestohlen. Um 1895 wurde der heutige Bau von dem reichen Griechen Geórgios Avérof (1867–1930) genau an der Stelle neu errichtet, an der auch in der Antike das „Panathenaikon" gestanden hatte. 1896 fanden in dem Stadion, das rund 70 000 Zuschauer faßt, die ersten Olympischen Spiele der Neuzeit statt.

Wenn angesehene Bürger von Mets – oder andere Athener mit Rang und Namen – sterben, haben sie es nicht weit in den Himmel. Der **Próto Nekrotafío** (Erster Friedhof) ist eine Mischung aus dem Arlington Friedhof in Washington, dem Père Lachaise in Paris und dem Highgate Friedhof in London. Natürlich müssen Sie sich die letzte Ruhestätte der Athener High Society ohne Ehrenwache und ohne Fixer an Jim Morrisons Grab vorstellen.

Die einzige Zugangsstraße ist die **Anapáfseos** (Ewige Ruhe), die leicht ansteigend an Floristen, Steinmetzen und Bildhauern vorbeiführt. Nur für den Fall, daß Sie die Gräber nicht finden sollten, sei erwähnt, daß die Abbilder verstorbener Berühmtheiten – der Poet Seferis oder der Schauspieler Manos Katrakis gut sichtbar in verschiedenen Schaufenstern ausgestellt sind.

Am Haupteingang stehen Sie sofort vor einigen gigantischen Mausoleen von Emmanuel Benaki, Giorgos Averoff, Kolokotronis und anderen, diese neoklassizistischen Schreine

Typisch Süden: Wäscheleine in Mets.

werden jedoch bald von kleineren, schönen Familiengräbern abgelöst. Das berühmteste ist das **Kimoméni-Grab** der Familie Afendákis. Der Grabstein ist ein wundervolles, postromantisches Bildnis einer schlafenden Jungfrau, geschaffen von dem Bildhauer Halepas. Sie stoßen nach etwa 300 m im rechten Sektor darauf. Obwohl die idealisierte Achtzehnjährige vor mehr als 100 Jahren starb, liegt auch heute noch gelegentlich ein Strauß frischer Nelken in ihrem Schoß. Im hinteren Teil des Zentrums bildet die einfache Grabplatte des Diktators Ioánnis Metaxás, der fast als Heiliger verehrt wurde, als er nach Kämpfen mit den Italienern in den dreißiger Jahren starb, einen krassen Gegensatz dazu. Allerdings könnte die einfache Grabplatte auch dem Schutz vor politischem Vandalismus dienen. Weil der Tod keinen Respekt vor den Menschen kennt, respektieren die Athener auch den Ort des Todes nicht. Der Próto Nekrotafío bildet den legitimen Austragungsort für alle Arten von Vorlieben der Griechen: den Wettbewerb, den zweifelhaften Geschmack und öffentliches Familienleben. Seit den 60er Jahren sind keine Grabstätten mehr zu kaufen, und es ist schon vorgekommen, daß ein Grab für den Gegenwert von einer Million Drachmen (damals $ 34.000) den Besitzer wechselte.

Gewöhnliche Sterbliche ohne Familiengrab werden auf Mittelklasse-Friedhöfen beerdigt. Nach drei Jahren können sie sich in gut griechisch-orthodoxer Tradition exhumieren lassen. Ihre Überreste werden dann im Beinhaus links vom Eingang des Próto Nekrotafío aufbewahrt. Wenn man den Seriennummern trauen kann, gehen dort über 9.000 Skelette ihrem endgültigen Zerfall entgegen. Ist das nicht ein faszinierendes Beispiel für sozialen Aufstieg nach dem Tod?

Jede Hitzewelle zieht in Athen eine Sterbewelle nach sich. Weil die Toten nicht schnell genug beerdigt werden können und durch die unzureichende

Wenn verdiente Athener sterben, kommen sie vom Próto-Nekrotafío-Friedhof direkt in den Himmel.

Kühlung entsteht ein Verwesungsgeruch, der immer wieder zum Gegenstand öffentlicher Diskussionen wird. Die Kirche weigert sich beharrlich, Einbalsamierung oder Einäscherung als Möglichkeit überhaupt in Betracht zu ziehen und droht bei Zuwiderhandlung sogar mit Exkommunikation. Und so gerät schließlich die ganze Angelegenheit bis zum nächsten heißen Sommer wieder in Vergessenheit.

Die Hinterbliebenen verbinden einen Grabbesuch mit einem Wochenendausflug, einem Picknick oder der Verschönerung der Gräber. Sie hinterlassen *kóllyva* (gekochte Samen) auf dem Grab und beschenken Spaziergänger damit. Jeder ist in dem als Park angelegten Friedhof willkommen, solange er nicht unangenehm auffällt.

Ausgangspunkt für einen Spaziergang nach **Pangrati** ist der höchste Punkt des Friedhofs an der Kreuzung zwischen der Markou-Moussourou-Straße und der Archimidous-Straße.

Einen Häuserblock weiter hat an der Ecke Dompoli-Straße das **Athen Zentrum,** ein Kultur- und Spracheninstitut, seinen Sitz.

Die Attraktion der Archimidous-Straße ist der **Straßenmarkt am Freitag,** vier Blocks westlich des Platia Plastira, der bis 14 Uhr geöffnet ist. Hier sind neben frischen Lebensmitteln auch diverse Haushaltswaren erhältlich.

Die **Platia Varnava** im Zentrum ist mit ihren Brunnen und Büschen ein schönes Beispiel für den erfolgreichen Begrünungsplan in Athen. In der beliebtesten Taverne, dem **Vellis,** hat sich die Speisekarte noch nie geändert (ausgenommen das Abendessen). Das Vellis ist der wohl größte Gegensatz zum **Myrtia.**

Zwischen dem Platz und der Imitou-Straße erheben sich sterile Apartmentblocks neben Häusern aus der Zeit um die Jahrhundertwende, die aber immer seltener werden. Nordwestlich der Platia Pangratiou zieht sich der **Pangrati Alsos** (Hain) zur

In Athen gibt es unzählige Märkte; der Pangrati-Markt ist am Freitagvormittag geöffnet.

Spirou-Merkouri-Straße hinunter. Der Park liegt in einem „Tal", die Hänge von Ost-Pangrati steigen auf der anderen Seite an. Er ist ein vielbesuchtes und beliebtes Erholungszentrum, weil man hier Schutz vor der Hitze der Großstadt findet. Hier, wie in den meisten Teilen Athens, ist die Zahl der Stockwerke auf sieben oder acht begrenzt – um neben der bürgerlichen Atmosphäre noch einen der Unterschiede zu Mets herauszustellen. Die Imitou-Straße hat sich ab hier in eine elegante Einkaufszone mit Neonlichtern, Restaurants und Kinos verwandelt.

Weiter im Westen erhebt sich oberhalb des Alsos ein unscheinbarer Hügel. Wenn Sie ihn auf der anderen Seite zur Eratosthenous-Straße hinuntergehen, werden Sie die ansteigenden Straßen, die niedrigen und die neoklassizistischen Häuser wieder an Mets erinnern. Am oberen Ende dieser Straße hat man von der Terrasse des **Kafenion Ellas** (Café) einen ausgezeichneten Ausblick auf den **Platia Plastira**. Am anderen Ende verläuft die nordwestliche Grenze von Pangrati, die Vassileos-Konstandinou-Straße.

Dort, wo man in die Rigilis-Straße abbiegt, steht die vieldiskutierte **Truman-Statue.** 1965 wurde sie von einer konservativen griechisch-amerikanischen Gruppe dort aufgestellt. Die Trumandoktrin über die Einmischung der USA in den Bürgerkrieg (1947-49) können Sie auszugsweise an einer der angrenzenden Mauern nachlesen.

Die **Nationalgalerie** an der Nordspitze von Pangrati umfaßt die griechische Malerei und Skulptur des 19. und 20. Jahrhunderts. So sind hier unter anderem Werke der Malerschule der Ionischen Inseln, historische Szenen, Seemotive, Portraits und Motive aus dem Unabhängigkeitskrieg ausgestellt. Auch Bilder der „Griechischen Romantik" – sie wurde von der „Münchner Schule" beeinflußt – sind vertreten. Linker Hand im ersten Stock befindet sich eine große Sammlung von Werken des **Nikos**

Hatzikyriakos-Ghikas (Ghika), des bedeutendsten griechischen Kubisten. Im anderen Flügel sind verschiedene Ausstellungen untergebracht. Das Zwischengeschoß beherbergt einige seltene Gemälde des Künstlers **Theophilos von Lesbos** (um 1870–1934), eines Autodidakten, der sich jahrzehntelang auf Wanderschaft befand und erst als alter Mann wieder auf die Insel Lesbos zurückkehrte.

Im linken Flügel im zweiten Stock hängen moderne Ölgemälde; in der Mitte verschiedene Meeres-Motive des späten 19. Jh., und rechts sehen Sie eine Sammlung religiöser Werke, sehr interessante Darstellungen revolutionärer Themen (ein Delacroix) und Adelsporträts. Alles in allem zeigt das wieder, daß in Griechenland die Volkskunst, die sich aus der alten ländlichen Gesellschaft entwickelt hat, wahrscheinlich immer schon die populärste Art von Kunst war. Eine Ausnahme bildet freilich der Ghika-Flügel.

Links: Ein eleganter Eingang. **Rechts:** Mets und Pangrati ziehen „das schwache Geschlecht" an.

DIE LIEBE NACHBARSCHAFT

Der Berg **Philopáppou** liegt direkt hinter der Akrópolis und ist ein abschüssiges Stück Grünland in einer hübschen Wohngegend; ab der Hatzichristou-Straße spüren Sie vom Tourismus nichts mehr. Man kann kaum feststellen, wo der **Veikou-Bezirk** endet und **Koukaki** beginnt. Die namensgleichen Plätze werden wohl besser durch die beiden angrenzenden Fußgängerzonen Drakou- und Olimpiou-Straße auseinandergehalten. Auf jeder der beiden Platias findet man Tavernen, Grillstuben *(psistariés)*, Bäckereien, Milchbars und Eisdielen. Hier ist alles auf das Familienleben ausgelegt: Die Lokale schließen pünktlich, und die Gehsteige werden eine Stunde vor Mitternacht hochgeklappt.

In den unteren Straßen, parallel zur Singrou-Straße, kommen Sie an vornehmen Autosalons vorbei, deren Besitzer sich im Hinterhof einen Nebenverdienst mit Ersatzteilen sichern. Je höher die Straßen hinaufführen, desto schöner wird die Umgebung. In der Philopappos-Straße reihen sich neoklassizistische Häuser gleichmäßig aneinander, in denen Athener Yuppies und Freiberufler leben und arbeiten. Die Gegend ist neuerdings sehr beliebt und teuer geworden, und auch Ausländer sind eingezogen. An der Südspitze des Hügels, wo sich die steile Kalirois-Autobahn an den Hang preßt, geht Koukaki unmerklich in **Ano Petrálona** über.

Zu Fuß kommen Sie durch den Gassenwirrwarr zwischen der Kalisthenous- und der Apoloniou-Straße, unter der Sie ein Tunnel zu einem „Dörfchen" mit Gemüsefeldern führt. (Genau oberhalb liegt das **Dóra-Strátou-Theater,** in dem während der Saison jeden Abend Volkstänze aufgeführt werden.)

In den niedrigen Häusern wohnte früher in jedem Zimmer eine Flüchtlingsfamilie, die sich eine Wasserstelle, eine Toilette und einen Hof mit den anderen teilte. Als die Flüchtlinge allmählich zu Geld kamen, zogen sie um, die Hütten wurden von den Zurückgebliebenen in Einfamilienhäuser umgewandelt.

Sie können auch die Linie 9 der Trolleybusse zum **Ano-Petrálona-Platz** nehmen. Das Gelände scheint abzufallen, etwas abgesetzt ist eine einstige Ausgrabungsstätte zu erkennen. Ein paar Straßen weiter zeigt Petrálona sein wahres Gesicht: Hier leben vor allem Arbeiter in schlichten, kleinen Häusern, viele davon neoklassizistisch oder aus den 20er Jahren unseres Jahrhunderts.

Viele Tavernen in dieser Gegend wirken relativ schmucklos, aber das Essen ist ausgezeichnet. Das **Aschimo papo** (Häßliches Entlein) im Norden des Kneipenviertels ist nicht unbedingt die beste, aber doch die berühmteste Taverne.

Am Ende dieser Straße stehen noch ein paar alte Häuser, die der Sanierung noch nicht zum Opfer gefallen sind. Da der Untergrund keine höheren Gebäude zuläßt, ist diese Enklave für Spekulanten uninteressant. Die meisten Flüchtlingshäuser sind nicht für die Ewigkeit gebaut: Die Mauern aus Erde zerbröckeln schon bei der geringsten Berührung, und den Rest werden dann wohl die Holzwürmer besorgen.

Schmale Wege führen auf den **Hügel der Musen** und zu einer Kapelle (19. Jh.) hinauf. Das Kirchendach ziert eine Arionsfigur, die auf einem Delphin reitet. Durch das Flimmern der Luft über der Stadt kann man mit einem Fernrohr nicht viel erkennen, und die Anlage ist auch gewöhnlich nicht zugänglich. Aber von einer etwas höheren Nebenkuppel haben Sie einen Fünf-Sterne-Ausblick auf die Akrópolis.

Nach Südosten wird der Hügelkamm von alten Mauern *(diatíhisma)* gesäumt. Auf dem **Pnyx-Hügel** wurden im alten Athen alle öffentlichen Anliegen, außer Verbrechen und Verbannungen, entschieden. Heute wird an Sommerabenden in der teil-

weise restaurierten Arena die Akrópolis-Ton- und Bildshow gezeigt, die man allerdings nicht unbedingt gesehen haben muß.

Eine byzantinische Kirche, die **Agíos Dhimítrios Lomvardíaris** (9. Jh.), liegt nahe bei einem Tor im alten Stadtwall. An diesem beliebten Zielpunkt für Sonntagsausflüge können Sie natürlich auch Kaffee trinken. An die Kirche grenzt der Vordereingang des Dóra-Strátou-Theaters.

Von hier führt ein kurzer, angenehmer Aufstieg durch eine etwas verwilderte Landschaft zu dem verstümmelten **Philopappou-Monument** nahe beim Gipfel. Der römische Senator ist auf dem Fries in seinem Wagen dargestellt, aber die Leute kommen vorwiegend wegen der Aussicht hierher.

Nordöstlich des Gipfels befinden sich einige Höhlen, die wohl eher wegen der dichterischen Freiheit als aufgrund der historischen Tatsachen **Sokrates' Gefängnis** genannt werden. 1687 brachten Artilleriegeschüt-

Das Schwimmbad des Hilton Hotels.

196

ze während der venezianischen Belagerung das im Parthenon untergebrachte türkische Pulvermagazin zur Explosion. Durch die Wucht der Detonation verlor der Tempel sein Dach.

An jedem ersten Montag in der Fastenzeit lassen die Leute auf dem Philopappou Drachen steigen. Sonst drehen hier die Jogger von Koukaki ihre Runden, und die Hunde werden in den Grünanlagen spazierengeführt.

In und um Ambelokipi: Östlich vom Nationalgarten, an der Vassilíssis-Sofías-Straße, steht das sehenswerte **Byzantinische Museum,** das 1930 eingerichtet wurde. Es ist in einem ehemaligen Palast untergebracht, der 1848 für die Herzogin von Piacenza gebaut wurde und zeigt ausnahmslos Werke byzantinischer Kunst. Der kürzlich restaurierte linke Flügel birgt eine wirklich sehenswerte Ikonensammlung. Im Erdgeschoß des Hauptgebäudes finden Sie frühchristliche und byzantinische Kunstwerke und im ersten Stock Ikonen aus dem 13. bis 16. Jahrhundert sowie Freskenfragmente aus der Georgskirche von Oropos. Eine besonders schöne Stickerei mit christlichen Motiven, der *Epitaphios von Thessaloníki,* bildet einen der Höhepunkte der Ausstellung. Die Freskenreste einer Kirche, die in einem Stausee versunken ist, befinden sich im rechten Seitenflügel. Dort sind auch weitere Ikonen, unter anderem die Sammlung Dionisios Loverdos, ausgestellt.

Das **Militärmuseum,** nur 200 m entfernt, ist die einzige „kulturelle" Hinterlassenschaft der Militärjunta. Waffen und Strategien der Kriegsführung, von der Jungsteinzeit bis zum Osmanischen Reich, werden auf geschickte Weise präsentiert. Je näher man der Gegenwart kommt, um so mehr flacht die Ausstellung leider zu einer Verherrlichung von Waffen und Militarismus ab.

An der langen Allee wechseln sich Krankenhäuser und Botschaften ab. Eine **Venizélos-Statue,** die eine auffallende Ähnlichkeit mit Lenin hat, wurde beim Marine-Hospital errich-

Das Byzantinische Museum am Leofóros Vassilíssis Sofías.

tet. Das Krankenhaus war von 1920–22 ein Armeestützpunkt, anschließend ein Flüchtlingslager.

Zwischen dem Venizélos-Park und der amerikanischen Botschaft liegt das neue Konzerthaus Athens, das große **Megaron Musikis.**

Die Vassilissis-Sofías-Straße führt am **Turm von Athen** vorbei – mit 27 Stockwerken ist er der wohl höchste Wolkenkratzer in der Stadt – und endet bei der **Ambelokipi-Kreuzung.** Die Straßen in der Umgebung sind wegen der Kinos und Discos nachts viel interessanter.

Kifissiá: Dieser Vorort, 8 km von der Innenstadt entfernt, war immer schon ein begehrter Zufluchtsort. Schriftsteller der Antike priesen die bewässerten Haine mit ihren vielen Vögeln – im kargen Attika eine Seltenheit. Der **Berg Pentelí** steht zwar der Morgensonne im Weg, aber dafür sind die Sonnenuntergänge ein überwältigendes Schauspiel. Die Quellen, die aus dem Berg entspringen, ließen die Oase entstehen und gaben dem

Ort auch den Namen – Kifissiá, eine Wassernymphe.

Unter den Osmanen war Kifissiá eine Ortschaft mit 1.500 christlichen und muslimischen Einwohnern, was zu einer Zeit, als sich die Türken kaum in ländlichen Gegenden niederließen, eine Seltenheit war. Nach dem Unabhängigkeitskrieg erinnerten sich die Griechen selbst an die Vorteile von Kifissiá. In den 1860er Jahren wurde die Oase wegen ihres relativ kühlen Klimas zur Sommerfrische der Athener Aristokratie. Damals wie heute ist die Anfahrt auf der Straße ermüdend. Inzwischen verkehrt auch die U-Bahn.

Um 1900 war Kifissiá dank seiner guten Hotels zu internationalem Ruhm gelangt, denn die wohlhabendsten Familien bauten sich große Stadtvillen mit exotischen Gärten in dem Vorort, und das Gemeindeleben blühte auf. Der Krieg in Kleinasien war hier kaum zu spüren, und einige Villenbesitzer stellten den Flüchtlingen großzügig ihr Grundstück zur Verfügung.

Durch den Überfluß an Wasser gab es in Kifissiá Gärten verschiedenster Art. Die Familie Mouhlidis, die unter dem Sultan die Landschaftsarchitekten stellte, verhalf dem Gartenbau zur Blüte. Der elegante **Alsos** (Hain) in Kato Kifissiá ist ebenfalls aus dieser Tradition hervorgegangen. Der prominente Botaniker Costas Goulimis arbeitete in Kifissiá, die Pflanzenmalerin Niki Goulandris gründete 1964 zusammen mit ihrem Mann das Naturgeschichtliche Museum.

Der kulturelle Höhepunkt der „Belle-Epoque" war vermutlich 1937 die Aufführung der Pastorale von Beethoven unter dem Dirigenten Dimítris Mitrópoulos. Am 28. Oktober 1940 um 3 Uhr morgens überbrachte der italienische Gesandte Grazzi dem griechischen Diktator Ioánnis Metaxás das Ultimatum seines Landes in seine erst kurz zuvor erworbene Villa in der Kefallinias-Straße. Das dem Staatsmann zugeschriebene *ochi* (nein) führte dazu, daß Griechenland auf der Seite der Alliierten in den

Ein Exemplar aus dem Naturhistorischen Museum in Kifissiá.

Zweiten Weltkrieg eintrat. Während der Nazi-Besatzung fielen auch in Kifissiá viele Gebäude den Bomben zum Opfer.

Heute ist es eine Stadt mit 55.000 Einwohnern. Die berühmten *Plátanos* (Platanen) am Hauptplatz von Kato Kifissiá, in der Nähe der Metro, sind vor Jahren geteerten Wegen und dem Verkehr zum Opfer gefallen. Die Pferdewagen gehören zu den wenigen Überbleibseln aus früheren Zeiten. Sie warten auch heute noch auf Besucher.

An der **Tatoíou-Straße** finden Sie einige sehr schöne, alte Villen; sehenswert sind vor allem die Nummern 10, 29, 31, 33, 38, 40, 50 und 56. Das letzte Luxushotel ist das **Pentelikon** in der Diligianni-Straße. Ministerpräsident Trikoupis wohnte in der Benaki-Straße 13 und Benaki selbst (Sie kennen ihn vom gleichnamigen Museum) Nummer 42.

Der Familie Pesmázoglou gehörte das Haus Nr. 25 in der gleichnamigen Straße, in der sich noch andere, sehr schöne Stadtvillen befinden. Eine der schönsten ist das Giorgánda/Kolokotroni-Haus in der Kolokotróni-Straße 7. Die einfache Villa in der Levídou-Straße 19 gehörte Trikoúpis politischem Gegner Deliyánnis.

Es existieren über diese Gebäude keine Dokumente mehr. Die derzeitigen Besitzer erhoffen sich von Restbeständen an Dachziegeln, die man in einigen Kellern gefunden hat, Informationen über das Alter der Bauwerke. Die Dachziegel sind nach der Herstellung in Zeitungen gewickelt worden, aus denen man hin und wieder das Alter erschließen kann.

In der Villa in der Levidou-Straße 13 ist das **Goulandrís Naturhistorische Museum** untergebracht. Es bietet dem Besucher eine sehenswerte Sammlung einheimischer und exotischer Vögel und Schmetterlinge, ein Café und einen guten Museumsladen. Sehenswert ist auch der Friedhof. Mit seinen vornehmen Mausoleen aus weißem Marmor zeugt er vom Wohlstand der Bewohner von Kifissiá.

Kifissiá war schon in alten Zeiten ein Ort der Ruhe und Erholung.

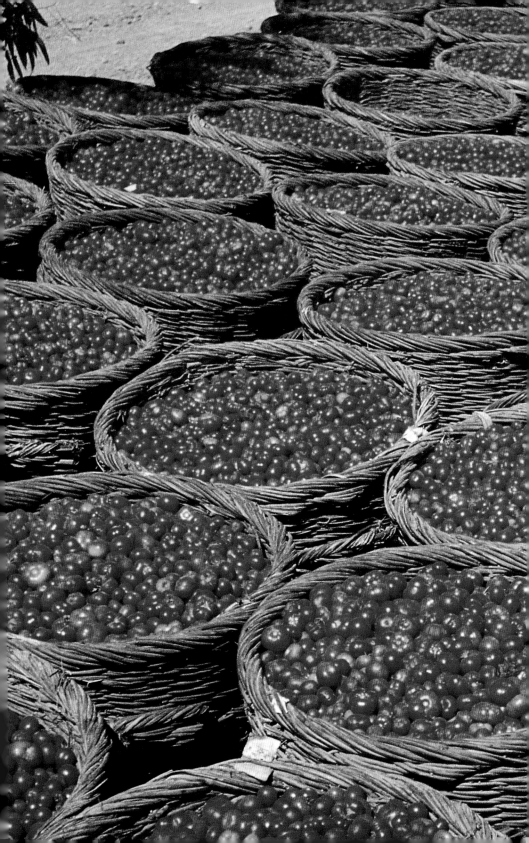

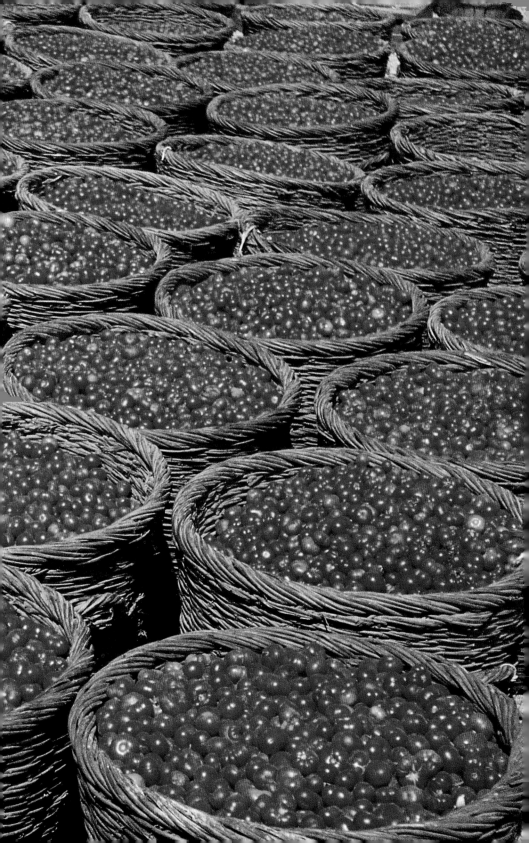

PIRÄUS

Die wenigsten Touristen haben je die Gelegenheit, Piräus richtig kennenzulernen. In Reiseführern wird Piräus meist als der schmutzige, laute Hafen von Athen dargestellt, um den Reisende auf ihrem Weg zu den Inseln nicht herumkommen. Es wird behauptet, Piräus hätte keinen Charme und es gäbe kaum einen Grund, sich dort aufzuhalten.

Im Gegenteil: Piräus mit seinen drei Häfen, den Museen und gemütlichen Restaurants am Kai ist allemal einen Ausflug wert. Sonntags findet ein vielbesuchter Flohmarkt statt, und im Veakio-Freilichttheater treten im Sommer internationale Gruppen auf. Wer gerade in den heißen Monaten genug hat vom Lärm und der Luftverschmutzung in Athen, dem bietet ein Aufenthalt in Piräus eine angenehme Alternative. Von Athen aus kann man mit den häufig verkehrenden Bussen, der Metro oder dem Taxi in etwa einer halben Stunde dort sein.

Das Tor zur Welt: Piräus hat eine reiche Geschichte, obwohl nur wenige Monumente erhalten sind. Von den Stämmen, die an den Küsten auftauchten, ließen sich die Minoer als erste nieder. Dieses kriegerische Seefahrervolk verehrte die Göttin Artemis Munychia, deren Tempel auf einem Hügel, dem jetzigen **Kastélla,** stand. Heute befindet sich dort eine Kirche, benannt nach dem **Propheten Elias.** Ebenfalls ein Relikt der prähistorischen Zivilisation ist das **Serangion** oder die **Pareskevas' Höhle,** hinter dem Strand von Votsalákia unterhalb des Kastélla. Die ursprünglichen Häuser bei der Höhle waren in römischer Zeit in Bäder umgewandelt worden. Nach dem Zweiten Weltkrieg wurde die Höhle in einen kleinen Klub umgebaut, in dem berühmte Entertainer auftraten. Sie können die Höhle erkunden, aber Sie brauchen unbedingt eine Taschenlampe und Schuhe mit dicken Gummisohlen.

Der erste Hafen von Athen war Phaleron. Hier brach Theseus zu seiner Reise nach Kreta auf. Im 5. Jh. v.Chr. übernahm Piräus die Rolle als Marinestützpunkt Athens. Themistokles überredete die Athener, ihre neue Flotte in Piräus zu stationieren, und die Werftbesitzer revanchierten sich, indem sie etwa 100 Galeeren pro Jahr für die Flotte bauten.

Piräus entwickelte sich schnell zu einem Handelszentrum. Frauen verkauften auf dem Markt Nahrungsmittel, und die Tempel standen auch Ausländern offen. Gleichzeitig wurde Piräus befestigt und die Langen Mauern, die sich vom Fuß des *Mounichia* (heute Kastella) nach Athen erstreckten, wurden kurz nach 400 v.Chr. errichtet. Um 450 v.Chr. entwarf der Architekt Hippodemus von Milet einen einzigartigen Grundriß für die Stadt, der zu den großen Errungenschaften des Goldenen Zeitalters gezählt wird.

Die Vernichtung der Athener Flotte durch die Spartaner im Jahre 405 v.Chr. hatte die Eroberung von Piräus zur Folge. Lysander befahl die Zerstörung der Befestigungsanlagen. Der athenische Flottenbefehlshaber Konon ließ sie zwar 393 wiederherstellen, ebenso die Langen Mauern, aber mit Athen ging es bergab, und die Mauern verfielen. 85 v.Chr. wurde Piräus mitsamt dem Hafen vom römischen General Lucius Cornelius Sulla verwüstet. Nach der Zerstörung galt es als unbedeutend, und kaum jemand wollte noch dort wohnen.

Im Mittelalter kannte man Piräus unter dem Namen Porte Leone, denn seit der Antike bewachte ein drei Meter hoher Marmorlöwe die Hafeneinfahrt. Dem venezianischen General Francesco Morosini genügte es 1688 nicht, einen Großteil des Parthenon zerstört zu haben, und so nahm er den Löwen als Souvenir mit nach Hause.

Piräus in der Neuzeit: Ebenso wie die Inselbewohner von Hydra, die 1792 vor einer Epidemie flohen, wurden auch die Leute von Psarrá abgewiesen, als sie sich 1825 in Piräus nieder-

Vorhergehende Seiten: Exportgut von den Inseln.
Links: Leute, die von Athen genug haben, ziehen das Meer vor.

lassen wollten, um den Türken zu entkommen.

1834 begann die Regierung mit dem Wiederaufbau von Piräus. Die Architekten Stamátis Kleánthes und Eduard Schaubert entwarfen den Grundriß. Die ersten Siedler waren 106 Flüchtlinge, die nach einem Massaker im Unabhängigkeitskrieg von Chíos nach Syros emigriert waren. Sie kamen 1835 nach Piräus, nur ein Jahr, nachdem Athen die Hauptstadt des neuen Staates geworden war. Piräus war damals nichts als wilde Landschaft, mit der Klosterruine von St. Spyrídon als einzigem Bauwerk.

Die Regierung bot Land zu guten Konditionen an in der Hoffnung, daß auch die Bedürfnisse der neuen Hauptstadt nicht zu kurz kämen. Die Einwanderer träumten von der Errichtung eines „neuen Chios". Ihr Geschick im Aufbau von Handel und Industrie half Piräus, sich als Gewerbestadt zu etablieren.

1837 kamen mit den Hydrioten weitere Einwanderer nach Piräus, später die Kreter, während des Aufstands von 1866-69, in der zweiten Hälfte des 19. Jh. mehrere Zuwanderungsströme vom Peloponnes und im Jahre 1922 Flüchtlinge aus Kleinasien. Zwischen 1840 und 1870 stieg die Bevölkerung von 2.400 auf 10.000. 1920 hatte Piräus 130.000 Einwohner, eine Zahl, die 1922 fast verdoppelt wurde. Einer neueren Volkszählung zufolge pendelte sich die Bevölkerung bei rund 500.000 ein.

Die Industrialisierung kam mit den Hydrioten; die erste Fabrik wurde 1847 gegründet, und schon um die Jahrhundertwende war Piräus ein belebtes Industriezentrum.

Die Kultur entwickelte sich parallel zum wirtschaftlichen Wachstum. Das Stadttheater wurde in den 80er Jahren des vorigen Jahrhunderts gebaut. Der Ruf der Stadt als literarisches Zentrum wurde 1892 mit dem Erscheinen der Zeitschrift *Apollo* begründet und wuchs mit dem modernen Literaturblatt, das bekannte Athener Literaten veröffentlichte.

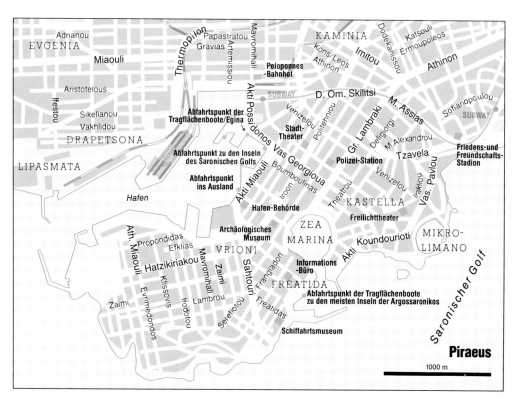

Piraeus

1000 m

Wichtiger war für viele 1925 die Gründung von **Olympiakós,** dem Rivalen des Athener Fußballvereins Panathinaikos. Olympiakós ist immer noch eine der beliebtesten Mannschaften des Landes.

Leider zog es die Oberschicht nach 1900 in die Hauptstadt. Die Athener Verlage und Zeitungen lockten Publizisten an. Gut 20 Jahre später war Piräus nur mehr von wirtschaftlicher Bedeutung, während Athen zum kulturellen Zentrum wurde.

Zwischen den beiden Weltkriegen verlor Piräus immer mehr an Attraktivität. Das soziale und kulturelle Leben stagnierte; die Bevölkerung kam vor allem aus der Arbeiter- und unteren Mittelschicht. Während Athen im Krieg von Bomben verschont blieb, mußte im Hafen vieles wieder aufgebaut werden.

Zwischen 1951 und 1971 ging die Bevölkerung von Piräus um drei Prozent zurück, in Athen stieg sie um 55 Prozent. Schlimmer noch war der schlecht geplante Modernisierungsversuch in Piräus in den Jahren der Militärjunta. Viele historische Gebäude wurden zerstört und durch geschmacklose Neubauten ersetzt. Gleichzeitig wurden die reizenden, hölzernen *períptera* (Kioskbuden) abgerissen und an ihrer Stelle häßliche Wellblechhütten errichtet.

Piräus ist inzwischen bekannt als Banken- und Versicherungszentrum, aber die Identität der Stadt ist noch mehr an das Meer und die Schiffahrt geknüpft. Die derzeitige weltweite Krise im Frachtverkehr belastet die Wirtschaft. Piräus ist der Heimathafen der größten Handelsflotte der Welt. Über 600 Reedereien sind in der Stadt ansässig.

Die Bewohner von Piräus sind stolz auf die jüngsten Verschönerungen der Stadt, die Parks, Grünanlagen und die Einrichtung von Fußgängerzonen. Die Strände **Freatídos und Votsalákia** wurden neu gestaltet und die Anlagen verbessert. Sollten die Maßnahmen gegen die Meeresverschmutzung von Erfolg gekrönt sein, so wird

Die 1994 verstorbene Melina Mercouri mit Freunden.

REMBÉTIKA

Der Hafen von Piräus war der Mittelpunkt der Rembétika, einer derberen Form städtischer Volksmusik, die man oft mit dem Blues verglichen hat. Der Name stammt wahrscheinlich vom türkischen Wort „Rembet" (Außenseiter). Die ersten Rembétika-Lieder gehen bis auf die Zeit um 1800 zurück. Bis 1920 wurden die melancholischen Stücke ausschließlich von den unteren Gesellschaftsschichten gesungen.

Einen Auftrieb erhielt die Musik nach 1922, als nach der „Kleinasiatischen Katastrophe" eineinhalb Millionen Flüchtlinge nach Griechenland drängten. Die Heimatlosen lebten in sehr schlechten Behausungen und schliefen sogar in Bahn- und Hinterhöfen. Viele kämpften damals ums nackte Überleben.

Als sich ihre Situation wieder stabilisiert hatte, erweckten die neuen Einwohner ihre anatolisch geprägte Rembétika, die durch die bitteren Lebenserfahrungen eine neue Schärfe erhalten hatte, zu neuem Leben. Durch die musikalischen Einwanderer wurde auch das bisher männlich geprägte Nachtleben der Stadt und des Hafens revolutioniert, denn plötzlich mischten sich Damen, Prostituierte und *Derbedérisses,* die weibliche Form der Rembetisten, unter die spätabendliche Gesellschaft.

Die bunt zusammengewürfelten „Rembetisten" bildeten eine nonkonformistische Subkultur am Rande der Gesellschaft. Sie hatten ihre eigene Art, sich zu kleiden: englischer Schneideranzug, blank polierte, spitz zulaufende Schuhe und Borsalino-Hut. Außerdem sprachen die Rembetisten einen ausgesprochen breiten Akzent *(argot).*

An den Abenden trafen sich diese Bohemiens in heruntergekommenen, verrauchten Buden *(tekethes)* und vertrieben sich ihre Sorgen mit Musik. In den 20er Jahren gab es in Griechenland zwar schon Gesetze gegen den Genuß von Haschisch, aber sie wurden erst unter der Metaxás-Diktatur vollzogen.

Die bekanntesten Rembétika-Instrumente sind die *bouzoúki* (eine Art Mandoline) und die *baglamá* (eine kleinere Form der Bouzoúki). In der klassischen Zeit der Rembétika (1930-40) wurde die *bouzoúki* gewöhnlich solo mit Gitarren- oder Baglamabegleitung gespielt. Später kamen noch eine zweite Bouzoúki und ein Akkordeon oder Klavier, ein *santoúri* oder *kanóni* (der Zither ähnliche Instrumente) dazu. In den 60er Jahren wurden die Orchester immer größer. Zusätzlich bereicherte man sie mit elektronischen Instrumenten und Schlagzeugen. Der ohrenbetäubenden Vermarktung dieser Volksmusik war der Weg bereitet.

Natürlich ist die Rembétika ohne ihre ausdrucksstarken Tänze nicht denkbar. Die bekanntesten sind der Solo-Tanz *Zembékiko* und der *Hasápiko,* der von zweien oder dreien im Gleichschritt getanzt wird. Der sinnlichere *Tsiftetéli* (Bauchtanz) und der paarweise ausgeführte *Karsilamá* wurden aus Anatolien importiert und sind weniger häufig zu sehen.

Manche Rembétika-Lieder erzählen von der Hoffnung auf bessere Tage, die sich aber für die meisten der Rembetisten nie erfüllte. Etliche schlossen sich den *Manges* an, Gruppen von Rauf- und Saufbolden, die ihre Streitigkeiten oft mit der Waffe austrugen und im Gefängnis landeten.

Viele Rembetisten verhungerten im Zweiten Weltkrieg, und die Musiker unter den Überlebenden waren gezwungen, in großen Orchestern die auch heute noch beliebte elektronische Rembétika zu spielen.

Früher sah die Mittel- und Oberschicht die Rembétika als etwas an, das weit unter ihrem Niveau lag. Unter der Metaxás-Regierung wurde sie verboten, und unter Linksgerichteten war sie noch bis vor kurzem verpönt, weil sich die Rembetisten weder politisch betätigten noch einer geregelten Arbeit nachgingen Aber seit einigen Jahren erfreut sie sich wachsender Beliebtheit. ∎

man dort auch wieder ungefährdeter baden können.

Hinter **Zéa Marína** und auf dem Kastella entstanden „Nobelviertel". Schöne neoklassizistische Häuser wurden liebevoll renoviert, und es wurde in einem geschmackvollen Stil gebaut, der in die Landschaft paßt.

Die multinationale Bevölkerung von Piräus – Schiffsbesitzer, Büroangestellte, Seeleute, Einzelhändler und Fabrikarbeiter – verleihen dem Alltag etwas Kosmopolitisches. Die Nähe des Meeres scheint einen beruhigenden Einfluß auf die Menschen zu haben. All diese Aspekte machen Piräus zu einer attraktiven Stadt.

Sehenswürdigkeiten: Das **Stadttheater** am Agíou-Konstantínou gegenüber der Präfektur ist ein großartiges Gebäude mit 800 Sitzen, das zwischen 1884 und 1895 gebaut wurde. Es ist der Opéra Comique in Paris nachempfunden und soll die beste Akustik aller Theater auf dem Balkan haben. Im Theater sind die **Städtische Kunstgalerie** und das **Theatermuseum** von Pános Aravantínos untergebracht. Letzteres zeigt Werke des Künstlers, hauptsächlich aus seiner Zeit in Deutschland.

Das **Archäologische Museum** in der Hariláou-Trikoúpi-Str. 31 genießt großes Ansehen bei Gelehrten und Touristen. Die Prunkstücke sind zwei Bronzestatuen, die bei Bauarbeiten gefunden wurden: ein herrlicher *koúros* (eine Figur aus dem 6. Jh. v.Chr.) eines jungen Mannes und eine Athena mit Helm aus dem 4. Jh., die für eine Kriegsgöttin ungewöhnlich gütig aussieht. Von beiden nimmt man an, daß sie aus einer Beuteladung stammen, die von den römischen Eroberern im 1. Jh. v.Chr. übersehen wurde.

Das **Schiffahrtsmuseum** zeigt 13.000 Ausstellungsstücke: maßstabsgerechte Modelle von Galeeren und Trieren, byzantinische Fahnen, Galionsfiguren, Uniformen, Muscheln, Dokumente und Fragmente berühmter Schiffe. Ein erstaunliches Stück stellt ein Teil der „Langen Mau-

Das Veakio-Festival findet im hochgelegenen Theater auf dem Kastella statt.

ern" dar, das in das Fundament des Gebäudes integriert ist. Abschnitte der Mauern verlaufen entlang der **Aktí-Themistokléous.** Viele Ruinen sind jetzt wieder aufgebaut worden.

Der **Flohmarkt** (Sonntag vormittags bis etwa 14.00 Uhr) liegt an der **Dragatsaníou-** und der **Mavromicháli-Straße,** etwa fünf Minuten zu Fuß vom Bahnhof. Auf einem kurzweiligen Bummel sieht man eine ungewönliche Mischung von Haushaltsgegenständen, gebrauchter Kleidung, elektronischen Geräten, Videokassetten, Sportbekleidung und Trödel. Aber vergessen Sie nicht, um den Preis zu handeln!

Gute **Antiquitätenläden** gibt es in dem Abschnitt zwischen **Alipedou, Plateon, Skylitsi** und dem **Ippodamias-Platz,** in der Nähe des Bahnhofs. Rund ein halbes Dutzend Geschäfte hat sich in erster Linie auf alte Möbel, Schmuck, Lampen, Ikonen, Kupfer- und Bronzewaren oder Stikkereien spezialisiert. Giorgos Giorgas' Laden „Ta Mikra Teixoil" an der Ecke Pilis 2/Skylitsi ist einer der interessantesten. Er ist auf hölzerne Truhen, Butterfässer und Wiegen spezialisiert. Die Rückwand des Ladens ist ein Abschnitt der „Langen Mauern" aus dem 5. Jh.

Obst, Gebäck, Nüsse, Käse und Wurstwaren werden auf dem Markt hinter Akti Posidonos an der **Navarinou-Straße** verkauft. Für spätere Fahrten auf der Fähre sollte man sich hier eindecken, denn auf dem Schiff etwas zu kaufen, ist teuer, und es schmeckt nicht einmal besonders.

Restaurants am Meer: Viele Athener fahren in die Buchten- und Hafengegend von Piräus, um den kühlen Wind und das hervorragende Essen zu genießen, das zum besten in der Hauptstadt zählt. Die drei großen Häfen haben alle ihren Reiz, und Leute, die einmal ihre Lieblingstaverne gefunden haben, kommen immer wieder zurück. Eine Liste mit guten Restaurants finden Sie unter den *Reisetips.*

Zea Marina ist der größte Jachthafen in Piräus. Im 4. Jh. v.Chr. lagen

Am frühen Morgen kehren die Fischer zurück.

208

dort 196 Kriegsschiffe, heute sind dort Liegeplätze für 365 Jachten. Der Hafen hieß ursprünglich „Pasalimani" („Hafen des Pascha"), da der türkische Pascha dort sein Flaggschiff hatte. Die Gegend ist voll von schikken Restaurants, Bars, Geschäften für Schiffsbedarf und Reedereien. In den Seitenstraßen haben sich nette Boutiquen und Friseursalons eingenistet.

Piraíki ist ein Küstenabschnitt vor Zea Marina, an dem Überreste der „Langen Mauern" zu sehen sind. Einige Cafés und Tavernen bieten einen schönen Ausblick auf die Mauern.

Mikrolímano (der „kleine Hafen") ist ein reizender, aber vielbesuchter Hafen in Form einer Sichel. Sie können hier direkt am Wasser essen, denn es gibt in dieser kleinen Bucht mindestens 22 Restaurants. Die Speisekarten sind alle sehr ähnlich, aber gehen Sie ruhig die ganze Reihe ab und schauen Sie, welches Restaurant (oder welcher Kellner) Ihnen gefällt, und fragen Sie nach dem Fang des Tages. Nach dem Essen sollten Sie

Mikrolímano ist der schönste der drei Häfen in Piräus.

einen Spaziergang auf den Kastélla machen; die Anhöhe über Mikrolímano bietet eine schöne Aussicht.

Besondere Veranstaltungen: Die **Posidonia** ist eine einwöchige Schifffahrtsausstellung, die alle zwei Jahre im Juni auf dem Ausstellungsgelände neben dem Zollamt stattfindet. Mehr als 900 Firmen beteiligen sich daran. Die nächste wird 1996 ausgerichtet. Die **Nautische Woche** wird alle zwei Jahre in Zusammenarbeit mit der Posidonia veranstaltet. Das **Friedens- und Freundschaftsstadion** mit dem Spitznamen der „Schuh" (wegen der Form) wird oft dafür verwendet. Das Stadion liegt im benachbarten **Néo Fáliron,** gleich an der Metrostation. Der moderne Bau bietet 16 000 Zuschauern Platz. Auch Sportveranstaltungen und Konzerte, Konferenzen und Ausstellungen finden hier statt.

Das **Veakio-Festival** wird im **Veakio-Theater** oben auf dem Kastella veranstaltet. Im Sommer treten hier oft ausländische Tanzensembles und Orchester auf.

KURZAUSFLÜGE IN DIE UMGEBUNG

Das Kloster Kaisarianí: Das Kloster liegt für den modernen Touristen nicht gerade am Weg. Man muß es schon suchen, so verborgen ist es in einer Schlucht des Berges **Hymettós**. Zwar sieht man auf die nächste Umgebung, das Kloster selbst aber ist aus der Nähe praktisch nicht sichtbar. Im 11. Jh., als es als Zufluchtsort bei Belagerungen diente, war diese Lage zum Schutz der Bewohner wohl nötig. Heute dagegen kann es vorkommen, daß man für die 16 km Weges vom Syntagma-Platz zum Kloster drei Stunden lang den Hymettós rauf und runter irrt.

Hinweisschilder sind – wenn überhaupt vorhanden – nur auf *einer* Straßenseite angebracht. Erkundigt man sich nach dem Weg, erntet man oft nur erstaunte Blicke. Es ist daher zu empfehlen, sich vor einem Ausflug zu diesem sehenswerten Ort genau zu informieren oder sich am Syntagma-Platz ein Taxi zu nehmen. Die etwas beschwerlichere Fahrt mit einem der städtischen Busse kann man sich immer noch für den Rückweg aufheben.

Wer **Kaisarianí** einmal besichtigt hat, wird es wohl als einen der schönsten Kurzausflüge schätzen, die man von Athen aus unternehmen kann. Auf weitem Gelände ziehen sich die Wege durch Zypressen- und Pinienhaine, und wildwachsende Blumen gibt es im Überfluß. Die üppig wuchernden Haine sind voller Leben. Immer wieder geben sie den Blick frei über die weiten Felder, was die alten Athener so sehr schätzten. Die Mönche des Klosters widmeten sich in früheren Zeiten der Bienenzucht, ihrer Haupterwerbsquelle. Der Honig des schluchten- und quellenreichen Hymettós war in der Antike eine geschätzte Delikatesse. Er war so bekannt, daß der Bischof Synesios über die dort angesiedelte Philosophenschule spottete, weil sie die Studenten mehr mit ihrem Honig als mit ihrem Lehrangebot anzog.

Die Klosteranlagen gruppieren sich um einen hübschen gepflasterten In-

nenhof. Im Westflügel befanden sich Küche und Refektorium, im Südflügel das Badehaus. Unter türkischer Herrschaft hat es als Ölpresse fungiert. Im Osten liegt die aus Naturstein und Ziegeln gebaute **Marienkirche** des Klosters, die die Form eines griechischen Kreuzes hat. Die Kuppel und der größte Teil der oberen Wände sind mit Fresken (Mitte 16. Jh.) bedeckt. Sie sind im kretischen Stil ausgeführt, d.h. in kräftigen Farbtönen und gewagten Kompositionen: In der Kuppel ist Pantokrator zu sehen und in der Mittelapsis eine Madonna sowie Darstellungen der zwölf großen Kirchenfeste. Das Gleichnis vom barmherzigen Samariter im Südteil der inneren Vorhalle ist sehr detailreich, aber leider etwas in die Ecke gepreßt. Die Bäder gehören zu den ersten ihrer Zeit. Sie wurden um eine Naturquelle herum angelegt und stammen wie die Kirche aus dem 11. Jahrhundert.

In der Geschichte des Hymettós haben Quellen seit jeher eine wichtige Rolle gespielt. Schon in der Antike

Vorhergehende Seiten: Skulptur des Götterboten Hermes. **Links und rechts:** Kaisarianí ist als Kurzausflug ohne Konkurrenz.

wurden dort die verschiedensten Tempel und Heiligtümer errichtet und dem Quellengott des Flusses Ilissos geweiht. An einer Außenwand des Klosters ist ein Brunnen mit einem nachgebildeten, antiken Hammelkopf zu sehen. Das Original können Sie im Akrópolis-Museum begutachten. Das Kloster wird noch aus einer anderen, etwas höher gelegenen Wasserquelle versorgt, die der Dichter Ovid in seiner *Ars Amatoria* erwähnt. Die **Kyllou Pera Quelle** versorgte früher ganz Athen mit Trinkwasser. Jetzt dient sie nur noch dem Kloster als Brunnen.

Zu dem ebenfalls byzantinischen **Kloster Astéri** führt eine Straße vier Kilometer weit bergauf. Es liegt auf halber Höhe des Hymettós. In der Klosterkirche befinden sich Freskenfragmente aus dem 16. Jh. Allerdings blieb nur ein kleiner Teil erhalten.

Ein besonderes Vergnügen ist es, in der Nähe von Kaisarianí im Freien zu picknicken und dabei den weiten Rundblick über Athen, das gesamte Umland und die fernen Inseln des Saronischen Golfs zu genießen. Wundern Sie sich nicht, wenn sich ein paar Esel oder Pferde als hungrige Tischgenossen zu Ihnen gesellen. Wer kein Lunchpaket mitgenommen hat, versorgt sich etwa einen Kilometer auf der Hauptstraße bergauf in dem winzigen Café, das ein redseliger Grieche betreibt. Während er auf seinem Campingkocher Nescafé aufgießt und Sandwiches auf seinem Campingtisch serviert, läßt er sich über Gott und die Welt aus. Auch hier finden Sie einen kühlen Brunnen!

Der Berg Párnitha: Dieser Berg ist ein beliebtes Ziel für Wanderer und Pflanzenfreunde. Von der Stadt aus müssen Sie sich etwa eine Stunde in nördlicher Richtung halten. Die beste Zeit ist das Frühjahr, im Sommer ist der Berg überlaufen. An sich ist jeder beliebige Tag des Jahres, den man in den Schluchten des Berges verbringt, eine wahre Erholung, es sei denn, das Wetter ist schlecht. Ein **Nationalpark** mit vielen markierten und doch ruhigen Wegen umschließt den alpinen Bereich. Nehmen Sie also für diesen schönen Aus-

Marterl am Straßenrand sind auf dem Land ein alltägliches Bild.

flug den Bus Nr. 726 ab Ecke Stournári-/Achárnon-Straße in der Nähe vom Omónia und steigen Sie dann nach 45 Minuten in die Linie 724 um, die von Acharnes nach Thrakomakedónes fährt. Von der Endhaltestelle gehen Sie fünf Minuten aufwärts bis zu einer engen Rechtskurve, an der eine zurückgesetzte Mauer und ein neues Haus stehen. Durchqueren Sie diese enge Stelle, kommen Sie hinunter zum Eingang der Houni-Schlucht. Am anderen Ufer halten Sie sich weiter an den markierten Weg. Bald lassen Sie das mediterrane Gestrüpp hinter sich. Danach erreichen Sie nach etwa 50 Minuten Aufstieg (halten Sie sich dabei links) eine Kreuzung vor einem Nadelwald. Nach zwei Stunden kommen Sie an die Berghütte **Báfi.** Sie ist das ganze Jahr über am Wochenende und am Freitagabend sowie nach Vereinbarung geöffnet (Tel 246 1528). Außer in den Wintermonaten bekommt man unmittelbar hinter der Hütte stets frisches Wasser.

Wir setzen unseren Párnitha-Ausflug bis zu einer asphaltierten Ringstraße fort, die zum bewachten Parkplatz führt. Biegen Sie rechts ab, nach 300 m dann links bis zum markierten Weg nach Mola, auf dem Sie schnell zum Sattel zwischen den Bergen Ornio (mit dem riesigen Funkturm) und Karambola gelangen, auf dem sich ein Luftwaffenstützpunkt befindet. Hinter der Kapelle überqueren Sie die Straße, die am Grat entlangläuft, und gelangen auf einem Trampelpfad durch dichtbewaldetes Gelände abwärts. Hier bleibt der Schnee lange liegen. Von Dezember bis März sind daher Gamaschen und ein Stock ratsam. An der nächsten beschilderten Kreuzung, 45 Minuten hinter Bafi, halten Sie sich links (rechts geht es zum Freizeitpark von Móla) und bleiben auf dem empfohlenen Rundweg nach **Skipíza.** Die folgende Stunde wandert man gemütlich am Hang entlang nach Norden, dann Nordwesten. Nach der ebenen Strecke führt der Weg bergauf über den Grat, knapp unter der großartig getarnten Radarstation vorbei. Dann geht es steil bergab zur Quelle von Skipíza. Diese Quelle ist

Der Párnitha ist eines der Paradiese für Wildblumen.

das Herzstück des Geländes; an ihr kreuzen sich auch zwei Wege. Wenn Sie mit dem Rücken zum Wasser stehen, ist der linke Ihr Weg. Er verläuft südöstlich nach **Agía Triáda** (weiße, dann rote Markierung). Zunächst geht es über Geröll durch zerklüftete Schluchten, dann steigen Sie eine Stunde lang in südlicher Richtung an einem Bachbett entlang ab. An der Ringstraße mündet der Bach in den Paleohóri. Hier wenden Sie sich nach links (Osten) und gehen 15 Minuten auf der geteerten Straße bis Agía Tríada. Dort trifft die Hauptstraße von Aharnés auf die Ringstraße. Die **Kiklámina-Hütte** lädt den müden Wanderer zu einer Kaffee- oder Picknickpause ein, besonders, wenn er schon zeitig aufgebrochen ist. Der letzte Bus Nr. 714 nach Acharnés fährt Punkt 16 Uhr an der Haltestelle bei der Kapelle und dem Brunnen ab. Sollten Sie ihn versäumen, können Sie auch zu Fuß hinunterkommen. Es führt ein Fußweg ganz in der Nähe des Lokals **Xenía** (1 km südlich) durch die Schlucht hinab ins Tal. Unten angekommen geht es entweder mit einem Bus (Nr. 729) weiter, der die diversen Tavernen und Hotels in Ano Aharnés abklappert, oder Sie gehen bis Thrakomakedónes. Von dort sind Sie mit dem 724er Bus in einer Stunde in Athen.

Das Kloster Dafní: Dafní liegt 11 km westlich von Athen an der Heiligen Straße, auf halber Strecke nach **Elefsina,** auf der früher die fröhlichen Zecher von der Stadt zum heidnischen Kultzentrum Eleusis zogen. Der Name Dafní (= Lorbeer) rührt von einem Heiligtum des Apollon Daphneios her, das hier bis zum Jahr 395 bestand. An derselben Stelle wurde im 5./6. Jahrhundert ein erstes Kloster errichtet. Um 1080 hat man die Klosterkirche durch den heutigen Bau ersetzt. Damals entstand auch das Refektorium, von dem nördlich der Kirche noch die Fundamente zu sehen sind. Im Gelände um das Kloster findet im Sommer das **Weinfest von Dafní** statt. Mehr als 60 Weinsorten werden angeboten, viele auch vom Faß. Die Klänge dieser heißen Sommernächte erinnern an wildere

Ein streng dreinblickender Allmächtiger in der Kuppel der Klosterkirche von Dafní.

Zeiten, wie sie zu Dafnis Anfängen vielleicht seine lebenslustigen Schankwirte erlebt haben.

Doch zurück zum Kloster: Die der Koimisis Theotokou, dem Tod Mariens geweihte Klosterkirche ist für ihre prächtigen Mosaiken auf Goldgrund berühmt, die zu den schönsten von ganz Griechenland gehören. Sie sind so meisterhaft ausgeführt, daß vermutlich Künstler aus Konstantinopel sie geschaffen haben. In der Vorhalle sind die Mosaiken mit Szenen aus dem Leben Marias und Christi nahezu vollständig erhalten geblieben. Die Krönung bildet eine prachtvolle Kuppel. Dank der beachtlichen Höhe (16 m) ist die Kirche mit ihren 16 Fenstern geradezu von Licht durchströmt. Ein strenger Pantokrator, der mit seinen überlangen Fingern eine Bibel an sich drückt, blickt den Besucher aus der zentralen Kuppel an. Jeweils zwischen den Fenstern sind 16 Propheten dargestellt. In den vier Ecken der Kuppel sind Szenen aus dem Leben Jesu abgebildet: Verkündigung, Geburt, Taufe und Verklärung. Der

Feierabend.

festlich frohen Stimmung des Gebäudes mit seinen weichen Blau- und Goldtönen kann man sich kaum entziehen. Man weicht dann dem allzu ernsten, richtenden Christus aus und läßt den Blick über kleinere Darstellungen wandern. Die Mosaiken sind über den ganzen Raum verteilt. Insgesamt sind es 76 biblische Szenen, die sich auf Kirchenlehren des 11. und 12. Jahrhunderts beziehen.

Wenn Sie Kaisarianí gesehen haben, könnten Sie von Dafní enttäuscht sein, da hier – die Mosaike ausgenommen – doch weniger geboten ist. Außerhalb der stillen Klostermauern erwartet Sie das laute, moderne Leben. Die frühere **Heilige Straße** ist heute eine Hauptstraße, auf der Autos nur ein paar Meter entfernt von der Pforte vorbeidonnern. Zu jeder Tages- und Nachtzeit können Sie das Dröhnen der Lastwagen hören, die zu den Werften von Skaramángas und zu den Ölraffinerien von Aspropirgos unterwegs sind. Hier nämlich beginnt das Industriegebiet Athen-Piräus, das sich von Eleusis bis nach Korinth

hinzieht. Auch der Weinfest-Platz erinnert heute eher an einen Parkplatz.

Man kann der Stadt aber auch ohne weiteres entfliehen, denn hinter der Kirche erheben sich bewaldete Hügel. Wir empfehlen Ihnen auf jeden Fall gute Wanderschuhe, da der Pinienwaldboden rutschig sein kann. Dafní erreicht man mit dem Bus in einer knappen Stunde, 11 km weiter stößt man auf die Überreste des antiken **Eleusis,** die heute in einem Industriegebiet liegen. Einst befand sich hier ein bedeutendes Heiligtum für Demeter, die griechische Göttin der Fruchtbarkeit und des Ackerbaues, auf die der berühmte Mysterienkult zurückging. Im Museum sind Funde von der Ausgrabungsstätte zu besichtigen.

Die Strände der Stadt: Ein guter Reiseführer sollte dem Reisenden Hintergrundinformationen über das Reiseziel liefern. Im Fall der städtischen Strände Athens kann die nähere Kenntnis aber sämtliche Badefans vergraulen. Viele Athener erinnern sich wehmütig an das saubere Wasser und die freien Zu-

fahrtswege, die es noch vor ein paar Jahren gab. Sie baden nur noch außerhalb einer 60–70 km-Zone um die Stadt. Der Verkehr ist in den Sommermonaten zu einem echten Problem geworden, aber viel gravierender ist für viele Athener die Wasserverschmutzung, die sich mit wachsender Bevölkerungszahl und zunehmender Industrialisierung immer mehr verschlimmerte. Auf die Verschmutzung und ihre Folgen für den Badebetrieb kommen wir später noch zurück.

Viele Badeplätze sind innerhalb einer Stunde vom Zentrum aus zu erreichen. Duschen, Restaurants etc. sind manchmal vorhanden, aber auch wilde, unbeaufsichtigte Plätze sind zugänglich. Die Frage nach dem idealen Strand ist eine Geschmacksfrage, über die man bekanntlich streiten kann. Es wäre daher dumm, hier einen „besten" Strand zu empfehlen. Obwohl viele Strände durchaus ihre Reize haben, sei der Optimist davor gewarnt, die Erfüllung seines Badetraums an Athener Stränden zu suchen.

Die Ostküste ist etwas für Leute, die einsame Buchten lieben.

Es bieten sich grundsätzlich zwei Möglichkeiten an: die Westküste, südlich der Stadt gelegen, und die ruhigere Ostküste, die vorzuziehen ist, sofern man motorisiert ist. Die wichtigsten Strände in beiden Himmelsrichtungen werden von städtischen Bussen angefahren, die freilich oft genug überfüllt sind. Im Südosten überwiegen die gutausgestatteten, gebührenpflichtigen Strände, dazwischen gibt es aber immer wieder freien Zugang zum Wasser, so z.B. in **Kavoúri**. Fünf Strände sind dem Staatlichen Touristikprogramm (EOT) angeschlossen. Sie liegen in Alimos, Voúla (zwei), Vouliagméni und Várkiza und sie sind bei normalem Verkehr in 25 bis 45 Minuten zu erreichen. Zur Ausstattung gehören Duschen, Imbißbuden, SB-Restaurants, Kinderspielplätze, Basketball-, Volleyball- und natürlich auch Tennisplätze. Außerdem werden überall Ruder- und Tretboote zu erschwinglichen Preisen vermietet.

In der Regel sind jedoch die entfernteren Badegebiete vorzuziehen, auch

Strandidylle.

wenn man versucht ist, lieber in Stadtnähe zu bleiben. **Paléo Fáliro** jedenfalls sollten Sie meiden, außer Sie sind darauf erpicht, die nach Piräus einlaufenden Öltanker zu beobachten. Die Badeplätze **Alimos und Glyfáda** haben nur den Vorzug, in der Nähe des großstädtischen Einkaufszentrums von Glyfada zu liegen. Außerdem gibt es hier in der Nähe einen ziemlich lauten Flughafen.

Um **Voúla** herum wird der Küstenstreifen grüner und mit **Vouliagméni,** das 25 km vom Zentrum entfernt liegt, haben Sie vielleicht die beste Wahl getroffen. Neben dem EOT-Strand **Oceanís** liegt der teurere **Astéras** mit seinem gepflegten Sand. Der Strand gehört zum benachbarten Astir Palace Hotel. Drei Flöße, die weit draußen verankert wurden, fordern den tüchtigen Schwimmer heraus. Außerdem unterhält Vouliagméni eine Wasserski- und Windsurfschule.

Die Badegäste an all diesen Stränden scheinen sorgfältig nach Typ und Alter getrennt zu sein. Am schicken Asteras

fehlen die Familien fast ganz. Dort dominieren ausschließlich jüngere Leute und Paare. Wer sich von den Einheimischen absetzen oder exklusive Bademode vorführen will, ist dort in guter Gesellschaft. Von ganz anderer Art ist der **Vouliagméni-See,** eine Art Kurbad mit dunklem, angeblich heilkräftigem Wasser. Der See liegt eingebettet zwischen Felsen, wird aber leider von Flugzeugen mit Ziel Athen überflogen. Sonst ist es dort eher ruhig, und man trifft ein vorwiegend älteres Publikum.

Im Gegensatz zu den Gebieten um Voúla und Vouliagméni, wo systematisch Grünanlagen als Hintergrund geschaffen wurden, hat die Ostküste natürliche, dichte Pinienwälder und kleine, geschützte Naturbuchten aufzuweisen. Meistens ist die Wasserqualität dort besser, was nicht für den Hafen **Rafína und für Néa Makrí** gilt. Dort wird das Meerwasser nicht nur durch die Touristen, sondern auch durch militärische Einrichtungen belastet.

Wer am Strand gut versorgt sein will, dem empfiehlt die EOT (s.o.) das ca.

eine Fahrstunde entfernte **Portó Raftí.** Aber auch der weite Sandstrand von **Skinías,** in nördlicher Richtung etwa gleich weit entfernt, ist beliebt. Leider sind abgeschiedene Plätze ohne Privatauto nicht immer leicht zu finden und zu erreichen.

Für die Leute, die keine SB-Restaurants mögen, ist ebenfalls gesorgt. An allen großen Stränden werden Fischgerichte in Tavernen angeboten, die, wenn nicht direkt am Strand, doch ganz in der Nähe zu finden sind.

Zum Schluß noch ein Wort zur Wasserverschmutzung: Das Meer sieht sauber aus, man bekommt die Verschmutzung nicht zu Gesicht, es schwimmt kein Dreck herum. Das Wasser vieler Stadtstrände ist scheinbar sauber. In dem überfüllten Voúla oder Vouliagméni kann es sogar vorkommen, daß zarte Fische den Schwimmer berühren. Und die sollten es ja schließlich merken, wenn das Wasser dreckig ist! Die zweibeinigen Experten, die Wissenschaftler des Meeresinstituts in Voúla etwa, sollen sich ebenfalls regelmäßig ganz fröhlich im Wasser tummeln, das die ängstlichen Athener meiden. Trotzdem wollen wir die Urlauber warnen. Es sind schon viele Krankheitsfälle bei Badegästen der Athener Strände bekanntgeworden. Zur Zeit entspricht kein einziger Strand Attikas den EG-Anforderungen für die „Blaue Fahne", die einwandfreie Badezonen ausweist.

Ein-, zweimal an städtischen Stränden zu baden, mag vielleicht weniger gefährlich sein, als eine Hauptverkehrsstraße im Zentrum zu überqueren oder mit einem Leihwagen selbst herumzufahren. Wen nun die Hitze und der schlechte Zustand des Wassers wirklich stören, dem bieten sich zwei Alternativen: Der Hotel-Swimmingpool oder ein hübscher Strand weiter draußen. Für einen Tagesausflug kann man z.B. den Strand **Oropós** aufsuchen oder die Buchten auf der dem **Tempel von Súnion** gegenüberliegenden Meerseite. Für viele ist es kein allzugroßer Aufwand, etwas weiter zu fahren, denn der Verkehr nimmt spürbar ab, je weiter man auf den Küstenstraßen hinausgelangt.

Einige der schönsten Strände erreicht man nur mit dem Boot. Rechts: Eine kleine Besucherin in der Nähe von Glyfada.

TAGESAUSFLÜGE

Delphi: Die antiken Schauplätze Epidauros, Korinth und Náfplio können von Athen aus an einem Tag besucht werden. Das beliebteste Ausflugsziel dürfte aber Delphi sein, das über mehrere Jahrhunderte das geistige Zentrum der klassischen Welt war und heute noch mit seiner Aussicht über die Täler und die Olivenhaine lockt. Die grünweißen KTEL-Busse fahren vom Athener Busbahnhof in der Liossíon-Str. 260 (Tel. 8317096) um 7.30, 10.30, 13, 14.30 und 17.30 Uhr ab nach Delphi. Der letzte Bus fährt um 18 Uhr von Delphi aus zurück nach Athen. Natürlich gibt es auch organisierte Busausflüge (Auskünfte dazu erteilt die EOT).

Bei organisierten Fahrten kann die Reise sehr ermüdend sein. Außerdem haben Sie nur etwa zwei Stunden Zeit für das Museum und die eigentliche Ausgrabungsstätte. Deshalb empfehlen wir, im nahe gelegenen Dorf Delphi, auch **Kastrí** genannt, zu übernachten. Buchen Sie am besten von Athen aus ein Hotelzimmer mit Blick auf das Tal, dann können Sie dieselbe Aussicht genießen, die schon in der Antike die Menschen begeisterte.

Angeblich war Delphi in der Antike der „Nabel" der Welt, der Ort, an dem sich die zwei Adler trafen, die Zeus an gegensätzlichen Enden der Welt losgeschickt hatte. Apollo, dem Sohn des Zeus, schreibt man die Gründung des Heiligtums zu, das seinen Namen trägt. Erst kürzlich wurden Hinweise darauf gefunden, daß hier um das 8. Jh. v.Chr. schon Menschen (wahrscheinlich kamen sie aus Kreta) gelebt haben. Es gibt nur wenige Quellen, die ein vollständiges Bild von Delphi in seiner Blütezeit vermitteln, ganz einfach deswegen, weil das Orakel im ganzen Land so berühmt war, daß es keiner eigenen Erklärung und Beschreibung mehr bedurfte. Die Menschen kamen von überall her, um Rat zu suchen.

Das Ritual war einfach. Nachdem der Besucher ein Schlachtopfer gebracht hatte, schrieb er seine Fragen auf eine Bleitafel und gab sie einer alten Priesterin *(Pythia)*. Diese kauerte sich auf einen Dreifuß – der moderne Mensch wird in ihm wohl nur einen rechteckigen Felsen von etwa einem Meter Länge mit drei Haupt- und zwei Nebenlöchern sehen – und atmete berauschende Dämpfe aus einem Zwischenraum unter dem Dreifuß ein. Dann stieß die *Pythia* unverständliche Worte aus, die ein Priester übersetzte und dem Fragesteller überreichte – allerdings in Hexameter-Versform gereimt.

Die Auslegungen waren berühmt für ihre Doppeldeutigkeit, aber Delphi kam zu Macht und Wohlstand. Trotz einer beträchtlichen Anzahl von recht wirren Voraussagungen schrieb Strabo doch: „Von allen Orakeln der Welt hatte Delphi den Ruf, das wahrheitsgetreueste zu sein."

Von Athen aus kommen Sie zunächst nach **Theben,** das im 4. Jh. v.Chr. in seiner Blütezeit über einen großen Teil Griechenlands herrschte und die Heimatstadt von Dionysos und Pindar war. König Ödipus erlebte hier seinen Un-

Links: Die berühmte Tholos, ein prachtvoller marmorner Rundbau. **Rechts:** Die Sphinx der Naxier (um 560 v. Chr.).

tergang (er ermordete seinen Vater und heiratete seine Mutter). Das heutige Theben ist eine wenig anziehende, moderne Stadt, die allerdings ein interessantes Museum birgt.

Der Weg zum Schauplatz der Ödipus-Tragödie auf dem **Berg Parnassos** ist genau ausgeschildert. Unterhalb der Stadt **Livádia** (Lord Elgin schenkte ihr einen Glockenturm), sehr nahe am Berggipfel, stoßen drei Straßen bei einer Schäferhütte mit rotem Dach aufeinander. Die rechte führt nach Theben, die linke nach Delphi und die dritte in den Norden. Ob der Mord nun wirklich hier begangen wurde, oder ob sich das die Reiseführer nur ausgedacht haben, bleibt Ihrer Phantasie überlassen. Das Tal macht auf jeden Fall einen sehr verlassenen, sogar düsteren Eindruck und scheint genau die passende Kulisse für eine Tragödie abzugeben.

Der größte Ort vor Delphi ist **Aráchova.** Wenn man den Fremdenführern glauben darf, widmen sich die Frauen nur dem Weben und Sticken. Die Männer züchten Nerze und gerben Leder für Jacken. Pullover oder *Flokati* (handgefärbte Teppiche aus Schafswolle) sind ein guter Kauf, obwohl sie in anderen Bergdörfern abseits vom Tourismus noch etwas billiger sind. Übrigens: Ein kleiner Ausflug zu dem byzantinischen Kloster **Hósios Loukás** westlich von Livadiá ist unbedingt zu empfehlen. Es gilt als das schönste von ganz Griechenland. Berühmt sind seine Mosaiken in der Hauptkirche

Und nun zu **Delphi,** dem berühmtesten Ort im klassischen Griechenland. Seine Blütezeit erlebte Delphi um 582 v.Chr., als die Pythischen Spiele alle vier Jahre im Stadion, das auf zwei Terrassen angelegt war, abgehalten wurden. Entlang der Heiligen Straße standen kleine Schatzhäuser, in denen die zahlreichen Huldigungsgeschenke an Delphis Macht aufbewahrt wurden. Auf einem farbigen Gemälde im Treppenaufgang des Museums ist Delphi abgebildet, wie es einmal ausgesehen haben mag – verschwenderisch, herausgeputzt, voller Tempel, Statuen und Flitter.

Der Tempel des Apollo: Er hatte zwei Vorgänger am selben Platz.

Die Anlage wird vom großartigen **Tempel des Apollo** beherrscht, der 1940 restauriert wurde. Auf diesem Platz gab es – wenn man so will – nicht weniger als fünf Apollotempel: Der erste bestand allerdings nur aus Lorbeerblättern und Zweigen, der zweite aus Federn und Wachs. Die anderen waren aus beständigerem Material wie beispielsweise Kalkstein aus der Gegend. Der letzte Tempel – ein dorischer Bau aus dem 4. Jahrhundert v.Chr. – hatte 38 Säulen. Sein Grundriß ist noch gut zu erkennen.

Das **Schatzhaus der Athener,** das um 490 v.Chr. nach der Schlacht von Marathon erbaut wurde, steht an der Heiligen Straße. Es ist als einziges von ehemals etwa 20 Schatzhäusern wieder aufgebaut worden. Die Mittel dafür wurden nach der Jahrhundertwende von der Stadt Athen aufgebracht. Auf den Metopen (die Originale befinden sich im Museum) sind die Taten des Herakles und des Theseus dargestellt.

Das Lieblingsmotiv der Fotografen findet man nicht im Heiligen Bezirk, sondern auf der Marmaria-Terrasse. Als das imponierendste Gebäude gilt die **Tholos,** ein Rundtempel (um 390 v.Chr.) mit ehemals 20 dorischen Säulen auf einer dreistufigen Plattform. Lediglich drei der Säulen wurden wieder aufgerichtet.

Über ihre Funktion ist man sich nicht ganz im klaren. Vielleicht diente sie als Schatzkammer, als öffentliches Gebäude oder sogar als antikes Restaurant. Oberhalb der Reste des Tempels der Athene gibt es heute ein kleines Café, in dem man sich von der Besichtigung erholen kann.

Das Museum von Delphi gehört zu den bedeutendsten des Landes. Merkwürdigerweise sind die Ausstellungsstücke nur in Französisch und Griechisch beschildert, während Bücher in allen Sprachen erhältlich sind. Zu einer wunderbaren Sammlung von Skulpturen aus dem 5. und 6. Jh. gehören auch die geflügelte *Sphinx der Naxier* und der *Wagenlenker,* eine lebensgroße, sehr lebendig wirkende, detailgetreue Bronzestatue (beachten Sie auch die Zehennägel) aus dem Jahr 475 v.Chr.

Kap Súnion: 70 km außerhalb von Athen liegt Attikas südlichstes Vorgebirge, das man mit dem Auto in weniger als zwei Stunden erreichen kann. Stündlich fahren Busse dorthin (Abfahrt ab der Mavromateon-Straße am Areos-Park) – setzen Sie sich auf die rechte Seite, denn der Bus folgt der Küstenlinie. Allerdings bleibt bei diesen Fahrten wenig Zeit für Erkundungsgänge in die weniger bekannten Bezirke um das Kap. Man kann hier zwischen den Ruinen wundervolle, lange Spaziergänge unternehmen und ist nebenbei noch der Hitze von Athen entkommen.

Zwölf Kilometer vom Kap entfernt geht die Landschaft in schwarze, zerklüftete Felsen über, die sich ins Meer hinausziehen. Auf dem 60 Meter hohen Vorgebirge steht einsam der großartige **Tempel des Poseidon,** ein dorischer Peripteros aus dem Jahr 444 v.Chr. Möglicherweise gehörte er noch zum großen Bauprogramm des Perikles, das auch die Akrópolis mit einschloß. Fast die Hälfte der 34 dorischen Säulen sind

Der Wagenlenker ist eine der wenigen Skulpturen, die noch Augen aus Onyx haben.

noch erhalten, neun davon auf der fotogenen Süd- und sechs auf der Nordseite. Die Säulen sind ungewöhnlich schlank; sie weisen nur 16 statt der sonst üblichen 20 Kannelüren auf.

Die Aussicht ist überwältigend. Sie überblicken die Peloponnesische Küste, die Inseln im Saronischen Golf, die Kykladeninseln von Kithnos bis Serifos und an klaren Tagen sogar das weit entfernte Milos. Durch den Wind kann es dort sehr kühl werden.

Súnion ist auch heute noch ein beliebtes Ausflugsziel. Im 19. Jh. war es ein absolutes Muß für die Oberschicht, die ihre obligatorische Bildungsreise unternahm. Ein Besucher des Tempels war auch der Dichter Lord Byron. Er schnitzte seinen Namen in eine Säule und dichtete die folgenden Zeilen:

Setze mich auf Súnions marmorne Höhe

Wo nichts, nur die Wellen und ich unser gemeinsames Murmeln hören können

Dort, wie einen Schwan, laß mich singen und sterben.

Wenn Sie Lord Byrons Spuren folgen möchten, besichtigen Sie den Tempel am besten am frühen Morgen oder in den Wintermonaten. Denn das „gemeinsame Murmeln“ wird zu allen anderen Zeiten vielsprachig von Touristen übertönt.

Die Ägäischen Inseln: Da Athen nahe am Meer liegt, kann man von dort aus schöne Ausflüge zu den griechischen Inseln unternehmen. Die Entfernungen täuschen oft: Es ist ein immer wiederkehrendes Mißverständnis, daß man innerhalb „kurzer“ Zeit Santorin, Kreta oder Mykonos besuchen kann. Fallen Sie nicht darauf herein: Die Fahrt mit der Fähre nach Mykonos dauert bis zu acht Stunden, und sogar ein Wochenende ist zu kurz, um den Aufenthalt wirklich genießen zu können. Die Flüge zu den Inseln sind meist auf Wochen ausgebucht.

Die Inseln, die sich für Kurzausflüge eignen, liegen im **Saronischen Golf** südwestlich von Piräus. Die einzige Ausnahme ist die Kykladeninsel **Kea**, die Sie in drei Stunden erreichen kön-

Byrons „marmorne Höhe“ Súnion.

nen. Fahren Sie zuerst mit dem Bus in die **Hafenstadt Lavrio** und nehmen Sie von dort die Fähre. Die Hauptstadt **Ioulis** liegt in bester griechischer Inselmanier am Berg, die weißen Sandstrände laden zum Schwimmen und Sonnenbaden ein. Die Restaurants und Hotels haben nur im Sommer englischsprechendes Personal.

Zu den Inseln im Saronischen Golf gehen täglich von Piräus aus mehrere Fähren, und meistens dauert die Fahrt nicht länger als drei Stunden. Bei der am nächsten gelegenen Insel **Salamis** (30 Minuten mit dem Boot) fand im Jahr 480 v.Chr. eine berühmte Seeschlacht zwischen den Griechen und Persern statt, aber ansonsten hat sie kaum Interessantes zu bieten. Die hübsche Insel **Spétses** eignet sich wohl eher für ein Wochenende, da die Anfahrt vier Stunden dauert. Vom Zea Marina Hafen bei Piräus gehen täglich Gleitboote nach Spetses, die auch etwas schneller fahren, aber es kommt öfter vor, daß die Fahrten wegen rauher See abgesagt werden.

Das Grün der Inseln im Saronischen Golf.

Die eintägige Kreuzfahrt zu den drei Inseln Ägina, Hydra und Póros erfreut sich großer Beliebtheit. Obwohl extravagante Reiseführer von einem „Mittagessen am Hafen" und einem kurzen Bad an der „blauen Küste" schwärmen, bleiben Ihnen pro Insel höchstens 90 Minuten. Sie werden Enttäuschungen vermeiden, wenn Sie die Kreuzfahrt als „Inselsammlung" verstehen: Machen Sie das meiste aus Ihrer Zeit an Land (essen Sie zum Beispiel an Bord) und schauen Sie sich später die Insel etwas genauer an, die Ihnen besonders gut gefallen hat.

Póros, der erste nennenswerte Hafen, besteht in Wirklichkeit aus zwei Inseln, die durch eine Brücke miteinander verbunden sind. **Kalauria,** der nördliche Bereich, ist einladend und grün und mindestens zehnmal so groß wie **Sféria,** der vulkanische Ausläufer, auf dem der größte Teil der Bevölkerung lebt. Die Stadt ist um mehrere Hügel herumgebaut worden, und den am nächsten gelegenen ziert ein blauweißer Glockenturm. Beim einstündi-

gen Aufenthalt können Sie diesen Turm besichtigen. Der Weg dahin ist anstrengend, aber er lohnt sich. Der geschäftige Hafen tritt zurück, und die sonnige Ruhe gewinnt die Oberhand – Melonen, Trauben und Blumenbeete schmücken die Terrassen der Wohnhäuser. Von oben kann man mit Genugtuung die Hektik der anderen Touristen weiter unten belächeln.

Wenn Sie es nicht besonders eilig haben, können wir auch das sehenswerte **Kloster Zoódochos Píghi** oder die Überreste eines **Poseidon-Tempels** (ca. 500 v.Chr.) für einen Ausflug empfehlen, der etwas mehr Zeit in Anspruch nimmt.

Wieder an Bord, bleiben Sie für eines der reizvollsten Abenteuer des Tages an Deck. Henry Miller beschreibt es in dem Buch *Der Koloß von Maroussi* am treffendsten: „Plötzlich wurde ich gewahr, daß wir durch die Straßen segelten... Das Land trat auf beiden Seiten zurück, und das Boot zwängte sich in eine enge Gasse, aus der es kein Entrinnen mehr zu geben schien. Die Männer und Frauen von Poros lehnen sich genau über meinem Kopf aus dem Fenster... Die Spaziergänger am Kai halten mit der Geschwindigkeit des Bootes mit, sie könnten sogar schneller sein als wir, wenn sie nur wollten."

Millers „Straßen" sind 400 m Wasser, die die Insel vom Festland trennen und von denen sie ihren Namen erhalten hat. *(Poros* heißt „Durchfahrt" oder „Furt"). Von den engen Straßen von Poros fährt man eine Stunde mit dem Schiff nach **Hydra,** einer Insel mit internationalem Flair, auf der man die besten Souvenirs kaufen kann. In den 1960er Jahren siedelten sich hier Künstler an, die von der Symmetrie und dem klaren, hellen Licht des Hafens angezogen wurden. Nach den Künstlern kamen die Hippies, und Hydra verwandelte sich in eine kleinere Jet-Set-Insel, wo man sich auch heute noch für den Strand „herrichtet". Berühmtheiten verkehren hier allerdings schon längst nicht mehr. Im 17. Jh. war Hydra das Handelszentrum des östlichen Mittelmeeres. Schiffskapitäne bauten sich

Solche Keramiken gibt es nur auf Ägina.

228

in der Nähe des Hafens große Häuser, von denen eines heute Künstlerheim der Athener Kunstakademie ist. An den gepflasterten Straßen, die sich kurvenreich landeinwärts schlängeln, finden Sie schicke Boutiquen und hervorragende Restaurants.

Weiße Mauern führen zu eleganten Türen, hinter denen sich zweifelsohne die Sommerresidenzen wohlhabender Athener verbergen. Auf kleinen, versteckt liegenden Plätzen kann man in aller Ruhe eine Erfrischung trinken. Auf Hydra gibt es auch eine Menge sehr schöner Kirchen, die man aber alle zu Fuß erreichen muß, da die Insel „autofrei" ist.

Ägina, die letzte Station auf der Reise, wurde um 3.000 v.Chr. zum ersten Mal besiedelt, und zwar auf dem Kolona-Berg in der Nähe der Stadt Ägina. Obwohl von dem einstigen Apollo-Tempel nur eine einzige Säule übriggeblieben ist, haben Archäologen den Beweis erbracht, daß die Insel von 3 500 bis 1 100 v.Chr. ständig bewohnt war, dann verlassen und um 900 n.Chr.

Einige Inseln kann man bequem mit einer Kutsche besichtigen. Folgende Seiten: Palaiodzídika (Flohmarktsortiment).

neu gegründet wurde. Im 7. Jahrhundert prägte Ägina sogar seine eigenen Münzen.

Die Insel erreichte Macht und Wohlstand und war 1827–1829 die erste Hauptstadt des freien Griechenland. Viele größere Häuser, von denen einige heute noch die Straßen der Insel säumen, wurden während dieses kurzen Zeitraums errichtet.

Wenn Sie nur für eine einzige Attraktion Zeit haben, wählen Sie am besten die Busfahrt zum **Aphaia-Tempel,** 12 km nordöstlich der Stadt. Er ist der Göttin der Weisheit und des Lichtes geweiht. Man nimmt an, daß er zwischen 510 und 480 v.Chr. – in der Blütezeit Äginas – zur Verehrung Athenes und der einheimischen Göttin Aphaia errichtet wurde. Das Heiligtum erschloß 1901 Adolf Furtwängler. Von der Tempel-Terrasse hat man einen atemberaubenden Ausblick aufs Meer. Wegen des Windes kann es auch hier sehr kühl werden.

Von den ursprünglich 32 Säulen blieben noch 24 erhalten. Auch der Grundstock eines Altars und die Überreste einer Priesterkammer sind noch vorhanden. Die kunstvollen Giebelskulpturen mit Darstellungen über den Trojanischen Krieg werden seit 1812 in München (Glyptothek) aufbewahrt, kleinere Funde jedoch können Sie im ebenfalls interessanten **Archäologischen Museum** der Stadt besichtigen.

Nehmen Sie sich für die Rückfahrt Pistazien als Reiseverpflegung mit, die hier auf Ägina wachsen. Wenn Sie können, sollten Sie aber noch einmal auf die Insel zurückkommen. Die Fischrestaurants sind ausgezeichnet, eine Fahrt mit den Pferdewagen malerisch, aber ganz besonders wollen wir einen Besuch der mittelalterlichen Hauptstadt **Palaiochóra** empfehlen. Von ihren rund 40 Kirchen und Kapellen sind noch viele erhalten. Die Stadt wurde um 1800 zugunsten der Hafenstadt Ägina verlassen. Das Inselchen **Moní** ist auch einen Ausflug wert (möglichst unter der Woche, um die vielen Athener Touristen zu umgehen). Man kommt von **Pérdika** aus mit dem Ruderboot hin.

APA GUIDES
REISETIPS

FÜR LEUTE, DIE DEN WERT DER ZEIT ZU SCHÄTZEN WISSEN.

Bevor Sie sich für eine Patek Philippe *Abb.1* entscheiden, sollten Sie ein paar grundsätzliche Dinge wissen. Anhand von Stichworten wie Präzision, Wert und Zuverlässigkeit erklären wir Ihnen, warum die Uhr, welche wir für Sie anfertigen, vollkommen anders ist als alle anderen Uhren.

"Pünktlichkeit ist die Höflichkeit der Könige", pflegte Louis XVIII. zu sagen.

Wir glauben in aller Bescheidenheit, daß wir beim Thema Pünktlichkeit auch den Ansprüchen der Könige gewachsen sind. So haben wir unter anderem ein mechanisches Laufwerk hergestellt, das in vollkommener Übereinstimmung mit dem gregorianischen Kalender die Schaltjahre der nächsten fünf Jahrhunderte berücksichtigt: Es fügt den Jahren 2000 und 2400 jeweils einen Tag hinzu, überspringt aber die Jahre 2100, 2200 und 2300 *Abb.2*. Allerdings sollte so eine Uhr von Zeit zu Zeit neu justiert werden: Denken Sie bitte alle 3333 Jahre und 122 Tage daran, die Uhr um einen Tag vorzustellen, damit sie wieder mit der Himmels-Uhr übereinstimmt. Solche Dimensionen erreichen wir natürlich nur, weil wir bei der Herstellung jeder Uhr, also auch Ihrer, zu den absoluten physikalischen, wenn nicht metaphysischen Grenzen der Präzision und des Machbaren vorstoßen.

Fragen Sie bitte nicht "wieviel?"

Versetzen Sie sich einmal in die Welt der Sammler, die bei Auktionen Höchstpreise bieten, um eine Patek Philippe zu erwerben. Vielleicht schätzen sie die Einzigartigkeit der Feinmechanik und des Laufwerks, vielleicht die Schönheit einer Patek Philippe oder weil

es eine Rarität ist. Wir glauben jedoch, daß hinter jedem Mehrgebot von US$ 500'000.– auch die Überzeugung steht, daß eine Patek Philippe, selbst wenn sie 50 Jahre oder älter ist, auch für zukünftige Generationen noch mit äußerster Präzision arbeiten wird. Falls wir nun in Ihnen den Wunsch nach einer Patek Philippe geweckt haben, versichern wir Ihnen folgendes: Die Uhr, die wir für Sie herstellen, wird besagten Sammlerstücken technisch noch überlegen sein. Schließlich ist es bei uns Tradition, daß wir laufend nach noch perfekteren mechanischen Lösungen für höchste Zuverlässigkeit und perfekte Zeitkontrolle suchen. Darum wird Ihre Patek Philippe über Neuerungen verfügen *Abb.3*, von denen die Meisteruhrmacher, welche diese großartigen Armbanduhren vor 50 Jahren schufen, nicht einmal zu träumen wagten *Abb.4*. Gleichzeitig sind wir natürlich bestrebt, Ihre Finanzkraft nicht über Gebühr zu strapazieren.

Besitz als Erlebnis.

Stellen Sie sich vor, heute wäre der Tag, an dem Ihnen Ihre Patek Philippe überreicht wird. Das Gehäuse birgt die Huldigung des Uhrmachers an das Geheimnis "Zeit". Er hat jedes Rädchen mit einer Kehlung versehen und es zu einem strahlenden Relief poliert. Die Platten und Brücken aus Gold und kostbaren Legierungen sind fein gerippt. Kleinste Oberflächen wurden facettiert und auf das Mikron genau geschliffen. Ganz zum Schluß, nach monate- oder jahrelanger Arbeit, prägt der Uhrmacher ein kleines Zeichen in die Hauptbrücke Ihrer Patek Philippe: das Genfer Siegel – die höchste Auszeichnung großer

Uhrmacherkunst, verliehen von der Regierung des Kantons Genf *Abb.5*.

Äußerlichkeiten, die innere Werte verheißen. *Abb.6.*

Wenn Sie Ihre Uhr bestellen, legen Sie zweifellos Wert darauf, daß deren Äußeres die Vollendung und die Eleganz des Uhrwerks im Innern widerspiegelt. Darum ist es gut für Sie zu wissen, daß wir Ihre Patek Philippe exakt nach Ihren Wünschen künstlerisch gestalten können. Unsere Graveure sind beispielsweise in der Lage, ein subtiles Spiel von Licht und Schatten auf die goldene Rückseite unserer einzigartigen Taschenuhren zu zaubern *Abb.7*. Wenn Sie uns Ihr Lieblingsbild bringen, fertigen unsere Emailleure davon eine Miniatur mit den feinsten Details an *Abb.8*. Unsere Gehäusemacher sind stolz auf die perfekt guillochierte Lunette ihrer Armbanduhr und unsere Kettenschmiede auf ihr kostbares Geschmeide *Abb.9* und *10*. Wir möchten Sie noch auf die Meisterschaft unserer Goldschmiede aufmerksam machen und auf die Erfahrung unserer Edelsteinspezialisten, wenn es darum geht, die schönsten Steine auszuwählen und einzupassen *Abb.11* und *12*.

Es gibt Dinge, die bereiten schon Freude, bevor man sie besitzt.

Sicher verstehen und schätzen Sie es, daß Uhren, wie wir sie herstellen, immer nur in begrenzter Stückzahl gefertigt werden können. (Die vier Calibre 89-Uhren, an denen wir zur Zeit arbeiten, benötigen neun Jahre bis zur Fertigstellung.) Darum wollen wir Ihnen nicht versprechen, daß wir Ihren Wunsch sofort erfüllen können. Die Zeit, während der Sie auf Ihre Patek Philippe *Abb.13* warten, ist jedoch die schönste Gelegenheit, sich in Gedanken über die philosophischen Dimensionen der Zeit zu ergehen.

Falls Sie weitere Informationen zu einer bestimmten Patek Philippe Uhr oder zur Uhrmacherkunst im allgemeinen wünschen, würden wir uns freuen, Ihnen weiterzuhelfen. Schicken Sie uns Ihre Visitenkarte

Abb. 1: Eine klassische Patek Philippe in ihrer dezenten Schönheit.

Abb. 4: Armbanduhren von Patek Philippe, links um 1930, rechts von 1990. Echte Uhrmacherkunst hat Tradition und Zukunft.

Abb. 6: Ihre Freude am Besitz einer kostbaren Patek Philippe ist das höchste Ziel all jener, die an ihrer Entstehung mitarbeiten.

Abb. 9: Harmonie im Design als Symbiose von Schlichtheit und Perfektion an einer Calatrava Damenarmbanduhr.

Abb. 10: Der Kettenschmied formt mit Kraft und Feingefühl das Band für eine Patek Philippe.

Abb. 5: Das Genfer Siegel wird nur Uhren verliehen, welche dem hohen Standard der Uhrmacherkunst entsprechen, wie sie in der Genfer Gesetzgebung verankert ist.

Abb. 7: Eine zeitlose Arabeske ziert eine zeitlose Patek Philippe.

Abb. 2: Eine der 33 Komplikationen der Calibre 89 ist ein Satellitenrad, das alle 400 Jahre eine Umdrehung macht.

Abb. 11: Goldene Ringe: ein Symbol für vollendete Einheit.

Abb. 3: Bis heute die fortschrittlichste mechanisch regulierte Vorrichtung: Patek Philippe Gyromax demonstriert die Äquivalenz von Einfachheit und Präzision.

Abb. 8: Vier Monate lang arbeitet ein Künstler täglich sechs Stunden, bis eine Email-Miniatur auf dem Gehäuse einer Taschenuhr vollendet ist.

Abb. 12: Daran erkennen Sie den wahren Meister des Edelsteines: Er bringt die ganze Schönheit seiner wertvollen Steine vollendet zur Geltung.

PATEK PHILIPPE
GENEVE

Abb. 13: Das diskrete Zeichen jener Leute, die den Wert der Zeit zu schätzen wissen.

mit dem Vermerk «Bücherkatalog», damit wir Ihnen ein Verzeichnis unserer Publikationen zustellen können. Patek Philippe, 41 rue du Rhône, 1204 Genf, Schweiz, Tel. +41 22/310 03 66.

Kompetenz in Reisen

Landeskunde

Die Stadt

Athen liegt mitten in der attischen Ebene und ist auf fast allen Seiten von Bergen umgeben, die über 1.000 m hoch sind; im Norden der Párnes (1413 m), im Osten der Hymettós (1026 m) und im Nordosten der Pentéli (1109 m). In der Stadt ragen der *Akrópolis-Hügel* (156 m) und der *Lykabettos* (277 m) auf. Im Süden wird Groß-Athen vom Meer begrenzt; die Attische Riviera zieht sich bis zum Kap Súnion.

Regierung

1988 und 1989 wurden Ministerpräsident Andréas Papandréou und seine Panhellenische Sozialistische Bewegung (PASOK) in Korruptionsaffären verwickelt. Seine Partei unterlag in der Parlamentswahl von 1989 der Neuen Demokratischen Partei (Néa Dimokratía) unter Konstantínos Mitsotákis, nachdem sie acht Jahre lang die Regierung gestellt hatte. Erst im dritten Wahlgang gewann Mitsotakis mit einer knappen Mehrheit. Das drastische Sparprogramm sowie Privatisierungsmaßnahmen der Néa Dimokratía waren jedoch bei der Bevölkerung nicht besonders beliebt. Bei den vorgezogenen Neuwahlen im Oktober 1993 mußte Mitsotakis die Führung wieder an Papandreou abgeben. Die Hauptstadt ist an Wahltagen überraschend ruhig, weil nicht einmal 50 Prozent der gut vier Millionen Einwohner echte Athener und damit hier wahlberechtigt sind.

Im März 1995 zog sich der langjährige Staatspräsident Konstantínos Karamanlís aus dem politischen Leben zurück. Neuer Staatspräsident ist nun Kostís Stefanópoulos.

Wirtschaft

Athen ist nicht nur die Hauptstadt Griechenlands, sondern auch das Zentrum der griechischen Wirtschaft. Hier gibt es die meisten Arbeitsplätze, hier sitzen die großen griechischen und ausländischen Firmen, und vom Hafen in Piräus fährt die größte europäische Handelsflotte in alle Welt. Nicht umsonst befinden sich alle großen griechischen Reedereien in Piräus und Umgebung. Auch für den Passagierverkehr, ob zu Land, zu Wasser oder in der Luft, ist Athen der Knotenpunkt.

Obwohl Griechenland am Finanztropf der Europäischen Union hängt, sieht es wirtschaftlich alles andere als rosig aus. Das Handelsbilanzdefizit wächst und wächst, und der Staat ist hoch verschuldet, woran auch die Sparmaßnahmen, die die Néa Dimokratía bis zu ihrem Sturz 1993 eingeleitet hatte, nur wenig änderten. Vetternwirtschaft und eine schon fast Volkssport gewordene Steuerhinterziehung erschweren zudem jedes Vorhaben, den Schuldenberg zu verringern. Im öffentlichen Dienstleistungssektor, z.B. im Gesundheitswesen, fehlt das Geld an allen Ecken und Enden. Es kann daher nicht verwundern, daß Streiks zum griechischen Lebenselement geworden sind. In der Regel wird entweder bei der Post, bei der Müllabfuhr, bei der Telefonvermittlung, bei den Fluglotsen, den Piloten, den Busfahrern oder den Taxifahrern gestreikt. Wenn alle arbeiten, dann können Sie sich glücklich schätzen.

Sollten Sie länger als drei Tage in Athen bleiben, werden Sie mit Sicherheit Zeuge mindestens einer Demonstration. Diese verlaufen friedlich, aber mit viel Krach und Leidenschaft. Wenn Sie Glück haben, werden Sie erfahren, worum es im Einzelfall geht. Für die meisten Athener gehören Demonstrationen sozusagen zum Stadtbild.

Für schwarze Zahlen sorgt vor allem der Tourismus. Gerade in den letzten Jahren, als terroristische Anschläge in der Türkei die Touristen verschreckten, sind die Besucherzahlen weiter angestiegen. Und das, obwohl Griechenland als Urlaubsziel nicht mehr so billig ist wie einst. In der zweiten Hälfte der achtziger Jahre hatte eine sprunghafte inflationäre Entwicklung eingesetzt. 1986 stiegen die Preise um 20 Prozent, 1988 um zwölf Prozent, und 1995 betrug die Inflationsrate ca. 11 Prozent. Trotzdem hat sich die Drachme gegenüber anderen Währungen relativ gut behauptet, und der Griechenlandreisende kommt noch immer auf seine Kosten.

Bevölkerung

Bei der letzten Volkszählung hatten Athen und Piräus zusammengenommen gut vier Millionen Einwohner. Damit ballt sich mehr als ein Drittel der Bevölkerung ganz Griechenlands (ca. 10 Millionen) in der attischen Ebene zusammen. Kein Wunder, daß die Stadt aus allen Nähten platzt. Die hohe Bevölkerungsdichte (auf 1 Quadratkilometer leben ca. 5950 Menschen) stellt die Stadtverwaltung vor schier unlösbare Probleme: Wohnungsnot, schwierige Wasser- und Stromversorgung sowie die Luftverschmutzung durch den chaotischen Straßenverkehr. Der Mangel an öffentlichen Verkehrsmitteln – die Millionenmetropole verfügt bisher nur über eine U-Bahn-Linie – sorgt dafür, daß fast jeder Athener mit dem täglichen Weg zur Arbeit in sein Auto steigt und so sein Quäntchen zur Produktion des *néfos*, des Athener Smogs, beiträgt. Mit Autofahrverboten und der Einrichtung von Fußgängerzonen – erst im April 1995 wurde ein weiterer Teil des Zentrums für den privaten Auto- und Motorradverkehr geschlossen – versucht die Athener Regierung, dem Verkehrschaos Herr zu werden.

Zeitzonen

In Griechenland gilt die Osteuropäische Zeit (MEZ plus eine Stunde). Im Sommer wird, wie fast überall in Europa, die Uhr um eine Stunde vorgestellt.

Klima

In den Sommermonaten brauchen Sie in Griechenland leichte Kleidung, da den Temperaturen nach oben hin keine Grenzen gesetzt sind. Der Winter ist etwa mit dem Frühjahr im nördlichen Mitteleuropa zu vergleichen. Stellen Sie sich dann also auf Regentage, Wind und auf Temperaturen zwischen 3°C und 17°C ein.

Auf den Inseln ist es in den Wintermonaten nicht besonders komfortabel. Die Räume sind oft nur sehr schwach oder gar nicht beheizt, Boote verkehren in größeren Abständen, Speisen gibt es oft nur aus der Konservendose, und für den Besucher wird nicht sehr viel geboten. Offiziell ist die Urlaubssaison Anfang Oktober „zu Ende". Dann legt *Olympic Airways* vie-

THOMAS COOK MASTERCARD TRAVELLERS CHEQUES...

...HOLIDAY ESSENTIALS

Travel money from the travel experts

THOMAS COOK MASTERCARD TRAVELLERS CHEQUES ARE
WIDELY AVAILABLE THROUGHOUT THE WORLD.

APA GUIDES

APA-FARBSET-NUMMERN

*Für die
Sammler von
Apa Guides:*

*Was hat das
kleine Dreieck
auf dem
Buchrücken
der Apa Guides
zu bedeuten?
Wenn Sie einen
vollständigen
Satz Apa
Guides besitzen
und die Bücher
in der
Nummernfolge
100 bis 300
nebeneinander
stellen, wird
Ihr Regal in
den sieben
Farben des
Regenbogens
bunt
erstrahlen.
Ihr
Buchhändler
weiß, wie Sie
die Serie als
ganze erwerben
– Sie können
sich aber auch
direkt an den
Verlag wenden.*

Nordamerika
160 Alaska
100 Boston
184C Chicago
243 Florida
240 Hawaii
269 Indianerreservate
275 Kalifornien
237 Kanada
275A Los Angeles
243A Miami
237B Montreal
100 Neuengland
184G New Orleans
184F New York City
133 New York State
180 Nordkalifornien
147 Pazifischer Nordwesten
184B Philadelphia
172 Rocky Mountains
275B San Francisco
184D Seattle
161 Südkalifornien
186 Texas
173 USA Der Südwesten
184H USA Nationalparks
West
184 USA Special
237A Vancouver
184A Washington DC

Lateinamerika und Karibik
150 Amazonas
260 Argentinien
188 Bahamas
292 Barbados
251 Belize
217 Bermuda
127 Brasilien
260A Buenos Aires
151 Chile
281 Costa Rica
118 Ecuador
213 Jamaika
162 Karibik
282 Kuba
285A Mexico City
285 Mexiko
249 Peru
156 Puerto Rico
127A Rio de Janeiro
116 Südamerika
139 Trinidad & Tobago
198 Venezuela

Europa
158A Amsterdam
220 Andalusien
167A Athen
107 Baltische Staaten
219B Barcelona
109 Belgien
135A Berlin
178 Bretagne
109A Brüssel

144A Budapest
213 Burgund
291 Côte d'Azur
238 Dänemark
135 Deutschland
135B Dresden
142A Dublin
135F Düsseldorf
148A Edinburgh
155 Elsass
123 Finnland
209B Florenz
135C Frankfurt
154 Frankreich
148B Glasgow
279 Gran Canaria
167 Griechenland
166 Griechische Inseln
124 Grossbritannien
135G Hamburg
142 Irland
256 Island
209 Italien
141 Kanalinseln
122 Katalonien
135E Köln
189 Korsika
165 Kreta
124A Lissabon
258 Loiretal
124A London
201 Madeira
219A Madrid
157 Mallorca & Ibiza
117 Malta
101A Moskau
135D München
187 Neapel
158 Niederlande
111 Normandie
120 Norwegen
263 Österreich
149 Osteuropa
124B Oxford
154A Paris
115 Polen
202 Portugal
114A Prag
153 Provence
177 Rhein, Der
209A Rom
101 Russland
130 Sardinien
148 Schottland
170 Schweden
232 Schweiz
261 Sizilien
219 Spanien
101B St. Petersburg
264 Südtirol
112 Teneriffa
210 Toskana
114 Tschechische Rep.
& Slowakei
174 Umbrien

144 Ungarn
209C Venedig
267 Wales
183 Wasserwege in Europa
263A Wien
226 Zypern

Naher Osten und Afrika
268 Ägypten
208 Gambia & Senegal
252 Israel
236A Istanbul
215 Jemen
252A Jerusalem
214 Jordanien
268A Kairo
270 Kenia
235 Marokko
259 Namibia
265 Nil, Der
204 Ostafrika Natur
257 Südafrika
113 Tunesien
236 Türkei
171 Türkische Küste

Asien/Pazifik
272 Australien
206 Bali
246A Bangkok
211 Birma
234 China
247A Delhi, Jaipur, Agra
169 Great Barrier Reef
193 Himalaya, Western
196 Hongkong
247 Indien
128 Indien Erlebnis Natur
143 Indonesien
278 Japan
266 Java
203A Katmandu
300 Korea
145 Malaysia
272B Melbourne
203 Nepal
293 Neuseeland
287 Ostasien
205 Pakistan
234A Peking
222 Philippinen
250 Rajasthan
159 Singapur
105 Sri Lanka
207 Südasien
212 Südindien
262 Südostasien
150 Südostasien Natur
272 Sydney
175 Taiwan
246 Thailand
278A Tokio
218 Unterwasserwelt
Südostasiens
255 Vietnam

le Sonderflüge ein, um Hunderte von Arbeitskräften von den Inseln für den Winter nach Athen zurückzubringen. Auch Athen ist im Winter viel ruhiger, die Leute begegnen den ausländischen Besuchern freundlicher. In den Hotels und in einigen Restaurants sind die Preise außerdem nicht so hoch wie im Sommer.

Feiertage und Feste

Die Griechisch-Orthodoxe Kirche beherrscht das Alltagsleben der Griechen. Ostern ist das wichtigste Fest, es wird nach dem griechisch-orthodoxen Kalender gefeiert und liegt meist einige Wochen später als unser Osterfest. Typische Speisen sind *majirítsa,* eine Suppe aus Lamminnereien, *tsouréki,* ein Hefezopf, in dem rote Eier miteingebacken sind, und *kouloúri,* ein spezielles Gebäck in Kringelform. Wenn Sie einen Frühjahrsurlaub in Griechenland planen, empfiehlt es sich, genau zum Osterfest zu fahren (Ostertermine siehe unten). Während des Festes und in der Woche davor kann es bei Flügen, Öffnungszeiten und im Dienstleistungssektor allerdings zu Unregelmäßigkeiten kommen.

In Griechenland werden fast jeden Tag irgendwo persönliche Feste gefeiert. Anstelle des Geburtstags feiern die Griechen *yiortí,* den Namenstag zur Feier der orthodoxen Taufnamen. Wird ein häufiger Name wie Johannes oder Helena gefeiert, so hat fast das ganze Land Namenstag. Dann kann man die Leute sagen hören: *„Yiortázo símera"* (Heute feiere ich). Die Antwort darauf lautet: *„Xrónia pollá"* (Viele Jahre!). Meist ist auch eine Kirche oder Kapelle nach dem jeweiligen Heiligen benannt. Dies ist Anlaß zu einem der vielen bunten und lustigen Kirchweihfeste, *panijíria,* die mit Gottesdiensten, Tanz und Gesang gefeiert werden.

1. Januar: Neujahr
6. Januar: Heilige Drei Könige (an diesem Tag wird das Meer im allgemeinen und um den Hafen Piräus im besonderen gesegnet)
Februar–März: Karneval; besondere Feste in Athen und auf den Inseln Skyros und Zakynthos (drei Wochen vor der Fastenzeit):
Rosenmontag: *kathari deftera* (erster Tag der Fastenzeit)
25. März: Mariä Verkündigung und Unabhängigkeitstag

Osterfest der Griechisch-Orthodoxen Kirche (Ostertermine: 23. April 1995, 14. April 1996, 27. April 1997, 18. April 1998)
1. Mai: Tag der Arbeit und Blumenfest
Juni–September: Athener Festspiele im Herodes-Attikus-Theater. Information und Kartenvorverkauf: Stadiou-Str. 4. Tel.: 3221459.
Juli–August: Weinfest in Daphní (außerhalb Athens). Information und Kartenvorverkauf: Athen, Stadiou-Straße 4. Tel.: 3221459.
Juli–September: Theater-Festspiele im antiken Theater von Epidavros (antikes Drama). Information und Kartenvorverkauf, Athen, Stadiou-Straße 4, Tel.: 3221459.
15. August: Mariä Himmelfahrt (in Griechenland Mariä Entschlafung)
28. Oktober: *Ochi*-Tag (der Tag, an dem die Griechen „Nein" zu Mussolini sagten)
25./26. Dezember: Weihnachten

Siesta

Die Siesta wird im allgemeinen streng eingehalten. Die Zeit zwischen 14 und 17 Uhr wird gerne für einen Mittagsschlaf oder aber für ein ausgedehntes Essen genutzt. Die meisten Geschäfte sind dann geschlossen, oft machen sie am Abend wieder auf. Wenn Sie aber eine gute Kondition haben und mit passender Kleidung ausgerüstet sind, lohnt sich trotz der intensiven Sonne gerade in diesen Stunden der Besuch einer historischen Stätte; diese ist dann weit weniger überlaufen als sonst.

Reiseplanung

Allgemeines

Griechenlandurlaubern können zweierlei Dinge gefährlich werden: einmal die Streiks des griechischen Flugpersonals und zum anderen die üblen Praktiken der Veranstalter von Pauschalreisen, die manchmal doppelte Buchungen vornehmen. Sie sollten deshalb nichts dem Zufall überlassen. Lassen

Sie sich die Reisevereinbarungen und die Hotelunterkunft ungefähr drei Tage vor Antritt der Reise von Ihrem Reiseveranstalter bestätigen. Wenn Sie wieder nach Hause wollen, rufen Sie die Fluggesellschaft oder die entsprechende Athener Niederlassung an und verlangen nochmals eine Bestätigung.

Kalkulieren Sie viel Zeit ein, wenn Sie von einem Inselbesuch nach Athen zurückkehren, die Entfernungen können manchmal täuschen. Billige Charterflüge haben oft mehrere Stunden Verspätung. Sie sollten deshalb sicherheitshalber einen guten Roman oder ein Päckchen Spielkarten in Ihrem Handgepäck mitführen und auf einen längeren Aufenthalt, wahrscheinlich auf dem Boden des Flughafens, vorbereitet sein.

Anreise

Mit dem Flugzeug

Griechenland hat gute Flugverbindungen zu allen fünf Kontinenten und wird von zahlreichen internationalen Fluglinien angeflogen. *Olympic Airways,* die griechische Fluggesellschaft, fliegt die meisten Hauptstädte in Europa regelmäßig an. Wenn Sie mit *Olympic Airways* fliegen, bekommen Sie auch die günstigsten Anschlußflüge zu den Inseln. Ein Charterflug nach Griechenland ist natürlich am billigsten; ein Rückflugticket von München nach Athen ist schon ab etwa 450 DM zu bekommen. Solche Billigflüge haben oft etwas ungünstige Abflug- und Ankunftszeiten. Sie kommen normalerweise mitten in der Nacht an (und fliegen auch mitten in der Nacht ab), bieten wenig Komfort und können manchmal etwas chaotisch sein.

Athen hat zwei Flughäfen. Der Flughafen-Ost (Internationaler Flughafen) ist Chartergesellschaften und Flügen aus dem Ausland vorbehalten. Seit Mai 1995 gibt es einen eigenen Terminal für Charterflüge. Er liegt 2km vom Flughafen-Ost entfernt. Am Flughafen-West (Nationaler Flughafen) werden Flüge von *Olympic Airways* und zu den Inseln abgefertigt. Taxis oder Busse pendeln zwischen den Flughafenterminals.

Mit dem Schiff

Das Gros der Besucher, die Griechenland per Schiff ansteuern, kommt von

Westen, d.h. von Italien aus, an. Sie können in Triest, Venedig, Ancona, Bari und Brindisi an Bord gehen, aber die regelmäßigste Verbindung ist die von Ancona aus. Täglich (in der Vor- und Nachsaison etwas weniger häufig) verkehren Fährschiffe zwischen Brindisi und den drei Haupthäfen im Westen Griechenlands: Korfu, Igumenitsa und Patras. Die Überfahrt nach Korfu dauert neun Stunden, nach Igumenitsa elf und nach Patras 16 oder 18 Stunden (das hängt davon ab, ob das Schiff direkt nach Patras fährt, oder ob es vorher Korfu und Igumenitsa anläuft). Von Korfu aus können Sie mit der Fähre und dann direkt mit dem Bus nach Athen fahren (ungefähr elf Stunden). Von Patras aus ist die Verbindung aber besser, weil regelmäßig Busse und Züge zwischen den beiden Städten verkehren (die Busfahrt dauert ungefähr vier Stunden). Wenn Sie Ihr Auto auf dem Schiff mitnehmen wollen, sollten Sie sich in der Hochsaison unbedingt im voraus einen Platz reservieren lassen. Sonst genügt es, wenn Sie ein paar Stunden vor der Abfahrt da sind. Auskünfte erteilen die Reisebüros.

Leute, die mit dem Schiff nach Athen unterwegs sind, kommen jedoch keineswegs nur aus Italien und dem weiteren Westen. Im Süden verkehren alle zehn oder 12 Tage zwischen Alexandria und Piräus Schiffe. Im Osten fahren wöchentlich Schiffe zwischen Haifa, Limassol und Piräus hin und her, ganz zu schweigen von den zahlreichen Schiffahrtslinien zwischen den ostägäischen Inseln und der türkischen Küste. Richtung Norden verkehren zweimal pro Woche Schiffe zwischen Patras und den türkischen Häfen Kusadasi und Cesme.

Mit dem Auto

Von Mitteleuropa aus ist die Landroute nach Griechenland sehr weit und wegen des Jugoslawien-Konfliktes nicht zu empfehlen. Eine Anfahrt über den Balkan ist zur Zeit nur über Rumänien und Bulgarien möglich. Wegen der ungenügenden Treibstoffversorgung – vor allem bleifreies Benzin ist so gut wie nicht erhältlich – sowie tagelanger Wartezeiten an Fähren und Grenzübergängen, stellt nur die Fahrt über Italien eine echte Alternative dar. Sie können beispielsweise bis Ancona – von München nach Ancona sind es ca. 800 Ki-

lometer – fahren und dort auf die Fähre nach Patras umsteigen (siehe oben). Für Autofahrer ist eine umfassende Information vor Antritt der Reise unumgänglich. Auskünfte erteilen die Automobilklubs.

Für die Einreise werden benötigt: Reisepaß oder Personalausweis, Führerschein, Kfz-Schein, grüne Versicherungskarte sowie das Nationalitätenkennzeichen am Fahrzeug. Eine Vollkaskoversicherung ist ratsam.

Zwischen Frankfurt am Main, mit Zusteigemöglichkeit in München, und Athen verkehrt einmal wöchentlich der Europabus. Die Fahrt ist zwar billig, erfordert allerdings einiges an Sitzfleisch. Weitere Informationen über: Deutsche Touring GmbH, Am Römerhof 17, 60486 Frankfurt/Main, Tel.: 069/7903249, Fax: 704714.

Mit der Bahn

Eine weitere Möglichkeit ist die Anreise mit dem Zug. Wegen des Krieges in Ex-Jugoslawien empfiehlt sich auch hier die Anreise über Italien. Es gibt zwei Zugverbindungen zu den Fährhäfen Ancona und Brindisi – von München über Innsbruck und Verona oder von Frankfurt/Main über Basel und Mailand. Die Fahrt München-Ancona dauert ungefähr 13 Stunden.

Reisende aus der Bundesrepublik und Österreich benötigen nur einen gültigen Personalausweis, Schweizer den Reisepaß. Sie sind zu einem dreimonatigen Aufenthalt in Griechenland berechtigt, ohne daß dafür ein Visum erforderlich wäre. Für die Durchreise durch Rumänien und Bulgarien brauchen Sie einen gültigen Reisepaß und die jeweiligen Visa.

Kinder unter 16 Jahren benötigen einen Kinderausweis (ab zehn Jahren mit Lichtbild), oder müssen im Elternpaß eingetragen sein.

Aufenthaltsverlängerung: Für einen Aufenthalt von mehr als drei Monaten ist ein Visum des zuständigen Konsulats erforderlich. Andernfalls muß man sich spätestens 20 Tage vor Ablauf der Drei-Monats-Frist bei der Touristenpolizei des griechischen Wohnortes melden. Möglich ist die Verlängerung auch in Athen unter folgenden Adressen: Piräus: Aliens Department, 37, Odós

Iróon Politechníou, 18510 Piräus, Tel.: 01/4122501, 4128607; Athen: Aliens Department, 173, Leofóros Aléxandras, 11522 Athen, Tel.: 01/6411672, 7705711. Ausländer, deren Unterhalt nicht nachweislich gesichert ist und/oder die keine Rückfahrkarte haben, bekommen oft keine Aufenthaltsverlängerung.

Die griechische Währungseinheit ist die Drachme. Die Geldscheine und Münzen werden von der Bank von Griechenland ausgegeben. Im Umlauf sind Geldscheine im Wert von 50, 100, 500, 1.000, 5.000 und 10.000 Drachmen sowie Münzen im Wert von 5, 10, 20, 50 und 100 Drachmen.

Der Kurs der Drachme ändert sich täglich. Erfragen Sie in Athen den jeweiligen Tageskurs bei der Griechischen Nationalbank (Ethnikí Trápeza), Tel.: 3231802. Im April 1995 galten folgende Wechselkurse:

Für 1 Deutsche Mark ca. 160 Drachmen, für 1 Österreichischen Schilling ca. 23 Drachmen und für 1 Schweizer Franken ca. 198 Drachmen.

Da der Wechselkurs in Griechenland wesentlich günstiger ist, empfiehlt es sich, im Heimatland nur so viel einzutauschen, wie für die Anreise und die ersten Tage nötig ist.

Kreditkarten: Die besseren Hotels, Geschäfte und Restaurants in Athen und auf den größeren Inseln akzeptieren alle wichtigeren internationalen Kreditkarten, aber in den meisten Restaurants und Tavernen kommen Sie damit nicht weiter. Den Aufklebern an Schaufenstern und Eingängen können Sie entnehmen, welche Karten akzeptiert werden, aber vergewissern Sie sich vor der Bestellung oder vor dem Einkauf, ob diese Angabe tatsächlich noch gültig ist.

Reiseschecks: Reiseschecks werden zwar bei den Postämtern, Banken und in den meisten Großhotels gegen Vorlage Ihres Reisepasses problemlos in Bargeld eingetauscht, aber nur in den großen, auf ausländische Touristen eingestellten Lokalen und Geschäften auch direkt als Zahlungsmittel angenommen.

Euroschecks: Euroschecks müssen in Drachmen ausgestellt werden, wobei der Höchstbetrag auf 45 000 Drachmen festgesetzt ist. Das sind

umgerechnet weniger als die normalerweise erlaubten 400 DM.

Zoll

Seit dem 1. Januar 1993 bestehen für Reisende aus den EU-Ländern keine Zollbegrenzungen mehr, sofern die Waren, die man mitführt, für den persönlichen Gebrauch bestimmt sind. Folgende Mengen gelten als Anhaltspunkt:
• 800 Zigaretten oder 200 Zigarren oder 400 Zigarillos oder 1 Kilogramm Tabak.
• 10 Liter hochprozentigen (22 Prozent) Alkohols oder 90 Liter Wein, 60 Liter Schaumwein, 20 Liter alkoholische Getränke unter 22 Prozent.
• Für Besucher aus Österreich und der Schweiz sowie für den Duty-free-Einkauf gelten folgende Beschränkungen:
• 200 Zigaretten, 50 Zigarren, 100 Zigarillos oder 250 Gramm Tabak.
• 1 Liter hochprozentigen oder 2 Liter niedrigprozentigen Alkohols.
• 50 Gramm Parfüm und 1/4 Liter Eau de Cologne
• 500 Gramm Kaffee oder 200 Gramm Kaffee-Extrakt.
• 100 Gramm Tee oder 40 Gramm Tee-Extrakt.
Reiseandenken unter einem Wert von 300 DM sind ebenfalls zollfrei. Die Ausfuhr von Antiquitäten und Ikonen, die älter als 50 Jahre alt sind, ist streng verboten.

Reisegepäck

Nur die First-Class-Hotels bieten einen Bus-Transfer zum Flughafen oder zum Hafen. Auf keinem der beiden Flughäfen besteht die Möglichkeit zur Gepäckaufbewahrung, die meisten Hotels sind aber bereit, verschlossene Gepäckstücke bis zu einer Woche aufzubewahren, wenn Sie eine kleine Inlandsreise unternehmen wollen. Dies ist ein unentgeltlicher Dienst, und das Hotel haftet nicht im (unwahrscheinlichen) Fall eines Diebstahls. Hier noch ein nützlicher Tip, wenn Sie Athen als Standort wählen: Nehmen Sie einen kleinen Rucksack oder eine Stadttasche mit. Diese Tasche können Sie dann mitnehmen, wenn Sie zum Strand fahren oder kleinere Abstecher in die Umgebung unternehmen, während der größere Koffer samt Inhalt sicher im Hotel aufbewahrt wird.

Gesundheit

Staatsbürger von EU-Ländern sind im akuten Notfall zu unentgeltlicher ärztlicher Behandlung berechtigt. Trotzdem ist der Abschluß einer zusätzlichen Krankenversicherung zu empfehlen, für Staatsbürger der Schweiz ohnehin. Achten Sie darauf, daß Sie Ihren Auslandskrankenschein mitführen und daß Ihre Versicherungspolice auch die Transportkosten für ein Lufttaxi abdeckt, denn von einer der kleineren Inseln ist dies im Notfall der schnellste Weg zum nächsten Krankenhaus. Wenn Sie vorhaben, ein Auto, Motorrad oder Moped zu mieten, dann sollte Ihre Versicherung auch diesen Bereich abdecken. Die Zahl der Verkehrsunfälle – besonders der Unfälle mit Mopeds – steigt in Griechenland von Jahr zu Jahr weiter an.

Trinkwasser: Das Leitungswasser ist in Griechenland als Trinkwasser geeignet. Das Athener Leitungswasser ist allerdings stark gechlort. Auf Exkursionen empfiehlt sich die Mitnahme eines Wasservorrates, denn Trinkwasserbrunnen sind selten, und die Sonne brennt gnadenlos. Abgefülltes Wasser – meist Mineralwasser ohne Kohlensäure – gibt es fast überall zu kaufen, auch in Strandcafés oder Tavernen.

Insekten: Das am weitesten verbreitete Insekt ist der Moskito. Verzichten Sie auf Parfüm und Deodorant, denn sie locken Moskitos an. Kaufen Sie sich statt dessen eine elektrische Spule mit Stecker, auf der Sie rauchlose Tabletten, z.B. der Marke Spira, verbrennen können. Diese sind praktisch geruchlos und in Drogerien oder Geschäften für Haushaltsgeräte erhältlich. Es gibt auch extra Anti-Moskito-Tabletten für Kleinkinder. Wirkungsvoll ist allerdings auch ein Moskitonetz. In Hotels kann es jedoch Probleme mit der Aufhängung eines solchen Netzes geben.

Sonnenschutz: Alljährlich erleiden Hunderte von Touristen gefährliche Verbrennungen, weil sie eine Grundregel mißachten: Bräunen Sie sich am Anfang schonend und bleiben Sie nicht zu lange in der Sonne. Tragen Sie während der ersten Tage einen Sonnenhut und verwenden Sie Sonnenschutzcremes mit hohem Lichtschutzfaktor. Halten Sie am frühen Nachmittag, wenn die Sonne am heißesten scheint, eine Siesta wie jeder vernünftige Grie-

che auch. Behalten Sie sich für Ihr Stranderlebnis oder für Ihren Besuch auf der Akrópolis die paar Stunden am Vormittag oder Spätnachmittag vor. Dehnen Sie Ihren Aufenthalt im Freien dann allmählich weiter aus, und vergessen Sie nicht, nach jedem Bad im Meer wieder Sonnencreme aufzutragen. Um den unnötigen Sonnenbrand zu vermeiden, sollten Sie während der ersten Tage ein T-Shirt über die Badebekleidung ziehen, oder, wenn Sie besonders empfindlich sind, langärmlige Kleidung tragen.

Arzneimittel: Alle ärztlich verschriebenen Medikamente müssen in den genau bezeichneten Originalflaschen mitgeführt werden. Andernfalls ist eine Festnahme wegen unerlaubten Drogenbesitzes nicht ausgeschlossen. Die griechischen Behörden sind in diesem Punkt kompromißlos. Dies ist kein Land für Drogenimporte, auch nicht in geringsten Mengen. Seien Sie lieber übervorsichtig.

Apotheken: In den Apotheken, auf griechisch *farmakeío*, – mit grünem oder rotem Kreuz gekennzeichnet – sind alle gängigen Medikamente erhältlich und meist sogar billiger als in Deutschland, Österreich oder der Schweiz. Die Apotheken sind wochentags von 9–14 Uhr und 17–20 Uhr geöffnet, in der Innenstadt teilweise auch durchgehend. Besondere Öffnungszeiten gelten am Wochenende. Über den Samstags- und Sonntagsdienst sowie Nachtdienste informieren an den Apotheken aushängende Pläne bzw. die örtlichen, griechischsprachigen Tageszeitungen.

Tiere: Für Hunde und Katzen muß bei der Einreise nach Griechenland eine ärztliche Impfbestätigung über Tollwutimpfung im Herkunftsland vorgelegt werden. Dieser Impfpaß darf bei Hunden nicht älter als zwölf Monate, bei Katzen nicht älter als sechs Monate sein, muß aber *mindestens 15 Tage vor* der Ankunft in Griechenland ausgestellt sein. Für Papageien und andere Vögel benötigen Sie eine Bescheinigung, daß sie keine Psittakose haben.

Kleidung

Athen ist eine Weltstadt. Die Leute ziehen sich gerne gut an, und nur bei jüngeren Frauen sieht man Hosen. Die Athener tragen niemals Shorts, nicht einmal wenn es sehr heiß ist. Touristen in lässiger Kleidung werden zwar toleriert, in den meisten Restaurants und Tavernen sogar hofiert, aber wenn Sie im Stadtbild nicht auffallen wollen, dann sollten Sie sich ein bißchen herausputzen. An kühlen Abenden ist eine Jacke oder Strickweste ganz nützlich.

Sandalen eignen sich immer gut als Fußbekleidung – tagsüber und auch abends. Beim Schwimmen sind Plastikschuhe von unschätzbarem Wert, da das Wasser voller Steine, Abfall oder Seeigel sein kann. Solche Schuhe können Sie an Ort und Stelle kaufen. Für den Aufstieg zur Akrópolis und für Athens glitschige, steile Straßen empfehlen wir Ihnen Schuhe mit fester Gummisohle. Wie in jedem Land, hat auch in Griechenland die Art, wie man sich anzieht, soziale Aussagekraft. Die Griechen erwarten von Ihnen als Tourist nicht, daß Sie sich ihrer Kleidung anpassen. Es gibt aber Orte, wo auch Sie sich an die landesüblichen Konventionen halten müssen. Um eine Kirche zu betreten, müssen Männer lange Hosen und Frauen lange Kleider oder Hosen tragen. Manchmal bekommen Sie diese Kleidungsstücke am Eingang gestellt. Eine Mißachtung dieser Gepflogenheit würde man Ihnen als mangelnde Ehrerbietung ausgelegen.

Nacktbaden

Auch beim Nacktbaden heißt es vorsichtig sein, denn es wird außerhalb genehmigter Gebiete unter Umständen bestraft. Es gibt nur wenige Strände, an denen FKK erlaubt ist. Dagegen wird es an abgelegenen Inselstränden geduldet. Faustregel: An abgeschiedenen Stränden oder an einem offiziellen FKK-Strand werden Sie wahrscheinlich keine Schwierigkeiten bekommen.

Wissenswertes

Stromversorgung

220 Volt Wechselstrom sind in ganz Griechenland Standard. Für die griechischen Steckdosen und Stecker sind keine Adapter mehr nötig.

Geschäftszeiten

Die Geschäftszeiten sind in Griechenland recht unregelmäßig. Am besten halten Sie sich an folgende Grundregel: Wenn Sie etwas Wichtiges zu besorgen haben, erledigen Sie es in der Zeit zwischen 10 und 13 Uhr. Meist sind die großen Geschäfte in der Athener Innenstadt durchgehend geöffnet, während in den anderen Stadtvierteln folgende Öffnungszeiten gelten: Reinigungen und Spezialitätengeschäfte haben ihre eigenen Öffnungszeiten, Drogerien und Apotheken lösen sich am Wochenende im Dienst ab; in den Schaufenstern der Apotheken hängen die Dienstpläne aus.

Lebensmittelgeschäfte: Montags bis freitags 8.30–20.30, samstags 8.30–14.00.

Andere Geschäfte: Montags, mittwochs und samstags 9.00–14.00, dienstags, donnerstags und freitags 9.00–14.00 und dann nochmals 17.30–20.30 Uhr.

In der Pláka haben die Geschäfte im Sommer in der Regel bis 22.00 Uhr oder noch länger auf, um Späteinkäufer bedienen zu können.

Öffnungszeiten der Banken

Alle Banken sind montags bis freitags von 8.00 bis 14.00 Uhr geöffnet. An vielbesuchten Orten, wie z.B. in der Innenstadt von Athen oder auf den bekanntesten Inseln, hat darüber hinaus an Sommerabenden oder Wochenenden mindestens eine Bank zum Geldumtausch geöffnet. Darüber hinaus gibt es auf den Inseln zahlreiche private Wechselstuben, bei denen man bis spät in die Nacht und zu Bankkursen Geld umtauschen kann. Dagegen werden Sie auf den wenig besuchten Inseln nur einen sehr eingeschränkten Bankservice antreffen; nehmen Sie dorthin also unbedingt genügend Bargeld mit.

Am Syntagma-Platz haben folgende Banken verlängerte Öffnungszeiten: •
Allgemeine Bank von Griechenland (Geníkí Trápeza), Ermou-Straße I, Tel.: 3246451; Geldwechsel möglich von 8 bis 20 Uhr.
Griechische Nationalbank (Ethnikí Trápeza), Karagiorgi-Servias-Straße 2, Tel.: 336481; Schalterstunden 8 bis 14 Uhr, von 15.30 bis 18 Uhr nur Geldwechsel möglich.

Auch an den beiden Flughäfen befinden sich Zweigstellen verschiedener Banken mit langen Öffnungszeiten:
Flughafen-Ost:
Landwirtschaftsbank von Griechenland (Agrotikí Trápeza), Tel.: 9622791. Rund um die Uhr geöffnet.
Bank von Kreta (Trápeza Krítis), Tel.: 9621010. Täglich (also auch sonntags) 7 bis 22 Uhr.
Griechische Handelsbank (Emborikí Trápeza), Tel.: 9613611. Täglich 7 bis 20 Uhr.
Allgemeine Bank von Griechenland (Geníkí Trápeza), Tel.: 9613700. Täglich 7 bis 24 Uhr.
Griechische Nationalbank (Ethnikí Trápeza), Tel.: 9612728. Täglich von 7 bis 23 Uhr.
Flughafen-West:
Landwirtschaftsbank von Griechenland (Agrotikí Trápeza), Tel.: 9841282. Täglich 7 bis 20 Uhr.
Griechische Handelsbank (Emborikí Trápeza), Tel.: 9811093. Täglich 7 bis 20 Uhr.
Ionische Bank von Griechenland (Ionikí Trápeza), Tel.: 9821031. Je nach Bedarf wechselnde Öffnungszeiten.
Griechische Nationalbank (Ethnikí Trápeza), Tel.: 9824699. Täglich von 7 bis 23 Uhr.

Athen hat eine Fülle von internationalen Banken, wo Sie Geld direkt von Ihrem Konto zu Hause abrufen können. Wegen der häufigen Streiks kann es allerdings vorkommen, daß viele Zweigstellen tagelang geschlossen bleiben. Deshalb ist es gut, die Athener Hauptgeschäftsstelle Ihrer Bank zu kennen. Zudem gibt es vermehrt Geldautomaten, an denen Sie mit der Euroscheck-Karte und Ihrer Geheimnummer Geld abheben können.

Hauptverkehrszeiten

Bis zu viermal täglich wiederholt sich das Athener Verkehrschaos: zu Geschäftsbeginn am Morgen, zu Beginn der Siesta, am Ende der Siesta und bei Geschäftsschluß am Abend. Die Staus und die damit einhergehende Luftverschmutzung haben in Athen zu der Regelung geführt, daß an Wochentagen mit geradem Datum nur Kraftfahrzeuge mit gerader Zulassungsnummer, an Wochentagen mit ungeradem Datum nur Kraftfahrzeuge mit ungerader Zulassungsnummer im Zentrum fahren dürfen. Diese Beschränkungen gelten nur bis 20 Uhr und nicht am Wochenende, wenn die meisten Athener aus der Stadt flüchten. Von dem Fahrverbot ausgenommen sind Lieferverkehr, Taxis, Busse und Autos mit ausländischem Kennzeichen.

Medien

Die meisten Athener Hotels empfangen Fernsehprogramme über Satellit. Zu empfangen sind u.a. „Euronews" und „CNN" (englischsprachige Nachrichten), „TV 5" (französischsprachiges europäisches Programm), „MTV" (Musiksender). In exklusiven Hotels haben Sie vielleicht einen eigenen Fernseher auf dem Zimmer, für den Sie einen Aufschlag zahlen müssen. Ansonsten gibt es im Hotel oft einen Fernsehraum.

Die staatlichen Fernsehsender Griechenlands heißen ERT 1 und ERT 2. Daneben gibt es etliche private Anbieter. Auf sämtlichen griechischen Kanälen werden oft englischsprachige Programme mit griechischen Untertiteln gesendet.

Auch die Rundfunkkanäle heißen ERT 1 und ERT 2. ERT 1 ist in drei „Programme" unterteilt. Im Ersten (728 kHz) und Zweiten Programm (1385 kHz) werden griechische Volksmusik und Textbeiträge, manchmal auch internationale Popmusik, Jazz und Blues gesendet, das Dritte Programm (665 kHz) bringt klassische Musik. ERT 2 (98 kHz) ist dem Ersten und Zweiten Programm sehr ähnlich. Nachrichten in deutscher, englischer, französischer und arabischer Sprache gibt es jeden Morgen im Ersten Programm, in englischer Sprache auch in ERT 2 zweimal täglich, um 14.00 Uhr und um 21.00 Uhr. In Athen haben sich zudem private Anbieter etabliert, die Musikprogramme senden.

Ausländische Zeitungen sind an den Kiosken um den Syntagma-Platz erhältlich. Es gibt übrigens auch die deutschsprachige Athener Zeitung, die wöchentlich, jeweils samstags, erscheint und einen Veranstaltungskalender enthält. Darüber hinaus ist die englischsprachige Athener Tageszeitung Athens News mit Nachrichten aus Griechenland und aus aller Welt sowie interessanten Kleinanzeigen erhältlich. Ebenfalls in englischer Sprache erscheint monatlich die Zeitschrift The Athenian, die sich vor allem mit Politik,

Kultur, Reise und Kunst in Griechenland befaßt.

In den Zweigstellen der Nationalen Tourismusorganisation liegt das englischsprachige Faltblatt Week in Athens zum Mitnehmen aus, das Adressen und Veranstaltungshinweise enthält.

In Athen gibt es eine ganze Menge Buchhandlungen, und in vielen werden Sie Bücher in englischer und auch in deutscher und französischer Sprache finden. Schauen Sie zum Beispiel einmal bei Kakoulídes herein, „Büchernest", Panepistimiou 25-29, in der Stoa-Megarou-Athinon-Arkade. Tel.: 3231703. Deutsche Buchhandlungen befinden sich zum Beispiel in der Omirou-Straße 4 (Deutsche Buchhandlung, Tel.: 3225294) sowie in der Omirou-Straße 15 (Notos-Buchhandlung, Tel.: 3629746), in der Fidiou-Straße 7 (Johannes-Buchhandlung) und der Akademias-Straße 74 (Deutsche Bücher Panítoglou, Tel.: 3634053). Deutsche Bücher führt auch die internationale Buchhandlung in der Nikis-Straße 4 am Syntagma-Platz in ihrem Sortiment.

Bibliotheken: Deutsche, englische, französische oder italienische Bücher erhalten Sie an folgenden Stellen:
American Library, Amerikanisch-Hellenische Handelskammer, Massalias 22. Tel.: 3638114. Im zweiten und im siebten Stockwerk befindet sich jeweils eine Bücherei.
Bibliothek des Benaki-Museums, Koumbari-Str. 1. Tel.: 3626462. (Das Museum ist derzeit vorübergehend geschlossen.)
Bibliothek des British Council, Kolonaki-Platz 17. Tel.: 3630332.
Bibliothek des Institut Français, Sina-Str. 31. Tel.: 3624301
Deutsches Archäologisches Institut, Fidiou-Str. 1. Tel.: 3300367
Goethe-Institut, Omirou-Str. 16. Tel.: 3608111
Griechische Nationalbibliothek, Panepistimiou-Str. 32. Tel.: 361 4413
Italienisches Institut, Patission-Str. 47. Tel.: 3230147

Fotografieren: Fotomaterial ist in Griechenland um einiges teurer als in Deutschland. Wenn Sie Ihre Urlaubserlebnisse möglichst kostengünstig dokumentieren wollen, empfiehlt es sich deshalb, möglichst schon zu Hause ausreichend viele Filme einzukaufen. Auch die Filmentwicklung ist wesentlich kostspieliger.

Post

Postämter sind hellgelb beschildert, die gleiche Farbe haben auch die Briefkästen. Sie sind oft außen an Geschäften oder Tavernen angebracht. In Athen sind die meisten Postämter montags bis freitags von 8.00 bis 13.00 Uhr geöffnet. Im Hauptpostamt am Syntagma-Platz sind die Schalter montags bis freitags von 7.30 bis 20 Uhr, samstags von 7.30 bis 14 Uhr und sonntags von 9.00 bis 13.30 Uhr geöffnet.

Briefmarken sind in Postämtern und an den meisten Kiosken erhältlich, die Kioske verlangen gelegentlich einen Zuschlag. Für die attraktiven großformatigen Ansichtskarten müssen Sie unter Umständen ihr Porto bezahlen – also aufgepaßt! Das Porto für einen Standardbrief oder eine Postkarte beträgt 90 Drachmen.

Pakete ins Ausland müssen auf dem Postamt geöffnet werden, warten Sie also bis dahin, bevor Sie ihr Paket endgültig verpacken. (Braunes Packpapier gibt es auch bei den Postämtern und an Kiosken.).

Telefon

Die von der Post unabhängige Telefongesellschaft ist in Griechenland die OTE. In den OTE-Büros kann man am billigsten Orts- oder internationale Ferngespräche führen. Gehen Sie hinein und warten Sie, bis eine Sprechzelle frei wird. Ihr Apparat wird vom Schalterbeamten auf Null gestellt und für Sie freigegeben. Nach Ihrem Telefonat erhalten Sie vom Schalterbeamten die Rechnung in Drachmen. Von den Inseln aus kommt eine Fernverbindung manchmal nicht gleich zustande, geben Sie aber nicht gleich auf. Ein dreiminütiges Telefongespräch nach Deutschland kostet ca. 650 Drachmen. Gespräche nach Österreich und in die Schweiz sind ungefähr 10 Prozent billiger. Auch von einigen Kiosken aus haben Sie die Möglichkeit, ein Inlands- oder Auslandsgespräch zu führen. Wenn Sie vom Hotel oder von Ihrer Pension aus telefonieren, zahlen Sie jedoch höhere Gebühren.

Vorwahlnummern:
Bundesrepublik Deutschland
00 49
Österreich
00 43

Schweiz
00 41
Auch Telegramme können Sie an den OTE-Stellen aufgeben. Telegramme in die Bundesrepublik Deutschland kosten 1026 Drachmen Grundgebühr und 41 Drachmen pro Wort.

Zwei OTE-Stellen in Athen seien hier genannt: Stadiou-Straße 15, gleich hinter dem Syntagma-Platz, rund um die Uhr geöffnet, Schalterstunden montags bis samstags 7.30 bis 13.30 Uhr. Das OTE-Büro am Omonía-Platz ist täglich rund um die Uhr geöffnet.

Notfälle

Sicherheit und Kriminalität: Verbrechen sind selten. Kleine Diebstähle können unter Umständen auch auf das Konto anderer Touristen gehen. Es ist zwar nicht empfehlenswert, Gepäckstücke unbeaufsichtigt in Cafés stehen zu lassen, aber in der Mehrzahl der Fälle werden sie wohl unangetastet bleiben.

Polizei-Touristennotruf rund um die Uhr: 171.

Polizeistellen in Athen und Piräus: Leoharous-Str. 4. Tel.: 3230263 Veikou-Str.3a. Tel.: 923 9224 Sokratous-Str. 58. Tel.: 5226067 Ipsilandou-Str. 2. Tel.: 7220216 Iroon Politehniou-Str. 37. Tel.: 4120325 (Piräus) Flughafen-Ost. Tel.: 9699523 Flughafen-West. Tel.: 9814093.

Verlust und Diebstahl: Bei Diebstahl von Wertsachen wählen Sie den Touristennotruf der Polizei: 171. Ist etwas in einem Athener Taxi oder Bus liegengeblieben, rufen Sie die folgende Nummer an: 5230111. Dort wird man Ihnen gerne weiterhelfen.

Medizinische Versorgung: In Athen gibt es einen Dienstplan für Ärzte, Zahnärzte und Apotheken. Eine Liste der umliegenden Arztpraxen finden Sie in der Regel im Fenster der nächstliegenden Apotheke. Im Notfall wählen Sie einfach den Touristennotruf der Polizei: 171.

Den Dienstplan der Ärzte in Athen können Sie telefonisch unter der Nummer 105 erfragen , die diensthabende Apotheke unter 107, Auskünfte über Krankenhäuser erhält man unter der Nummer 106.

Krankenhäuser:
Krankenhaus des Roten Kreuzes (Erythrós Stavrós), Kifisías-Str., Telefon: 6910512.

Ippokrateío, Ambelokípi, Tel.: 6483770.
Amalia Fleming, Melissia, Tel.: 8044303.
KAT, Kifisías-Str., Tel.: 8014731.
Orthopädische Klinik (Asklipio Voulas), Vass.-Pavlou-Str. 1, Tel.: 8958301.
Kinderkrankenhäuser:
Agía Sofía, Thívon & Mikrás Assías Str, Tel.: 7771613
Aglaía Kyriákou, Syngrou-Str. 290, Tel.: 7775610

Nützliche Adressen

Griechische Zentrale für Fremdenverkehr (EOT)

Deutschland:
Neue Mainzer Str. 22, 60311 Frankfurt a.M., Tel. 069/236561-3.
Pacellistr. 2, 80333 München, Tel. 089/222035.
Abteistr. 33, 20149 Hamburg, Tel. 040/454498.
Wittenbergplatz 3a, 10789 Berlin, Tel.: 030/2176262.
Österreich:
Opernring 8, A-1015 Wien, Tel. 01/5125317.
Schweiz:
Löwenstr. 25, CH-8001 Zürich, Tel. 01/2210105.
In Athen:
Die Hauptgeschäftsstelle der EOT in Athen befindet sich in der Amerikis-Str. 2, Tel. 3223111-19. Geschäftszeiten sind Montag bis Freitag von 12 Uhr bis 14.30 Uhr. Weitere Informationsbüros gibt es in der Karageorgi-Servias-Str. 2, Tel.: 3222545, in der Stadiou-Straße 4 (Spiromiliou-Arkade), Tel.: 32221459 und am Flughafen-Ost - er ist tagsüber geöffnet -, Tel.: 9699500. Allgemeine Reiseinfos (Fahrplan der Fährschiffe, Karten, Hotel-Verzeichnis, ein kostenloser Übersichtsplan des Athener Nahverkehrsnetzes usw.) ist in den EOT-Büros erhältlich. Dort sind auch die Fährverbindungen ab Piräus ausgehängt.

Das Büro in der *Griechischen Nationalbank*, Karageorgi-Servias-Str. 2 am Syntagma-Platz, hat täglich von 9.00 Uhr bis 18.30 Uhr geöffnet.
In Piräus:
EOT, Zea Marina, Tel. 4135716 oder 4135730.

Behindertengerechte Hotels

Eine Liste mit Hotels, die besonders für behinderte Menschen ausgestattet sind, erhalten Sie in der Hauptgeschäftsstelle der Griechischen Zentrale für Fremdenverkehr (EOT), Amerikis-Str. 2, 10564 Athen, Tel.: 3223111-19, Fax: 3222841.

Griechische Botschaften/ Konsulate

Deutschland:
Griechische Botschaft, An der Marienkapelle 10, 53179 Bonn, Tel.: 0228/83010, Fax: 353284.
Griechisches Generalkonsulat, Wittenbergplatz 3a, 10789 Berlin, Tel.: 030/2137033, 2137034, Fax: 2182663.
Griechisches Generalkonsulat, Tunisstr. 19, 50667 Köln, Tel.: 0221/13008-9, Fax: 122872.
Griechisches Generalkonsulat, Kaiserstr. 30a, 40479 Düsseldorf, Tel.: 0211/499246-7, Fax: 494248.
Griechisches Generalkonsulat, Zeppelinallee 43, 60325 Frankfurt/Main, Tel.: 069/9799120, Fax: 97991233.
Griechisches Generalkonsulat, Abteistr. 33, 20149 Hamburg, Tel.: 040/440772-3, Fax: 449648.
Griechisches Generalkonsulat, Podbielskistr. 34, 30163 Hannover, Tel.: 0511/628356/7, Fax: 667366.
Griechisches Generalkonsulat, Dingolfingerstr. 6, 81673 München, Tel.: 089/492061/2, Fax: 409626.
Griechisches Generalkonsulat, Firnhabersr. 5a-b, 70174 Stuttgart, Tel.: 0711/221056/7, Fax: 2262814.
Österreich:
Griechische Botschaft, Argentinierstr. 14, 1040 Wien, Tel.: 01/5127148, 5123142, Fax: 5056217.
Schweiz:
Griechische Botschaft, Jungfraustr. 3, 3005 Bern, Tel.: 031/441637/8, 440016, oder 448607.
Griechisches Generalkonsulat, Muehlebachstr. 44, 8008 Zürich, Tel.: 01/2524844/5.
Griechisches Generalkonsulat, 1, Rue Pedro Meylan, 1208 Genf, Tel.: 022/7353747, Fax: 7869844.

Deutschland:
Deutsche Botschaft, Odos Karaoli &
Dimitriou 3, 10675 Kolonaki, Athen,
Tel. 7285111, Fax: 7251205.

Österreich:
Österreichische Botschaft, Leoforos
Alexandras 26, 10683 Athen,
Tel. 8211036, 8216800,
Fax: 8219823.

Schweiz:
Schweizer Botschaft, Odos Iassiou 2,
11521 Athen,
Tel. 7230364, 7249208,
Fax: 7249209.

Sprache

Im Griechischen kommt der Betonung
der Silben große Bedeutung zu. Die
richtige Betonung ist im folgenden
durch Apostrophe gekennzeichnet.

ja *nc*
nein *óchi*
In Ordnung *en dáksi*
Danke! *efcharistó*
sehr, sehr viel *pára polí*
Entschuldigung *signómi*
Macht nichts *dhen pirázi*
Es ist nichts,
hat nichts zu bedeuten *típota*
sicher, gewiß *málista* oder *wewéos*
Guten Tag! *kalí méra*
Guten Abend! *kalí spéra*
Gute Nacht! *kalí níchta*
Auf Wiedersehen! *addío*
Hallo! Guten Tag! yá *sou*, yá *sas*
Grüße an...! Hoch soll er/sie leben!
Prost! *stin iyá sou, stin iyá sas*
Gute Reise! *kaló taksídhi*
Willkommen! *kalós ílthate*
Viel Glück! *kalí tíchi*
Wie geht es Dir/Ihnen/Euch?
ti kánis, ti kánete
Gut! Mir geht es gut! *kalá*
So la-la. Es geht gerade so *étsi kétsi*
Schön, Sie kennenzulernen,
zu treffen *chárika*
Haben Sie...? *échete...?*
Gibt es hier...? *échi...?*
Was kostet das? *póso káni?*
Das ist (zu) teuer! *íne (polí) akrivó*
Wieviel? *póso?*
Wie viele? *pósa?*
Haben Sie ein Zimmer frei?
échete éna domátio?
Kann ich...? *boro na...?*
Wann? *póte?*
Wo ist...? *pou ine...?*

Sprechen Sie Deutsch?/Sprichst Du
Deutsch? *milás/miláte jermanika?*
Verstehen Sie? *katalavénete?*
Wie spät ist es? *ti óra íne?*
Wann fährt... ab? *ti óra tha fígi?*
Ich will/werde nicht *dhen* (plus Verb)
Ich möchte/will *thélo*
Ich habe *écho*
heute *símera*
morgen *ávrio*
jetzt *tóra*
hier/dort *edhó/ekí*
nahe/weit *kondá/makriá*
klein/groß *mikró/megálo*
schnell *grígora*
langsam *argá*
gut/schlecht *kaló/kakó*
warm/kalt *zestó/krío*
Heiße Dusche? *douz me zestó neró*
Hotel *ksenodhochío*
Bett *kreváti*
Schlüssel *klidhí*
Eingang *ísodhos*
Ausgang *éksodhos*
Toilette *toualeta*
Frauen *ginekón*
Männer *andrón*
Kaufhaus, Geschäft *magazí*
Kiosk *períptero*
offen/geschlossen *aniktó/klistó*
Postamt *tachidromio*
Briefmarke *grammatósima*
Brief *grámma*
Umschlag, Kuvert *fákelo*
Telefon *tiléfono*
Bank *trápeza*
Marktplatz *agorá*
Apotheke *farmakío*
Arzt *yatrós*
Krankenhaus *nosokomío*
Polizei *astinomía*
Station *stathmós*
Schiff *karávi, vapóri*
Fahrrad/Moped *podhílato/
motopodhílato*
zu Fuß *me ta pódhia*
Fahrkarte, Ticket *isitírio*
Landstraße/Straße *dhrómos/odhós*
in der Stadt *stin Póli*
Strand *paralía*
Kirche *eklisía*
Ruinen, altes Mauerwerk *archéa*
Zentrum *kéntro*
Platz *platía*
Meer *thálassa*

eins *éna*
zwei *dhío*
drei *tría/tris*
vier *téssera*
fünf *péndhe*

sechs *éksi*
sieben *eptá*
acht *ochtó*
neun *ennéa*
zehn *dhéka*
elf *éndheka*
zwölf *dhódheka*
dreizehn *dhekatría*
vierzehn *dhekatéssera*
usw. bis 20
20 *íkosi*
21 *íkosi éna*
30 *triánda*
40 *saránda*
50 *penínda*
60 *eksínda*
70 *evdhomínda*
80 *ogdhónda*
90 *ennenínda*
100 *ekató*
150 *ekatopenínda*
200 *dhiakóssia*
300 *triakóssia*
400 *tetrakóssia*
1.000 *chília*

Montag *deftéra*
Dienstag *tríti*
Mittwoch *tetárti*
Donnerstag *pémpti*
Freitag *paraskeví*
Samstag *sávato*
Sonntag *kiriakí*

Januar *januário*
Februar *fevruário*
März *márti*
April *aprílio*
Mai *máiu*
Juni *júnio*
Juli *júlio*
August *ávgusto*
September *septémvrio*
Oktober *oktémvrio*
November *noémvrio*
Dezember *dhikémvrio*

kéfi in guter Stimmung,
gut aufgelegt,
im Freundeskreis *(paréa)* sein
paréa enger Freundeskreis, Clique,
Freizeitgruppe
kaimós das Gegenteil von
kéfi, traurig,
schlecht gestimmt,
leidend, unwohl
palikári ein guter Freund, Kamerad
(ehrlich, zuverlässig, tapfer, klug)
filótimo im ursprünglichen Sinn:
anständig, ehrlich
mángas ein Macho, Chauvi, Grobian

re malákas Kurzform von *moré*, Schwächling, Kerlchen, Baby, Kindchen, Bezeichnung für etwas/jemand noch nicht ganz Ausgewachsenes/en; oft in Verbindung mit *re (re maláka)*; kann Freunden gegenüber herzlich gemeint sein, bei anderen wird es eher als Beleidigung gebraucht

paidhiá „Jungs", „Kinder", „Leute" als Anrede vertrauter Personen

alítis ein"Pflänzchen", Sprößling, Kleiner/s, Gegenteil von *palikári*

lipón nun ja, also, nun gut

ella! los geht's, komm(t), auf geht's

oríste? kann ich helfen?

po po po! sieh (mal einer) an, schön,schön

ópa schaut, schaut! los geht's (z.B. in einer Musiktaverne)

Das Griechische ist eine sehr körperbetonte Sprache. Man hat beim Reden nicht gerade die Hände in der Hosentasche oder starrt nur geradeaus. Der ganze Körper mit seinen Bewegungen ist in die Kommunikation mit einbezogen. Wie man es richtig macht, lernt man nur aus exakter Beobachtung. Zwei der gebräuchlichsten Gesten sind die, mit denen man „ja" oder „nein" ausdrückt. Wer „nein" meint, hebt ganz leicht Kopf und Kinn an und ruckt mit dem Kopf nach hinten – keine sehr heftige, aber eine deutliche Bewegung. Manche ziehen auch nur die Augenbrauen nach oben. Das „Ja" dagegen wirkt viel gefälliger, der Kopf wird langsam und weich gesenkt.

Unterwegs

Erste Schritte

Taxi: Eine Taxifahrt vom Flughafen (Ost- und West-Terminal) nach Athen kostet etwa 1500 bis 2000 Drachmen, je nachdem wieviele Gepäckstücke man dabei hat. Viele Charterflüge nach Athen kommen in den frühen Morgenstunden am Flughafen-Ost an. Zwischen 1 Uhr und 5 Uhr morgens gilt der Nachttarif. Dann kann sich der Preis noch einmal verteuern. Allgemein ist Taxifahren in Athen aber sehr

billig, und oft ist das Taxi die einzige Alternative zu den überfüllten Stadtbussen (bisher gibt es nur eine U-Bahn-Linie; weitere sind im Bau).

Bus: Von 6 bis 24 Uhr verkehren die Expreßlinien A und B im 30-Minuten-Takt vom Flughafen-Ost zum Syntagmabzw. Omonía-Platz. Der Fahrpreis beträgt 160 Drachmen inklusive Gepäck. In der Zeit zwischen Mitternacht und 6 Uhr morgens verkehren die Busse stündlich, und der Preis beträgt 200 Drachmen. Vom Flughafen-West gelten die selben Abfahrtszeiten und der selbe Fahrpreis, doch sind die Busse anhand eines diagonalen Querstrichs durch den Buchstaben (A bzw. B) gekennzeichnet.

Von Piräus (bis Akti Tzelepi) verkehren Busse zu beiden Terminals: von 5 bis 9 Uhr morgens im Stundentakt, von 5.45 bis 19.45 Uhr alle 45 Minuten (Fahrpreis: 160 Drachmen inklusive Gepäck); Nachtbusse fahren um 1.50 Uhr, 3.50 Uhr und 5 Uhr von Piräus zu den Flughäfen (Fahrpreis: 200 Drachmen inklusive Gepäck).

Zwischen dem Ost- und dem West-Terminal verkehren von 6 bis 19 Uhr stündlich Busse. Der Fahrpreis beträgt 160 Drachmen (Bus Nr. 102).

Ortsnamen

Der *Syntagma-Platz* heißt auch Platz der Verfassung. Die Insel *Lesbos* ist auch als Lesvos, Mytilene oder Mytilini bekannt. *Korfu* wird von den Griechen als Kerkira oder Kerkyra bezeichnet, *Ithaka* als Itaki. Wenn Ihnen ein Ortsname begegnet, der nicht vertraut klingt, schauen Sie bitte auf mehr als nur einer Karte nach oder erkundigen Sie sich bei einem Reisebüro oder Fahrkartenschalter, ob es für den Namen noch eine andere Bezeichnung oder Schreibweise gibt.

Verkehrsmittel

Flugzeug

Die Kleinflugzeuge von *Olympic Airways* stellen bei einem Inselbesuch eine praktische Alternative zum Fährverkehr dar. Die Flüge sind relativ günstig, der Zeitgewinn ist enorm. Die Fahrt auf dem Wasser von Piräus nach Mykonos z.B. dauert acht Stunden, der Luftweg nur 50 Minuten. Der Preis für den einfachen Flug liegt bei etwa

80 DM. Ein Flug in einem dieser Mini-Flugzeuge (manche haben nur 16 Sitze) macht Spaß. Man bringt sein Gepäck selbst zum Flugzeug, verstaut es eigenhändig, ergattert sich nach Möglichkeit einen Fensterplatz und genießt den Blick auf die sanften Hügel, die gekräuselte See und die schmucken Inselchen mit ihren Kapellen. Nach der Landung bringt Sie ein mehr oder weniger moderner Bus – gegen Gebühr oder auch gratis – zur jeweiligen Haupt- und Hafenstadt.

Freilich sind auch gewisse Nachteile bei den Inselfluglinien festzustellen: Oft sind die Plätze schon früh ausgebucht, da ein Athener mit Insel-Zweitwohnsitz im Sommer seinen Flugplatz oft schon zwei Monate im voraus bucht. Trotzdem sollte man sein Glück versuchen. Die Flüge frühmorgens sind wohl die schönsten. Es ist schon ein besonderes Erlebnis, bei Sonnenaufgang die Ägäis zu überfliegen oder auf Mykonos zu landen, wenn die Nachtschwärmer gerade zu Bett gehen und die alten Frauen die Gassen kehren.

Kurz zum Praktischen: Besorgen Sie sich einen Linienflugplan in der Hauptgeschäftsstelle der Olympic **Airlines** in der Singrou-Str. 96, 11741 Athen, Tel. 9269111, Fax: 9216777 oder in dem sehr zentral gelegenen Büro in der Othonos-Str. 6 am Syntagma-Platz, Tel. 9267555.

Die gängigen Kreditkarten werden dort akzeptiert.

Bus

Der Busbahnhof A befindet sich in der Kifissou-Str. 100. Man erreicht ihn mit der Expreßlinie A vom Syntagma- oder Omonía-Platz bzw. mit dem Bus 51 von der Ecke Zinonos-/Menandrou-Straße, in der Nähe des Omonía-Platzes. Vom Busbahnhof A aus fahren die Busse auf den Peloponnes und nach Thessaloniki ab.

Der Busbahnhof B befindet sich in der Liossíon-Str. 260. Man erreicht ihn mit der Expreßlinie B vom Syntagma- oder Omonía-Platz bzw. mit dem Bus 24 ab der Eleftheriou Venizelou. Von hier starten die Busse nach Delphi, zu den Meteora-Klöstern und nach Volos.

Athen – Piräus: Grüne Linie 40 von der Filellínon-Straße (fährt rund um die Uhr) oder auch die Metro von den Stationen Viktoria, Omonía, Monastiráki sowie Thissio.

Athen – Kloster Daphni: Blaue Linie 873 von der Deligiorgi-Straße (täglich von 6 bis 21.15 Uhr).

Athen – Kloster Kaisariani: Blaue Linie 224 von der Vass.-Sophias-Straße.

Athen – Berg Parnitha: Blaue Linie 714 von der Aharnon Straße (Fahrt dauert ca. 90 Minuten; täglich um 6.30 Uhr und 14.30 Uhr).

Athen – Súnion auf der Küstenstraße: Orange Linie vom Klafthmonos-Platz oder von der Filellinon-Straße (Fahrt dauert ca. 1 Std. 45 Minuten; Busse fahren halbstündlich von 6.30 bis 17.30 Uhr; Fahrpreis 1000 Dr.; Auskünfte: Tel. 8230179).

Im Abschnitt „Sport" finden Sie in diesem Buch eine Liste mit Busverbindungen zu den Badeständen (s.S. 256).

Um zu den Eisenbahnstationen Larissis oder Peloponissou zu gelangen, nehmen Sie entweder die gelbe Trolleybuslinie 1 ab der Panepistimíou bzw. die blaue Buslinie 57 ebenfalls ab der Panepistimíou.

Metro

Zwischen dem Hafen von Piräus im Süden und dem vornehmen Viertel Kifissiá im Norden Athens verkehrt eine Metrolinie – bisher die einzige in der Millionenmetropole! Der Fahrpreis ist niedrig, und die Züge fahren bis Mitternacht. Da das Metronetz derzeit ausgebaut wird, wird überall in der Stadt gegraben.

Taxi

Für griechische Taxis, ganz besonders in Athen, wäre eigentlich ein gesonderter Taxiführer nötig. Schon für manchen Griechenlandurlauber waren die Taxi-Abenteuer die eindrucksvollsten Erlebnisse seiner ganzen Reise. Am besten läßt sich eine Taxifahrt in Griechenland anhand der folgenden drei Stadien beschreiben.

Erstens: Ein Taxi bekommen. Zu bestimmten Tageszeiten ist dies fast unmöglich, am schlimmsten ist es kurz vor dem Mittagessen. Wenn Sie ein Taxi rufen, sehen Sie zu, daß Sie sofort einsteigen, noch bevor Sie Ihr Fahrtziel nennen. Die Fahrer sind sehr wählerisch und lassen Sie oft nicht einsteigen, wenn Sie nicht in diejenige Richtung fahren, die ihnen gerade angenehm ist. Geben Sie Ihr Fahrtziel laut und deutlich an (und mit der rich-

tigen Aussprache), sonst werden Sie vielleicht übergangen. Wenn Sie ein leeres Taxi sehen, dann laufen Sie. Seien Sie ruhig aggressiv, sonst schnappt es Ihnen ein flinker Athener vor der Nase weg.

Zweitens: Die Fahrt. Vergewissern Sie sich, daß der Zähler bei Fahrtantritt eingeschaltet ist und daß er nicht auf „2" steht; das bedeutet „doppelter Fahrpreis", der aber nur von 1 Uhr bis 5 Uhr morgens zulässig ist. Im Taxi stellen Sie manchmal fest, daß Sie nicht allein sind. Machen Sie sich nichts daraus. Es ist gängige Praxis, daß die Taxifahrer zwei, drei oder auch vier Fahrgäste aufnehmen, wenn sie ungefähr denselben Weg fahren. Schreiben Sie in diesem Fall den Stand der Zähluhr auf. Wegen der niedrigen Fahrpreise verkehren die Taxis zum Teil praktisch schon wie Minibusse. (Allerdings zielen Streiks der Athener Taxifahrer in letzter Zeit darauf ab, diese Zustände zu beseitigen.)

Wenn neben Ihnen eine griechische Hausfrau mit prall gefüllten Einkaufstaschen, ein smarter Geschäftsmann und ein alternativer Student im Taxi sitzen, dann befinden Sie sich vielleicht buchstäblich „inmitten" einer angeregten Unterhaltung. Oder Sie sind plötzlich im Gespräch mit einem Griechen, der Ihnen von seinem Aufenthalt in Deutschland erzählt. Oder Sie versuchen, auf einen Fahrer einzureden, der Sie überhaupt nicht verstehen kann.

Drittens: Die Bezahlung. Wenn Sie in Gesellschaft fahren, passen Sie auf, daß Sie nicht den Teil der Fahrt mitbezahlen, den Sie gar nicht mitgemacht haben. Richtpreis für Fahrten in der Stadt: 500 bis 1000 Dr. Wenn Sie vom Hotel aus ein Taxi bestellen, wird noch eine Anfahrtsgebühr erhoben. Sie beträgt zwischen 300 und 500 Drachmen. Die Taxipreise errechnen sich folgendermaßen:

Grundbetrag bei Antritt der Fahrt: 200 Drachmen.

Fahrpreis pro Kilometer: im Stadtgebiet 54-58 Drachmen, außerhalb des Stadtgebiets 105-113 Drachmen.

Wartezeiten: 1400-2000 Drachmen pro Stunde.

Aufpreis bei Fahrten von und zu Flughäfen, Seehäfen, Bahnhöfen und Busbahnhöfen: 140-160 Drachmen.

Nachttarif: Zwischen Mitternacht und 5 Uhr morgens doppelter Tarif.

Für jedes Gepäckstück über 10 Kilogramm: 50–55 Drachmen.

Neben den Fahrern, die den richtigen Preis verlangen, gibt es auch solche, die Sie übers Ohr hauen wollen. Wenn der verlangte Betrag deutlich über dem rechtmäßigen Preis liegt, dann verhandeln Sie unbedingt (gleichgültig, in welcher Sprache), bis der Preis ungefähr stimmt.

In Athen gibt es auch Funktaxis (Radio-Taxi), die Sie telefonisch schnell rufen können. Diese sind aber meist teurer als die regulären Taxis. Hier einige Nummern:

Aetos 80189000, 8088000 oder 8087900

Athina 1 9217942, 9221755

Aris 3467102, 3467137, 3426658

Ellas 6432240, 6437198, 6433400

Ermis 4115200, 4116892

Kosmos 1 4933811, 4920505 oder 4906914

Peiraias 4135888

Auto

Benzin und Mietautos sind in Griechenland teuer. Beim Autoverleih sollte man auf jeden Fall Preisvergleiche anstellen. Der Liter bleifreies Normalbenzin kostet in Athen ca. 190 Dr., der Liter bleifreies Super ca.200 Dr. Außerhalb der Stadt steigen die Preise um bis zu neun Dr. je Liter.

Der Griechische Automobil- und Touringclub (ELPA) bietet ausländischen Reisenden Informationen und praktische Hilfe. Das Athener Büro befindet sich in der Messoghion-Str. 2–4, Tel. 7791615. Die ELPA ist auch über einen Zentralruf erreichbar, Tel. 104.

Das Autofahren in der Stadt kann mangels einer sinnvollen Regelung durch Verkehrszeichen recht unerfreulich sein, dazu kommt noch die undisziplinierte Fahrweise der Griechen. Tagesausflüge mit dem Auto sind jedoch ein echtes Vergnügen.

Avis, Hertz und Budget bieten ihre Dienste an den Flughäfen Ost und West an. Außerdem findet man an der Singrou-Straße die wichtigsten Autoverleihfirmen:

ANSA International Rent A Car: Singrou-Str. 33, Tel.9243582

Avis: Amalias-Str. 48, Tel. 3224951-5, Fax: 3220216

Budget: Singrou-Str. 8, Tel. 9214771-3, Fax: 9224444

European Rent A Car:
Singrou-Str. 36-38,
Tel. 9246777/8, Fax: 9246727
Hertz: Singrou-Str. 12,
Tel. 9220102-4
Interrent-Europcar: Singrou-Str. 4,
Tel.9215789, 9214588

Motorräder/Fahrräder

Mit Motorrädern und Mofas kann man zu vernünftigen Preisen wie ein echter Athener die Stadt abklappern. Wochenpreise sind in der Regel günstiger als Tagesmieten. Bevor man losfährt, sollte man allerdings sein Fahrzeug auf Fahrtüchtigkeit prüfen und gegebenenfalls vor dem Laden eine kurze Probefahrt machen, denn sonst wird man bei der Rückgabe leicht – zu Unrecht – für einen schon vorhandenen Schaden verantwortlich gemacht. Vorsicht ist im ziemlich tückischen Athener Stadtverkehr auch sonst geboten (strapazierfähige Kleidung empfehlenswert, ebenso ein klärendes Gespräch mit der eigenen Versicherung für alle Fälle!).
Motorräder und Fahrräder werden von folgenden Firmen vermietet:
Meidanis Rent A Moto
Dion. – Areopagitou-Str. 4,
Tel. 3232346.
Motorent, Vass.-Sofias-Str. 71,
Tel. 7236719, Fax: 7224693.

Fähre

Das Münchner Büro der Griechischen Zentrale für Fremdenverkehr gibt eine Broschüre heraus, die über die innergriechischen Schiffsverbindungen informiert. Sie kann unter folgender Adresse angefordert werden: Pacellistr. 5, 80333 München, Tel.: 089/ 222035/6, Fax: 297058. In Griechenland selbst sind Fährpläne bei den EOT-Büros erhältlich. Die aktuellen Pläne werden wöchentlich veröffentlicht und von den Fremdenverkehrsbüros herausgegeben. Diese hängen die Pläne meist an übersichtlicher Stelle aus, so daß sie auch außerhalb der Bürozeiten zugänglich sind.

Extra Platzreservierungen im voraus sind im allgemeinen nicht nötig, außer man will 1. Klasse reisen oder benötigt einen Schlafplatz. Ansonsten gehen Sie einfach ein paar Stunden vor der Abfahrt in eine der Vorverkaufsstellen in Piräus. Die Fährunternehmer arbeiten jeweils mit ihren eigenen Schiffen,

die oft gleichzeitig mit anderen dieselben Ziele ansteuern. Vorsicht ist geboten, denn viele preisen ihre Boote als die schnellsten und stärksten an oder als die einzige und letzte Möglichkeit, heute noch an einen bestimmten Ort zu kommen. Schauen Sie sich statt dessen in Ruhe um, es lohnt sich. Erfahrene Fährgäste rechnen zu den genannten Zeitangaben noch wenigstens eine Stunde dazu.

Die Hafenbehörde von Piräus ist unter einer der folgenden Nummern zu erreichen: 4511311-9 oder 4138231 (Zea Marina).

Tragflächenboote

Die Tragflächenboote, auch „Flying Dolphins" (Fliegende Delphine) genannt, sind zwar doppelt so schnell, aber auch doppelt so teuer wie normale Linienschiffe. Zwischen Piräus und den Inseln des Saronischen Golfs gibt es eine ganzjährige Verbindung.
Die modernen Tragflächenboote sind mit Bars und Videoanlagen ausgestattet, auf die man aber bei stürmischer See unter Umständen verzichten muß.
Auskunft in Piräus:
Akti Themistokleous 8,
Tel.: 4280001, Fax: 4283526
Auskunft in Athen:
Karageorgi Servias 2,
Tel.: 3242281

Fahrten nach Piräus

Taxi: Die Taxifahrt vom Flughafen-Ost nach Piräus kostet etwa 1500 bis 2000 Drachmen. Etwa derselbe Preis gilt vom Flughafen-West sowie vom Stadtzentrum nach Piräus.
Bus: Vom Flughafen-Ost fährt die Schnellbuslinie 19 zwischen 6 und 19.45 Uhr alle 45 Minuten nach Piräus. Die einfache Fahrt kostet 160 Drachmen. Von 5 bis 9 Uhr morgens verkehren diese Busse stündlich und kosten 160 Drachmen. Nachtbusse fahren um 1.50 Uhr, 3.50 Uhr und 5 Uhr von Piräus zu den Flughäfen (Fahrpreis: 200 Drachmen inklusive Gepäck). Dieselben Busse verkehren zum gleichen Fahrpreis auch ab dem Flughafen-West, da die Linie 19 im Ringverkehr fährt. Die Fahrt dauert lange, ist aber die einzige Alternative zum Taxi.
Metro: Sie können mit der Metro in ungefähr 25 Minuten von der Stadt nach Piräus fahren. Folgende Statio-

nen liegen in der Nähe des Zentrums: Victoria, Omónia, Monastiráki und Thissio. Der Fahrpreis ist niedrig, und die Züge verkehren bis Mitternacht.

Unterkunft

Hotels

Die Griechische Zentrale für Fremdenverkehr (EOT) kontrolliert die Errichtung und Klassifizierung sämtlicher Hotels. Zu welcher Klasse ein Hotel gehört, hängt u.a. von der Zimmergröße, den Gemeinschaftseinrichtungen, der Innenausstattung und Möblierung der Räume sowie von diversen Serviceleistungen ab. Insgesamt gibt es außer der Luxusklasse die Einteilung A bis E. Die Preise innerhalb einer Klasse sind festgelegt, d.h. ein Hotel der A-Klasse ist auch unter Berücksichtigung saisonaler Vergünstigungen immer teurer als eines der B-Klasse. Da die Einteilung in Klassen streng formal vorgenommen wird, kann ein Gast, dem Freundlichkeit mehr gilt als großzügige Gänge, oder der griechischen Joghurt und Honig mehr schätzt als ein komplettes Frühstücksbüfett, mit einem Mittelklassehotel ebenso gut bedient sein wie mit einem Haus der höheren Kategorie. Ab Klasse C aufwärts können Sie zuverlässig mit einer gepflegten, sauberen Unterkunft rechnen.

Die EOT-Büros in Deutschland, Österreich oder der Schweiz geben gerne Tips in bezug auf die Ausstattung der Hotels (siehe dazu auch den Abschnitt „Nützliche Adressen", in dem die EOT-Anschriften aufgelistet sind) und verfügen auch über Hotellisten. Hotelbuchungen können Sie entweder schriftlich direkt an das gewählte Hotel oder an die griechische Hoteliervereinigung in der Stadiou-Str. 24 in 10559 Athen richten (Tel.: 3310022-6). Sie können sich aber auch beim Zimmernachweis erkundigen, der sich in der Stadiou-Straße bzw. Karageorgi-Servias-Straße im Gebäude der Griechischen Nationalbank am Syntagma-Platz befindet.

Üblicherweise gibt es Aufschläge um die zehn Prozent, wenn Sie weniger als drei Nächte bleiben wollen oder ein

Zimmer mit Zusatzbett buchen. Dazu kommt noch eine Kurtaxe.

Wir geben Ihnen nun den preislichen Rahmen (niedrigster Preis = Nebensaison, höchster Preis = Hauptsaison) für die einzelnen Klassen, bezogen auf 1995, an. Die A-Klasse entspricht hierbei der Luxusklasse.

Klasse A: EZ 15.000–22.000 Dr., DZ 20.000–28.000 Dr.
Klasse B: EZ 10.000–18.000 Dr., DZ 13.000–22.000 Dr.
Klasse C: EZ 7.000–13.000 Dr., DZ 9.000–18.000 Dr.
Klasse D: EZ 3.500–5.000 Dr., DZ 4.500–6.500 Dr.

EZ = Einzelzimmer,
DZ = Doppelzimmer)

Pensionen sind Gelegenheitsunterkünfte und werden normalerweise als Familienbetrieb geführt. Sie sind oft in gemütlichen, alten Häusern untergebracht und einfach ausgestattet, daher im allgemeinen billiger als Hotels. Es gibt hier ebenfalls die Einteilung in die Klassen A bis E. Die Häuser der Klasse A sind im EOT-Hotelführer aufgezählt. Es wird in der Regel direkt gebucht. Eine Liste mit günstigen Häusern gibt es aber nur bei den EOT-Büros in Athen selbst.

Athen

HOTELS DER A-KLASSE

Andromeda Athens Hotel, Timoléontos-Vássou-Str. 22 am Mavili-Platz (zu Füßen des Lykabettos und in der Nähe des Megaro Musikis), 11521 Athen, Tel.: 6437302, Fax: 6466361. Neu errichtetes Hotel (1991 eröffnet). Alle Zimmer sind mit Klimaanlage, Radio, TV, Fax, Telefon, Minibar und Haartrocknern ausgestattet. Zudem gibt es ein polynesisches (White Elephant) und ein italienisches Restaurant (Michelangelo), Konferenzräume sowie Parkplätze.
Athenaeum Inter-Continental, Singroú-Str. 89–93, 11745 Athen, Tel. 9023666, Fax: 9243000. Klimaanlage und Zentralheizung in allen Räumen, zwei Bars, vier Restaurants, Swimmingpool, TV auf dem Zimmer sowie Video, Fitneßstudio, Bankfiliale und Geschäfte.
Athens Hilton, Vass.-Sofías-Str. 46 (Nähe Kolonáki), 11528 Athen, Tel.

7250201, Fax: 7253110. Klimaanlage, Zentralheizung, drei Bars, vier Restaurants, Fitneßstudio, Swimmingpool, Konferenzräume, Bankfiliale, Geschäfte.
Grande Bretagne, Syntagma-Platz, 10563 Athen, Tel. 3230251, 3314444, Fax: 3228034. Schönes, altes Gebäude mit reicher Geschichte, das 1862 erbaut wurde, 341 Zimmer und 23 Suiten, klimatisiert, Zentralheizung, zwei Bars, Restaurant, Zimmerservice rund um die Uhr, Gruppen- und Konferenzräume.
Ledra Marriott, Singroú-Str. 115, 11745 Athen, Tel. 9347711, Fax: 9358603. Jedes Zimmer mit individueller Temperaturregelung, Radio, Farbfernseher, Video, Minibar sowie einem 24-Stunden-Zimmerservice; ein Swimmingpool auf dem Dach, Whirlpool, drei Restaurants, ein Tanzsaal sowie Konferenzräume.
Amalia, Amalías-Str. 10 (am Syntagma-Platz), 10557 Athen, Telefon 3237301-9, Fax: 3238792. 105 Zimmer, mit Bar und gemütlichem Restaurant ausgestattet.
Astor, Karageorgí-Servías-Str. 16, 10562 Athen, Tel. 3255555, Fax: 3255115. Zwei Häuserblocks vom Syntagma-Platz entfernt, Marmor- und Spiegelhalle, auch die Rezeption in Marmor; 234 komfortabel eingerichtete Zimmer, zum Teil mit eigener Terrasse und wunderbarem Blick auf die Akrópolis.
Elektra, Ermoú-Str. 5, 10563 Athen, Tel. 3223223-6, Fax: 3220310. Liegt in einem belebten Einkaufsviertel in der Nähe des Syntagma-Platzes, abends etwas ruhiger als tagsüber, als Besonderheit ein Marmorlöwe in der Eingangshalle, gemütliche Klubatmosphäre am Abend, zahlreiche hübsche kleine Tischchen.
Esperia Palace, Stadíou-Str. 22, 10564 Athen, Tel. 3238001-9, Fax: 3238100. Ausgestattet mit Klimaanlage und Zentralheizung, 185 Zimmern, davon die meisten mit Balkon oder Terrasse, Speiseraum und Bar in hellem Holz und warmer Atmosphäre, auch bei kühlem Wetter ist das Esperia Palace sehr gemütlich; für Griechen wie auch für ausländische Gäste ein Begriff; an der vielbefahrenen Straße zwischen dem Syntagma- und Omonía-Platz gelegen.
Novotel Athenes, Michail-Vóda-Str. 4-6 (in der Nähe des Peloponissou-Bahn-

hofs und des Archäologischen Nationalmuseums), 10439 Athen, Tel. 86250422-30, Fax: 8837816. Tiefgarage, Dachgarten mit Swimmingpool, Bar und Restaurant. Minibars, Farbfernseher mit Satellitenempfang sowie Radio auf den Zimmern.

HOTELS DER B-KLASSE

Adonis, Voulís- bzw. Kodroú-Str. 3 in der Pláka, 10558 Athen, Telefon-Nr.: 3249737, Fax 3231602. Direkt gegenüber dem Akrópolis gelegen, gut und zweckmäßig ausgestattet, Frühstücksmöglichkeit besteht auf der Dachterrasse mit Blick zur Akrópolis. Spätnachmittags und abends zum Sonnenuntergang ist die Terrasse für einen Drink wieder geöffnet. An der Rezeption erwartet den Gast angenehm zuvorkommendes und unaufdringliches Personal, das ihn sehr freundlich empfängt.
Akrópolis, Kodroú-Straße 6 in der Pláka, 10558 Athen, Tel.3222344. Wird von Intellektuellen und Künstlern bevorzugt, ursprünglich als Familienbetrieb geführt, gepflegte, warmherzige Atmosphäre, gute Kontaktmöglichkeiten in den Gemeinschaftsräumen, Zimmer aller Preisklassen und Ausstattung vorhanden; das Akrópolis ist allerdings oft schon von den zahlreichen Stammgästen auf Wochen im voraus ausgebucht.
Athenian Inn, Háritos-Str. 22, 10675 Athen, Tel. 7238097. Zwei Häuserblocks vom eleganten Kolonáki-Platz entfernt, wird von der Leitung des Familienbetriebs als „Ihr Heim in Athen" empfohlen; ausgestattet mit offenem Kamin, Wandgemälden heimischer Künstler und großen Teppichen in den Zimmern.
Athens Gate, Singroú-Str. 10, 11742 Athen, Tel. 9238302, Fax 9238781. Modernes Hotel in der Nähe des Tempels des Olympischen Zeus, Restaurant auf der Dachterrasse, prächtige Aussicht, große Zimmer, einige mit Terrassen, die ein herrliches Panorama bieten, Frühstücksbüfett im amerikanischen Stil.
Omiros, Apollónos-Str. 15, 10557 Athen, Tel. 3235486. Am Rande des Bezirks Pláka in einer regelrechten Hotel-Straße gelegen; kleines, zweckmäßig ausgestattetes Haus mit schokoladenfarbenen Wänden, Cafeteria und Dachgarten mit schönem Blick auf die Akrópolis.

HOTELS DER C-KLASSE

Aphrodite, Apollónos-Str. 21 (am Rande der Pláka), 10557 Athen, Telefon: 3234357-9, Fax 3225244. Besser als der Durchschnitt der C-Klasse-Hotels, sogar mit Klimaanlage (die es oft nicht einmal in der B-Klasse gibt), höflichem Personal, Telefon auf dem Zimmer, großer Empfangshalle mit Bar, gegen Aufpreis Frühstücksbüfett; Zimmer auf den oberen Etagen mit bezauberndem Blick auf die Athener Dächer und auf die Akrópolis; eine gute, preisgünstige und zentral gelegene Unterkunft für Geschäftsleute.

Attalos, Athínas-Str. 29 (am Rande der Pláka), 10554 Athen, Tel. 3212801-3, Fax 3243124. Nettes Hotel zu Füßen der Akrópolis. Die 75 Zimmer haben alle Balkone, von denen man einen schönen Blick auf die Akrópolis hat. Drinks kann man abends auf der Dachterrasse einnehmen.

Hermes, Apollónos-Str. 19, 10557 Athen, Tel. 3235514. In der Nähe des *Aphrodite* gelegen, ist das *Hermes* zwar vergleichbar ausgestattet, in der Atmosphäre aber persönlicher. Bar in der Empfangshalle mit besonders hohen Barhockern; geeignet für Reisegruppen, leider manchmal auch laut oder ausgebucht.

Niki, Níkis-Str. 27, 10557 Athen, Tel. 3220913, Fax 3220886. Zentral gelegenes, kleines Hotel an der Straße vom Syntagma-Platz zur Pláka; dunkelgehaltene, behagliche Imbißbar, im Sommer als schützende Oase vor dem grellen Sonnenlicht sehr angenehm; ein paar Meter weiter befindet sich die beste internationale Buchhandlung in Athen.

Phoebus, Pétta-Str. 12, Pláka, 10558 Athen, Tel. 3220142. Gemütliches Familienunternehmen; man sollte rechzeitig buchen, da das kleine Hotel (23 Zimmer, darunter sind einige sehr hübsche!) gern von Stammkunden besucht wird.

Eine Liste mit preisgünstigeren Hotels der D-Klasse erhalten Sie in allen Büros der NTOG. Nachfolgend eine kleine Auswahl:

HOTELS DER D-KLASSE

Action, Satovriandoú-Str. 28 (am Omoía-Platz), 10432 Athen, Tel. 5237463, 45 Zimmer.

Alysia, Kapodistríou-Str. 3 (in der Nähe des Omonía-Platzes), 10677 Athen, Tel. 3627757, 12 Zimmer.

Annabel, Koumoundoúrou-Str. 28, Ecke Satovriandoú-Str. (am Omonía-Platz), 10437 Athen, Tel. 5425834, 14 Zimmer.

Arta, Nikitára-Str. 12, (am Omonía-Platz), Tel. 3627753, 26 Zimmer.

Cosmopolite, Maríka-Kotopoúli-Str. 7 (am Omonía-Platz), 10432 Athen, Tel.: 5231700, 54 Zimmer.

Dessy (Despina), Psarón-Str. 18 (am Peloponissou-Bahnhof), 10438 Athen, Tel. 5239033-6, 24 Zimmer.

Dioskouri, Pitáki-Str. 6, Pláka, 10558 Athen, Tel. 3248165, 11 Zimmer.

Kimon, Apollónos-Str. 27 (ganz in der Nähe des Syntagma-Platzes gelegen), 10556 Athen, Telefon 3248984, 14 Zimmer.

Korfu, Psarón-Str. 21 (am Peloponissou-Bahnhof), 10438 Athen, Tel. 5235069, 20 Zimmer.

Lato, Fylis-Str. 91 (in der Nähe der Platia Amerikis; nicht sehr zentral gelegen), 10432 Athen, Tel. 8235342, 15 Zimmer.

Parnassos, Sofokléous-Str. 27 (am Omonía-Platz), 10552 Athen, Tel. 3211551, 24 Zimmer.

Pindaros, Sofokléous-Str. 24 (sehr zentral am Omonía-Platz gelegen), 10552 Athen, Telefon 5246587, 16 Zimmer.

Zenith, Xouthoú-Str. 13 (am Omonía-Platz), 10432 Athen, Tel.5223533, 29 Zimmer.

Aegeon, Themídos-Str. 10, Monastiráki, 10554 Athen, Tel. 3210297, 17 Zimmer.

Anatoli, Ermoú-Str. 69 (am Rande der Pláka/Monastiráki), 10555 Athen, Tel. 3213057, 17 Zimmer.

Diana, Kotsiká-Str. 3 (in der Nähe des Archäologischen Nationalmuseums; nicht sehr zentral), 10432 Athen, 20 Zimmer.

Ephessos, Agíou-Konstantínou-Str. 30 (am Omonía-Platz), 10437 Athen, Tel.5223508, 13 Zimmer.

Ethniki Enossis, Athínas-Str. 21 (zwischen Omonía-Platz und Pláka gelegen), 10554 Athen, Tel. 3241927, 25 Zimmer.

Inn Student, Kidathinéon-Str. 16 (Pláka), 10558 Athen, Tel. 3244808, 33 Zimmer.

Kosmikon, Sokrátous-Str. 7 (am Omonía-Platz), 10552 Athen, Tel. 3212681, 17 Zimmer.

Kouros, Kodroú-Straße 11, Pláka, 10558 Athen, Telefon 3227431, 10 Zimmer.

Makedonia, Agíou-Konstantínou-Str. 17 (am Omonía-Platz), 10431 Athen, Tel.5222275, 15 Zimmer.

Menelaion, Athínas-Str. 4 (am Rande der Pláka), 10551 Athen, Tel. 3212718, 18 Zimmer.

Néa Epirus, Ermoú-Str. 90 (am Rande der Pláka), 10554 Athen, Tel. 3210426, 14 Zimmer.

Pentelikon, Nikifórou-Str. 7 (am Omonía-Platz), 10437 Athen, Tel. 5222624, 30 Zimmer.

Solonion, Sp.-Tsagarí-Str. 11, Ecke Dedalou, Pláka, 10558 Athen, Tel. 3220008, 18 Zimmer.

Thessaloniki, Ménandrou-Str. 42 (am Omonía-Platz), 10431 Athen, Tel. 3245960, 12 Zimmer.

Vassilikon, Iktinoú-Str. 5 (zwischen Omonía-Platz und Pláka), 10552 Athen, Tel. 5228133, 16 Zimmer.

Piräus

Viele Hotels in Piräus arbeiten ohne Vorausbuchung. Wir stellen Ihnen einige akzeptable Häuser in Meeresnähe vor, in denen man gut übernachten kann, bevor man auf einer Fähre in Richtung griechische Inseln aufbricht. Die Hotels in Piräus bieten eine erfrischende Alternative zur stickigen Athener Stadtluft.

HOTELS DER A-KLASSE

Athen Chandris, Singroú-Str.385 in 17564 Páleo Fáliro, Tel.9414824, Fax 9425082. Das einzige Luxushotel in Piräus. Das Haus liegt unmittelbar am Meer, hat kühle, klimatisierte Räume, eine Cafeteria, zwei hervorragende Restaurants, zwei Bars und einen Swimmingpool.

HOTELS DER B-KLASSE

Cavo D'Oro, Vassiléos-Pávlou-Str. 19, in Kastella, 18533 Piräus, Tel. 4113744. 74 Betten, Zimmer mit Meeresblick.

Homeriodion, Harilaóu-Trikoúpi-Str. 32 bzw. Alkiviadou-Str. 2, 18532 Piräus, Tel. 4519811, direkt am Wasser gelegen.

Kastella, Vassiléos-Pávlou-Str. 75, in Kastella, 18533 Piräus, Tel. 4114735-7, Fax 4175716. Kleines, familiäres Hotel mit 30 Zimmern in unmittelbarer Meeresnähe. Angenehme Atmosphäre.

HOTELS DER C-KLASSE

Bella Vista, Vassiléos-Pávlou-Str. 109, in Kastella, 18533 Piräus, Tel. 4117161.
36 klimatisierte Räume, Parkplatz.
Leriotis, Aktí Themistokléous 294, in Piraiki, 18539 Piräus, Tel. 4516640.

Scorpios, Aktí Themistokléous 156, 18539 Piräus, Tel. 4512172, Fax 4524751.
Kleines Hotel, Zimmer aller Preislagen mit Blick aufs Meer und auf die alten Befestigungsmauern.

FERIENWOHNUNGEN

Das Selbstversorgersystem in einer Ferienwohnung erfreut sich in Griechenland zunehmender Beliebtheit, besonders bei jungen Familien. Die Ferienhäuser und -apartments sind sauber, gut ausgestattet, bequem, aber oft etwas spärlich möbliert. Auch diese Unterkünfte werden wieder in Klassen mit festen Preisbindungen eingeteilt. Ein erstklassiges Apartment ist aber kaum günstiger zu haben als ein entsprechendes Hotelzimmer.

Zwei Agenturen vermitteln und vermieten die Ferienwohnungen in Athen und Umgebung:
Accommodation Centers Greece, Voulís-Str. 7, Suite 818, 8. Stock, 10562 Syntagma, Athen, Telefon-Nr.: 3220000, Fax 3249204.
Alfred's Tours, Voukourestíou-Str. 13, 10671 Athen (Nähe Syntagma-Platz), Tel. 3603002-5, Fax 3614666.

CAMPING

Athens Camping, Leofóros Athínon 190 (beim Daphni-Kloster, Richtung Korinth), Tel.: 5814114. 66 Plätze, Bar, Restaurant, Minimarkt, Post, Geldwechsel.
Zwei weitere Campingplätze befinden sich im Stadtteil Voula (EOT-Campingplatz direkt am Meer) sowie im Stadtteil Varkiza (kleiner Platz direkt am Meer).

JUGENDHERBERGEN

Man kann nur mit einem internationalen Mitgliedsausweis in einer griechischen Jugendherberge unterkommen. Für Studenten empfiehlt sich zudem die Mitnahme des Internationalen Studentenausweises, den Sie sich vorher an Ihrer Heimatuniversität ausstellen lassen sollten.

Internationale Jugendherbergsausweise stellt das Deutsche Jugendherbergswerk in 32754 Detmold, Tel. 05231/74010, Fax 7401049 aus und das Griechische Jugendherbergswerk (Greek Youth Hostel Association, Dragatsaniou-Str. 4, 10559 Athen, Tel. 3234107 oder 3237590) internationale Jugendherbergspässe für 2600 Dr. Beide Vereine erteilen auch Informationen. Eine Übernachtung in der einzigen Athener Jugendherberge kostet 2.000 Dr. mit Frühstück. Adresse: IYHF Athens International Hostel, Victor-Hugo-Str. 16, Tel. 5234170, Fax 5234015 (10–15 Min. zu Fuß vom Omonía-Platz).

Essen & Trinken

Küche

Das Essen und Trinken außer Haus ist ein geselliges Ereignis. Sei es im Familienkreis, sei's mit Freunden – die Einladung ins Restaurant wird zu einem Fest. Das kommt wohl daher, daß ein Mahl außer Haus beliebt und auch erschwinglich ist – nicht nur für Leute mit American-Express-Kreditkarte. Wie populär das Essengehen ist, sieht man an den zahlreichen Tavernen, die das Bild der griechischen Gastronomie beherrschen.

In ganz Griechenland ähneln sich die Tavernen in Stil und Ausstattung, ja sogar im Angebot auf der Speisekarte. Sie gehören so selbstverständlich zum Straßenbild, daß kein Gastronom es nötig hat, durch aufdringliche Werbung andere Betriebe auszustechen. Man kehrt also bei Yánnis oder Yórgos ein, bestellt sein Essen, genießt es, freut sich, und das alles zu durchaus akzeptablen Preisen.

Die Taverne ist nun freilich nicht die einzige Möglichkeit, gemütlich auswärts zu essen. Es gibt noch andere Gaststätten, die wir hier kurz erläutern: Das *éstiatorio* ist ein Restaurant ganz im herkömmlichen Sinn, vornehm, mit weißer Tischdecke, gehobener Atmosphäre und entsprechenden Preisen. In der *psistariá* werden Grill-

spezialitäten serviert, z.B. Lamm, Geflügel oder Schweinefleisch vom Spieß. Die *psarotáverna* ist ein Fischrestaurant, die *ouzerie* bietet hauptsächlich Getränke an, auch die sog. *mezédes,* das sind verschiedenartige Vorspeisen. Das *gyros* sowie die *gyro*-Sandwiches und das überall angebotene *souvlaki,* manchmal verschiedene Salate dazu, werden teilweise im Sitzen, teilweise aber auch als Stehimbiß verzehrt.

Innerhalb der griechischen Küche gibt es regionale Unterschiede, so daß es sich lohnt, besonders die Gerichte zu versuchen, die man vorher noch auf keiner Karte gefunden hat. Das gleiche Gericht, z.B. *melitsánosálata* (Auberginentunke) oder auch gefüllte Tomaten, kann je nach Qualität der Zubereitung ganz anders schmecken. Auch beim Essen sollten Sie sich also nach guten Restaurants umsehen, Vergleiche anstellen und sich eventuell bei Einheimischen erkundigen. Die beste Wahl treffen Sie, wenn Sie einen Griechen einladen und ihn bitten, das Lokal auszusuchen.

Es gibt einige original griechische kulinarische Kreationen. Der *patsás* ist eine davon, eine Suppe aus Rinderfüßen und Innereien. Das hört sich zwar nicht danach an, ist aber ein höchst wirksames Mittel gegen einen Kater. Deswegen findet man auch genug Nicht-mehr-ganz-Nüchterne (fröhliche, schwermütige und übermütige) auf dem Fleischmarkt in der Athínas-Straße in Monastiráki, der den ganzen Tag geöffnet ist.

Eine andere einheimische Besonderheit ist die *ouzerie.* Es werden heiße und kalte *mezédes* offeriert, dazu Bier und Wein. Die Atmosphäre ist nicht zu übertreffen.

Ein paar Anmerkungen zu den Eßgewohnheiten der Griechen: Die Hauptmahlzeit wird mittags zwischen 13.30 Uhr und 14.30 Uhr eingenommen, es schließt sich eine Siesta an, die bis ca. 17 Uhr dauert. Die späte Abendmahlzeit zwischen 21 Uhr und 23 Uhr ist dann entweder nochmals ein komplettes Menü oder besteht aus ein paar kleinen *mezédes.* Das Frühstück fällt dagegen ziemlich mager aus, es besteht gewöhnlich aus Brot, Butter, Marmelade und Kaffee. Wenn möglich, bestellen Sie Joghurt und Honig dazu, um das kärgliche Mahl ein bißchen aufzubessern.

Die meisten Restaurants und Tavernen erheben ein Bedienungsgeld von 15 Prozent, es wird daher kein Trinkgeld erwartet. Trotzdem ist es üblich, das Kleingeld auf dem Teller zu lassen. Wird man von dem Lokalbesitzer selbst bedient, freut dieser sich eher über ein Lob des Essens. Er könnte sogar beleidigt sein, wenn man ihm das Kleingeld auf dem Tisch zurückläßt. Griechische Gastwirte nehmen es immer stolz zur Kenntnis, wenn Ihnen ein Gericht besonders gut geschmeckt hat.

Wir präsentieren Ihnen hier eine ausführliche Liste der häufig angebotenen und beliebten Gerichte, die überall in Griechenland serviert werden und ein paar der wichtigsten Getränke.

Vorspeisen

Sie werden als Appetitanreger mit etwas Weißbrot *(psomí)* gereicht.
kolokithákia: fritierte Zucchini
melitsánosaláta: Auberginentunke
róssikisaláta: kalter Kartoffelsalat mit reichlich Mayonnaise
táramosaláta: Fischrogenpastete
tzazíki: Joghurt mit Gurken und viel Knoblauch

Gemüse

angináres: Artischocken
arakás: Erbsen
bámies: Okraschoten
dolmádes: Gefüllte Weinblätter
fasolákia: Grüne Bohnen
horiátiki: Griechischer Salat
maróuli: Kopfsalat
patzária: Rote Bete
yemistés: Gefüllte Tomaten oder Paprikaschoten
yígantes: Weiße dicke Bohnen

Fleischgerichte

Folgende Zubereitungsarten sind üblich: *psitó* – gegrillt, gebacken; *sti soúvla* – auf dem Spieß gebraten; *tiganitó* – fritiert, gebraten; *sto foúrno* – im Ofen gebacken; *skáras* – gegrillt; *vrastó* – gekocht; *kapnistó* – geräuchert.
arní: Lamm
biftéki: Beefsteak, Frikadelle
brizóla: Schweine- oder Kalbskotelett
chirinó: Schweinefleisch

keftédes: Fleischbällchen
kokorétsi: Innereien
kotópoulo: Huhn
loukánika: Würstchen
mialó: Hirn
moschári: Rindfleisch
paidákia: Lammkoteletts
sikóti: Leber
souvláki: Lamm- oder Schweinefleischwürfel, am Spieß gebraten

Suppen und anderen Spezialitäten

avgolémono: Ei-Zitronen-Sauce
fasoláda: Bohnensuppe
kokkinistó: Rindergulasch in Tomatensauce
moussaká: Auberginen- und Hackfleisch-Auflauf
pastítsio: Makkaroniauflauf
patsás: Kutteleintopf
salingária: fritierte Schnecken mit Kräutern
stifádo: Rindfleisch oder Kaninchen mit kleinen Zwiebeln im Ofen geschmort
souzoukákia: Hackfleischwürstchen in Tomatensauce
jouvarlákia: Fleisch- und Reisbällchen

Fisch und Meeresfrüchte

astakós: Hummer
bakaliáros: Kabeljau
barbúnia: Rotbarben
chtapódi: Krake
galéos: Hai
garídes: Shrimps
glóssa: Seezunge
gópes: kleiner fritierter Fisch
kalamária: Tintenfischringe
ksifías: Schwertfisch
péstrofa: Forelle

Desserts und Süßspeisen

Desserts werden selten in einem Restaurant als Abschluß eines Menüs serviert; vielmehr werden süße Speisen im *zacharoplastío* (Konditorei) oder im *galaktopolío* (Milchgeschäft) angeboten.
baklavá: Strudelgebäck, mit Honig oder Nüssen gefüllt
galaktobúriko: Blätterteig mit Puddingfüllung und viel Honig
kataífi: Nüsse und Honigteigstückchen
kremkaramél: Karamelpudding
loukoumádes: fritierte Honigbällchen
loukoúmi: Türkische Wonne (sehr süße

Pastete, Mischung zwischen Pudding und Kuchen)
moustalévria: Traubenpudding
rizógalo: Milchreis

Kleine Snacks

kalambóki: Maiskolben vom Spieß
kastaná: geröstete Maroni
kouloúria: Sesamkringel
kreatópita: Fleischpastete (mit knusprigem Blätterteig)
spanakópita: Spinatpastete (mit knusprigem Blätterteig)
tirópita: Käseküchlein (mit knusprigem Blätterteig)
tost: gegrillte Brotscheiben, meist mit Käse und Fleisch belegt
Einige der genannten Snacks werden an Imbißbuden und Straßenständen verkauft.

Getränke

In Griechenland geht man niemals „nur auf einen kleinen Drink" aus. Auch wenn es an einem bestimmten Abend Anlaß zum reichlichen Alkoholgenuß gibt, wird zum Retsína oder Oúzo stets etwas dazu gegessen, wodurch die Wirkung des Alkohols gemindert wird. Bevor Sie Ihr Getränk bestellen, erkundigen Sie sich, ob es Wein vom Faß *(chíma)* gibt. Sie erhalten dann eine preisgünstige, einheimische Marke, die normalerweise nicht an Touristen ausgeschenkt wird. Bei *áspro* handelt es sich um Weißwein, bei *mávro* um roten, *kokkinélli* ist eine Rosé-Sorte.

Die griechischen Weine müssen sich vor der französischen oder italienischen Konkurrenz mittlerweile nicht mehr verstecken. So wurde der 1993er *Lazarídis* mit internationalen Preisen ausgezeichnet. Ein paar der guten Marken seien hier genannt: *Rotónda, Cámbas, Boutári, Callíga.*
Retsína: der bekannteste, einfache griechische Wein, der mit Pinienharz angereichert wird.
Deméstica: eine beliebte Alternative zum Retsina, meist als Weißwein, aber auch rot und rosé angeboten.
Cava Cláuss: ein vollmundiger Roter, der in den Kellern von Gustav Clauss in Eichenfässern lagert und nur in begrenzter Menge (festgelegte Flaschenzahl) hergestellt wird. Sie sollten ihn probieren.
Château Cláuss: eine weitere Rebsorte aus den alten Weinkellern der Win-

zerfamilie Clauss, ein ziemlich trockener Rotwein.

Neméa: ein wohlschmeckender Tafelrotwein, der auf vielen Speisekarten aller Kategorien als Tischwein angeboten wird.

Daniélis: leicht würziger, trockener Rotwein

Bon Viveur: ein junger, trockener Weißwein mit fruchtigem Aroma.

Pátras: ein herber Weißwein aus den fruchtigen Trauben, die in der Region um Patras wachsen.

St. Helena: ein guter, halbtrockener Weißwein, der in zahlreichen Restaurants aller Kategorien ausgeschenkt wird.

Einige nützliche gastronomische Begriffe

aláti: Salz
boukáli: Flasche
koutáli: Löffel
ládi: Öl
lemóni: Zitrone
machéri: Messer
potíri: Glas
pipéri: Pfeffer
piroúni: Gabel
sáchari: Zucker
timókatálogo: Speisekarte
to logariasmó: Rechnung

Restaurants

Athen

Viele Touristen steuern als erstes das Stadtviertel Pláka an, wo es eine Menge Tavernen und die dazugehörige fröhlich-angeregte Atmosphäre unter freiem Himmel gibt. Das Essen dort ist aber bis auf wenige Ausnahmen ohne Sorgfalt zubereitet und leider auch überwürzt. Essengehen ist in Athen generell nicht billig. Für den kleinen Geldbeutel bleiben oft nur die ganz einfachen Tavernen, Grillbuden und Fast-Food-Restaurants. Wir empfehlen Ihnen als umfassende Auswahl guter Lokale den original griechischsprachigen Führer *Athinórama* sowie jemanden, der Ihnen das Wichtigste daraus übersetzt. Diese wöchentlich, jeweils freitags erscheinende Broschüre enthält außerdem Veranstaltungshinweise und ist an jedem Kiosk erhältlich. Hier nun eine kleine, nach Stadtgebieten gegliederte Auswahl empfehlenswerter Restaurants.

PLÁKA

Café Oréa Elláda, Kidathinaion-Str. Einen wunderbaren Blick auf die Akrópolis bietet das Café „Wunderbares Griechenland" – es ist eine Perle unter den Kaffeehäusern. Sie finden es über der Säulenhalle (Arkade), in der das Zentrum für Griechische Volkskunst untergebracht ist.

Eden, Lysiou-Str. 12, Ecke Bisikleous-Str., Tel. 3248858. Vegetarisches Restaurant. Zu empfehlen sind die auf Art des Hauses gefüllten Auberginen. Dienstag Ruhetag. Preisgünstig.

Filakí tou Sokráti (Sokrates' Gefängnis), Mitseion-Str. 20, Tel. 9923434. Elegantes Restaurant hinter dem Herodes-Attikus-Theater. Sonntag Ruhetag. Mittlere Preisklasse.

Mitsiko, Kydathinaion-Str. 27, Tel. 3220980. Japanisches Restaurant für alle, die es einmal exotisch mögen. In dem kleinen Garten sitzt man im Sommer besonders nett und ist vom Touristenrummel auf der Straße abgeschirmt. Sonntag geschlossen. Teuer.

Xynou, Angelou-Geronda-Str. 4, Tel. 3221065. Gutes Essen mit musikalischer Begleitung. Samstag und Sonntag geschlossen. Preisgünstig.

Stamatopoúlou Palia Taverna, Lysiou-Str. 26, Tel. 3228722. In altem Rahmen – das Haus wurde 1882 errichtet – speist man hier echt griechisch: *stifádo, krassáto* (Schweinefleisch in Weißwein gekocht) sowie die unterschiedlichsten *mezédes.* Dazu spielt ein Quartett griechische Lieder. Teuer.

Symposio, Mnisikleous-Str. 24-26, Tel.3254940. Ouzeri mit einer riesigen Auswahl an kleinen Gerichten – 50 verschiedene *mezédes! -,* Bier, Wein vom Faß und natürlich Ouzo. Preisgünstig.

METS/PANGRATI

Bajazzo, Anapavseos-Str. 14, Mets, Tel. 9213013. Internationale Küche, gekonnt zubereitet von Chefkoch Klaus Feuerbach. Teuer, aber es lohnt sich!

Karavitis, Arktinou-Str. und Pausaniou-Str., Pangrati, Tel. 7215155. Eine der ältesten und traditionsreichsten Tavernen Athens. Gute mezédes und Live-Musik. Im Sommer sitzt man im kleinen Garten. Preisgünstig.

Manesis, Markou-Moussourou-Str. 3, Mets, Tel.9227684. Leckere Eintöpfe und Spezialitäten der Ionischen Inseln, abends ist der lauschige Garten allerdings nur im Sommer geöffnet. Preisgünstig.

Myrtia, Trivonianou-Str. 32-34, Mets, Tel. 9247175, 9247181. Bekanntes Lokal, griechische Gerichte werden bei Gitarrenmusik serviert. Guter Weinkeller. Sonntag geschlossen. Teuer.

O Anthropos, Archelaou-Str. 13, Pangrati, Tel. 7235914. Gehobeneres Fischrestaurant. Spezialität des Hauses: Tintenfisch à la Onassis. Sonntag Ruhetag. Teuer.

Paliá Tavérna 1896, Markou-Moussouri-Str. 35, Mets, Tel. 9029493, 3232482. Traditionsreiches Lokal voll Atmosphäre mit guter griechischer Küche und Live-Gesang zu Gitarrenmusik. Sonntag Ruhetag. Teuer.

Ta Pergoúlia, Markou-Moussourou-Str. 16, Mets, Tel. 9234062. Großes Lokal, nicht ungemütlich. Preisgünstig.

Themistoklís, Vass.-Georgiou-Str. 31, Pangrati, Tel. 7219553. Taverna mit griechischen Spezialitäten: auf ganz besondere Weise zurbereitete *keftedákia, lemonáto, fáva* (Kichererbsen), *chórta* (Wildgemüse) und Grillgerichte. Mittlere Preisklasse.

Xanthíppi, Archimídous-Str. 14, Pangrati, Tel. 7224489. Mezedopoleio in einem neoklassizistischen Gebäude aus den 30er Jahren. Große Auswahl an leckeren Häppchen. Preisgünstig.

KOLONAKI

Apotsos, Panepistimíou-Str. 10, Tel. 3637046. Dieses im Jahr 1900 gegründete Lokal in den Arkaden ist quasi der Prototyp einer Ouzerie. Sonntag geschlossen. Preisgünstig.

Baltazar, Tsoha- und Vournazou-Str. 27, Tel. 6441215. Bar/Restaurant, das nicht aus der Mode gerät. Spezialität ist Pfeffersteak. Teuer.

Brazilian, Voukourestiou-Str. 1. Ein Besuch im wohl bekanntesten Kaffeehaus Athens ist ein anregendes Erlebnis, denn der Kaffee ist ausgezeichnet und die Kuchen sind ganz frisch.

Café Brasil, in der Arkade zwischen Stadiou- und Kar.-Servias-Straße gelegen. Dieses Kaffeehaus gilt als bevorzugter Treffpunkt heimlicher Liebespaare.

Dhekaoktó (18), Souidias-Str. 51, Tel. 7235561. Gepflegte Atmosphäre, europäisch orientiert, mit Bar. Teuer.

Dhódheka Apostoli, Kanari-Str. 17, Tel. 3619358. Zu Gast bei den 12 Aposteln werden internationale Köstlichkeiten in französischer Bistro-Atmosphäre serviert. Ideal für eine stilvolle Rast nach einem Einkaufsbummel im

Nobel-Geschäftsviertel von Athen. Sonntag Ruhetag. Teuer.

Dimókritos, Dimokritou-Str. 23, Ecke Tsakalof-Straße, Tel. 3613588, 3619293. Taverne mit *mezédes* zu erschwinglichen Preisen, Tages- und Abendkarte. Im Spätsommer und sonntags geschlossen. Preisgünstig.

Far East, Stadiou 7, Syntagma, Tel. 3234996. Koreanisches Restaurant der gehobenen Klasse. Ausgezeichnete Küche – alles, was auf den Tisch kommt ist übrigens liebevoll dekoriert – und hervorragender Service. Unbedingt vorher reservieren! Teuer.

Filíppou, Xenokratous-Str. 19, Tel. 7216390. Bekannte griechische Taverne mit guter, traditioneller Küche. Samstag abend und sonntags geschlossen. Preisgünstig.

Gerofínikas, Pindarou-Str. 10, Tel. 3622719. Dieses angesehene Athener Restaurant befindet sich am Ende einer langen Passage. Es ist bei Reisenden und Geschäftsleuten gleich beliebt. Hervorragende Desserts sowie speziell griechische Gerichte, die sonst nirgends in Athen zu bekommen sind, werden hier angeboten. Kreditkarten werden akzeptiert. Teuer.

EXARHIA

Galateiá, Valtetsiou-Str. 50–52, Tel. 3801930. Spezialitäten des zypriotischen Restaurants sind *saganáki* (gebackener Käse), Schnecken und Olivenauflauf. Preisgünstig.

Kostoyánnis, Zaimi-Str. 37, Telefon: 8212496. Bekannte und preiswerte Taverne, die für ihren guten Nachtisch bekannt ist; zur Mittagszeit sowie sonntags geschlossen. Preisgünstig.

Rosalia, Valtetsiou-Str. 62, Tel. 6450120. Klassische Taverne mit guter, traditioneller Küche. Auf der Speisekarte u.a. Grillgerichte. Der Garten wird von Trauerweiden und Maulbeerbäumen beschattet. Preisgünstig.

Seven Steps (Sieben Stufen), Arahovis-Str. 49, Tel. 3800824. Ein modernes Bistro, das von griechischen Amerikanern geführt wird; für Leute mit eher internationalem Geschmack werden Gerichte wie z.B. Chili con Carne serviert. Zudem reiches Angebot an Vegetarischem. Sonntag geschlossen. Mittlere Preisklasse.

Ta 3 Tétarta, Ikonomou-Str. 25, Ecke Tositsa-Straße, Tel. 8230560. Gemütliches Lokal, im Winter mit offenem Kamin, das auch gern von Athens Künstlergemeinde aufgesucht wird. Witzig: Hier werden die Sternzeichen kulinarisch umgesetzt. Preisgünstig.

PIRÄUS

In Piräus essen zu gehen, ist bei den Athenern sehr beliebt; man kommt aus der Stadt heraus und kann die erfrischende Seeluft genießen.

Vasílenas, Etolikou-Str. 72, Telefon: 461 2457. Das vermutlich beste Restaurant von Piräus. Seit den 20er Jahren unseres Jahrhunderts hat dieses Familienunternehmen sein Aussehen nicht verändert. Könige, Filmstars und sogar Aristoteles Onassis waren hier zu Gast. Wer also in diesem Haus dinieren will, bestellt Plätze vor und bekommt dann unter der Regie des Chefs Georgios Vasilenas 16 bis 24 Gänge serviert. Teuer.

Weitere gute Restaurants und Tavernen sind über die Hügel und Hafenanlagen verstreut. Im folgenden eine nach Stadtbezirken gegliederte, knappe Auswahl:

EVANGELISTRIA

Dípylo, Syntagmatos-Str. 34, Ecke Kodrou-Str. 3, Tel. 4172105. In Holz, Stein und Eisen gehaltenes Lokal. Spezialitäten: Hacksteak Kalkutta und Hühnchen. Teuer.

To Baroúlko, Deligiorgi-Str. 14, Tel. 4112043. Fischspezialitäten. Sonntag geschlossen. Teuer.

PIRAIKI

Dieses Hafenviertel kurz vor Zea Marina bietet sich für einen Spaziergang vor oder nach dem Essen an, man kann entlang der „Langen Mauern" promenieren.

O Diásimos, Akti Themistokleos 306, Tel. 4514887, ist mit viel Grün versehen und bietet einen schönen Blick zum Meer; empfehlenswert sind die ausgezeichneten Salate und Meeresfrüchte. Mittlere Preisklasse.

Piraíki, Akti Themistokleos 324, Tel. 4511231 ist die Adresse für Fischgerichte wie Kalamari, Flußkrebse und Langusten. Teuer.

ZEA MARINA/PASALIMANI

Hier, in der größten Hafenanlage von Piräus, finden Sie auch eine Menge Restaurants sowie Bootsgeschäfte.

Café Waichhart, Akti Moutsopoulou 64, Tel. 4520969, 4534408. Bistro-Café der gehobeneren Preisklasse mit französisch-internationaler Küche. Besonders zu empfehlen sind Spaghetti mit Meeresfrüchten und Tintenfisch in Rotweinsauce. Sonntag Ruhetag. Ziemlich teuer.

Margaró, Chatzikiriakou-Str. 126, Tel. 4514226. Frische Fischgerichte stehen in diesem Lokal auf der Speisekarte. Preisgünstig.

Oí Kitháres, Zeas-Str. 41, Ecke Tsavella, Tel. 4173676. Taverne mit – wie der Name schon sagt – Live-Gitarrenmusik und Gesang. Montag und Dienstag geschlossen. Preisgünstig.

MIKROLIMANO

Dabei handelt es sich um einen zauberhaften Hafen, der sich langsam vergrößert. Man kann wirklich direkt am Wasser speisen und die farbenprächtigen Fischerboote bewundern. In dem kleinen Flecken gibt es an die 22 Restaurants. Die Auswahl ist überall in etwa gleich, bummeln Sie also ruhig auf und ab und suchen Sie sich das passende Lokal aus, bzw. den Ihnen sympathischsten Wirt.

Dourámbeis, Athinas-Dilaveri-Str. 29, Tel. 4122092. Sehr gute Fischtaverne. Teuer.

Karnagío, Akti Koumoundourou 38, Tel. 4127111. Spezialität sind *mezédes.* Preisgünstig.

Oltre Mare, Akti Koumoundourou 44, Tel. 4274127. Modernes Lokal direkt am Hafen mit großer Auswahl an *mezédes.* Mittlere Preisklasse.

Tókas, Athinas-Dilaveri-Str. 31, Tel. 4122881. Griechische Taverne. Freitags und samstags mit Live-Musik. Preisgünstig.

KASTELLA

Der Hügel oberhalb von Mikrolimano bietet eine unvergleichliche Sicht auf den Saronischen Golf und die dortigen Inseln.

Panoráma, Irakliou-Str. 18, Telefon: 4173475, gegenüber dem Veakio-Theater. Mittlere Preisklasse.

Patiniótis, Pythagora-Str. 7, Telefon: 4126713, bekannt für Spezialitäten mit Seefisch und Meeresfrüchten. Mittlere Preisklasse.

Ziller's, Akti Koundouriotou 1, Tel. 4112013, ist ein hübsch dekoriertes Lokal mit umfangreicher Speisekarte. Der Ausblick ist überwältigend, man sieht weit aufs Meer hinaus und bis zum Strand von Votsalakia. Mittlere Preisklasse.

Unternehmungen

Museen

Im allgemeinen ist in Museen und Ausgrabungsstätten das Fotografieren erlaubt (in Museen jedoch meist ohne Blitz und Stativ), sofern es sich um tragbare Kameras handelt. Ausländische Studenten erhalten gegen Vorlage des Studentenausweises eine Eintrittsermäßigung bis zu 50 Prozent. Meist ist Sonntags der Eintritt frei. Tip: Sollte eine archäologische Sehenswürdigkeit momentan überlaufen sein, dann gehen Sie einfach das Gelände in entgegengesetzter Richtung ab, also gegen den Strom.

Die Öffnungszeiten können ohne vorherige Ankündigung kurzfristig geändert werden. Weiter ist zu beachten, daß auf den Inseln die Museen und Besichtigungsorte montags ganz und an den anderen Tagen meistens nachmittags geschlossen sind. Sie sollten sich also möglichst rechtzeitig danach erkundigen.

ATHEN:

Akrópolis, Tel. 3210219, Montag bis Freitag geöffnet von 8 bis 18.30 Uhr, Samstag, Sonn- und Feiertag von 8.30 bis 14.30 Uhr. Eintritt: 2000 Dr., incl. Museumsgebühr. (Zu Fuß von Pláka und Syntagma-Platz aus zu erreichen, ca. 15 Min.)

Akrópolis-Museum, Tel. 3236665, Montag von 11 bis 18.30 Uhr geöffnet, Dienstag bis Freitag von 8 bis 18.30 Uhr geöffnet. Eintritt: 2000 Dr., incl. Eintritt zur Akrópolis.

Antikes Agorá-Museum, in der Stoa des Attalos, Eingang Thission-Platz und Adrianoú-Str. 24, Tel. 3210185, täglich außer Montag von 8.30 bis 14.30 Uhr geöffnet, Eintritt: 1200 Dr., incl. Eintritt zur Agorá. (Zu Fuß von Pláka und Syntagma-Platz aus zu erreichen, ca. 15 Min.)

Archäologisches Nationalmuseum, Patissíon-Str. 44, Tel. 8217717, täglich von 8 bis 17 Uhr geöffnet, Samstag, Sonn- und Feiertag von 8.30 bis 15 Uhr, Montag 10.30 bis 17 Uhr, Eintritt: 2000 Dr. (ca. 20 Min. zu Fuß die Patission-Str. ab Omonía hinunter oder mit den Trolleybussen Nr. 2, 4, 7, 8, 9, 11 und 12 ab Syntagma bzw. Omonía).

Athener Stadtmuseum, Paparigopoulou-Str. 7, Tel. 3230168, Montag, Mittwoch, Freitag und Samstag von 9 bis 13.30 Uhr, Eintritt: 400 Dr., Mittwoch frei (in einer Seitenstraße der Stadiou, zwischen Omonía-Platz und Syntagma-Platz).

Benáki-Museum, Vass.-Sophias-Straße, Tel. 3611617. Das Museum ist vorübergehend geschlossen (es liegt gegenüber dem Nationalgarten, in ca. 10 Min. zu Fuß vom Syntagma-Platz aus zu erreichen).

Byzantinisches Museum: Vass.-Sophias-Straße 22, Tel. 7231570, täglich außer Montag von 8.30 bis 15 Uhr geöffnet, Eintritt: 500 Dr. (ungefähr 15 Min. zu Fuß vom Syntagma-Platz bzw. 5 Min. von der Platia Kolonakiou).

Dionysos-Theater, D.-Areopagitou-Straße, Tel. 3224625, täglich von 8.30 bis 14.30 Uhr geöffnet, Eintritt: 500 Dr. (unterhalb der Akrópolis).

Epigraphisches (Inschriften) Museum, Tossitsa-Str. 1, Tel. 8217637, täglich außer Montag von 7.30 bis 15 Uhr geöffnet, Eintritt frei (im Archäologischen Nationalmuseum).

Griechisches Militärmuseum, Vass.-Sophias-Straße, Tel. 7290543, täglich (außer Montag) von 9 Uhr bis 14 Uhr geöffnet. Eintritt frei (neben dem Byzantinischen Museum).

Goulandris Naturhistorisches Museum, Levidou-Str. 13, Kifissiá, Tel. 8080254, täglich außer Montag und Freitag von 9 bis 14 Uhr geöffnet. Eintritt ca. 500 Dr.

Hephaistos Tempel und Antike Agorá, Tel. 3210185, täglich (außer Montag) von 8.30 bis 15 Uhr geöffnet, Eintritt: 1200 Dr. (unterhalb der Akrópolis).

Historisches und Völkerkunde Museum, Stadiou-Straße 13, Telefon-Nr.: 3237617, von Dienstag bis Sonntag von 9 bis 13.30 Uhr, Montag geschlossen, Eintritt: 500 Dr. (an der Platia Kolokotroni, 5 Min. zu Fuß vom Syntagma-Platz).

Jüdisches Museum Griechenlands, Amalias-Str. 36, Tel.: 3231577, täglich außer Samstag von 9 Uhr bis 13 Uhr geöffnet, Eintritt frei (10 Min. zu Fuß vom Syntagma-Platz).

Paul und Alexandra Kanellopoulos-Museum, Theorias- bzw. Panos-Straße, Pláka, Tel. 3212313. Das Museum ist vorübergehend geschlossen (unterhalb der Akrópolis).

Keramikós-Ausgrabungen, Ecke Ermou- und Pireos-Str., Tel. 3463552, Öffnungszeiten und Eintritt wie beim Keramikós-Museum, Eintritt: 500 Dr., incl. Museum (ca. 5 Min. von der Metro-Haltestelle Thissiou).

Keramikós-Museum, Ermou-Str. 148, Tel. 3463552, täglich außer Montag von 8.30 Uhr bis 15 Uhr geöffnet, Eintritt: 500 Dr., incl. Besichtigung der Ausgrabungen (ca. 5 Min. von der Metro-Haltestelle Thissiou).

Museum für griechische Volkskunst, Kidathinaion-Str. 17, Pláka, Tel. 3229031, täglich außer Montag von 10 bis 14 Uhr geöffnet, Eintritt: 500 Drachmen.

Museum für Kykladische Kunst, Neofiton-Douka-Str. 4, Tel.7234931, täglich außer Dienstag und Sonntag von 10 bis 16 Uhr, Samstag von 10 bis 15 Uhr geöffnet, Eintritt 400 Dr. (in einer Seitenstraße zwischen dem Benáki-Museum und dem Byzantinischen Museum, Ecke Vas. Sofias).

Nationalgalerie und Alexander-Soutsos-Museum, Vass.-Konstantinou-Str. 50, Tel. 7217643, täglich außer Dienstag von 9 bis 15 Uhr geöffnet, Sonn- und Feiertag von 10 bis 14 Uhr, Eintritt: 200 Dr. (etwa 5 Min. vom Griechischen Militärmuseum und gegenüber dem Hilton Hotel).

Numismatisches Museum (Münzensammlung), Tossitsa-Str. 1 Telefon: 8217769, täglich (außer Montag) von 8.30 bis 13.30 Uhr geöffnet, Sonn- und Feiertage von 9 bis 14 Uhr, Eintritt: 800 Dr. Das Museum ist allerdings vorübergehend geschlossen (im Archäologischen Nationalmuseum).

Römische Agorá, am Ende der Eolou-Straße, Tel. 3245220, täglich (außer Montag) von 8.30 bis 14.45 Uhr geöffnet, Eintritt: 500 Dr. (in der Pláka, unterhalb der Akrópolis).

Tempel des Olympischen Zeus, Olgas- bzw. Amalias-Straße, Tel. 9226330, täglich (außer Montag) von 8.30 bis 15 Uhr geöffnet, Eintritt: 500 Dr. (ca. 10 Min. zu Fuß vom Syntagma-Platz, am Ende des Nationalgartens).

Zentrum für griechisches Theater und Wissenschaft, Akadimías-Str. 50, Tel.

3629430, täglich (außer Samstag und Sonntag) geöffnet von 9 bis 14.30 Uhr. Eintritt: 300 Dr. (zwischen Omonía- und Syntagma-Platz).

Zentrum für Volkskunst und Brauchtum, Angeliki-Hatzimichali-Str. 6, Pláka, Tel. 3243987, Dienstag und Donnerstag von 9 bis 21 Uhr, Mittwoch, Freitag und Samstag von 9 bis 13 Uhr und 17 bis 21 Uhr, Sonntag von 10 bis 13 Uhr geöffnet, Eintritt frei (in der Pláka, unterhalb der Akrópolis).

PIRÄUS

Archäologisches Museum Piräus, Charilaou-Trikoupi-Str. 31, Telefon: 4521598, täglich (außer Montag) von 8.30 bis 14.45 Uhr geöffnet, Eintritt: 500 Dr. (an der Zea Marina).

Schiffahrts-Museum, Akti Themistokleous, Tel. 4516822, Dienstag bis Samstag von 9 bis 14 Uhr geöffnet, Montag, Sonn- und Feiertag geschlossen, Eintritt: 400 Dr. (am Meer, in der Nähe der Zea Marina).

Städtische Kunstgalerie und Panos-Aravantinos-Theatermuseum, Agiou-Konstantinou-Str. 2, Tel. 4122339, Montag bis Mittwoch von 16 bis 20 Uhr sowie Donnerstag und Freitag von 9 bis 14 Uhr geöffnet, Samstag und Sonntag geschlossen, Eintritt frei (im Stadttheater von Piräus, etwa 15 Min. zu Fuß vom Hafen Zea Marina).

KORINTH

Ausgrabungen und Archäologisches Museum, Tel. 0741/31207, Ausgrabungsstätte Montag bis Sonntag von 8 bis 19 Uhr, Museum Montag von 12.30 bis 19 Uhr, Dienstag bis Sonntag von 8 bis 19 Uhr geöffnet. Eintritt: 1200 Dr.

DAPHNÍ

Kloster, Tel. 5811558, täglich (außer Montag) von 8.30 Uhr bis 15 Uhr geöffnet, Eintritt: 800 Dr.

DELPHI

Ausgrabungen und Archäologisches Museum, Tel. 0265/82313, Ausgrabungsstätte täglich von 8 bis 19 Uhr geöffnet, Samstag, Sonn- und Feiertag von 8.30 bis 15 Uhr. Am Montag ist das Museum von 12.30 bis 19 Uhr geöffnet, Dienstag bis Freitag von 8 bis 19 Uhr, Samstag, Sonn- und Feiertag von 8.30 bis 15 Uhr, Eintritt 1200 Drachmen.

ELEFSINA

Ausgrabungsstätte und Museum, Tel. 5546019, täglich (außer Montag) von 8.30 bis 15 Uhr geöffnet, Eintritt: 500 Drachmen.

EPIDAUROS

Ausgrabungen und Museum, Tel. 0753/22009, täglich von 8 bis 19 Uhr geöffnet. Das Museum ist am Montag von 12.30 bis 19 Uhr geöffnet, Dienstag bis Sonntag von 8 bis 19 Uhr, Eintritt: 1500 Dr.

KLOSTER KAISARIANÍ:

Tel. 7236619, täglich außer Montag von 8.30 Uhr bis 15 Uhr geöffnet, Eintritt: 800 Dr.

NAFPLIO

Museum, Tel. 0752/27502, täglich (außer Montag) von 8.30 bis 15 Uhr geöffnet, Eintritt: 500 Dr.

Burg Palamidi, Tel. 0752/28036, täglich von 8 bis 19 Uhr geöffnet, Eintritt: 800 Dr.

Volkskunst-Museum, Telefon: 0752/28379, täglich (außer Montag) von 9 Uhr bis 14.30 Uhr geöffnet, Eintritt: 500 Dr.

KORFU

Archäologisches Museum, Tel. 0661/30680, täglich (außer Montag) von 8.30 bis 15 Uhr geöffnet, Eintritt: 800 Drachmen.

Museum für Asiatische Kunst, Tel. 0661/23124, täglich (außer Montag) von 8.30 bis 15 Uhr geöffnet, Eintritt: 800 Drachmen.

ÄGINA

Tempel der Aphaia, Tel. 0297/32398, täglich von 8 bis 19 Uhr geöffnet, Eintritt: 800 Dr.

Insel-Museum: Tel. 0297/22637, täglich (außer Montag) von 8.30 bis 15 Uhr geöffnet, Eintritt: 400 Dr., incl. Besuch des Apollo-Tempels.

ANDROS

Archäologisches Museum, Tel. 0282/23664, täglich (außer Montag) von 8.30 bis 15 Uhr, Eintritt: 500 Dr.

Basil und Elisa Goulandris-Museum für Moderne Kunst, Tel. 0282/22650, Mittwoch bis Montag von 10 bis 14 Uhr und 18 bis 20 Uhr geöffnet, Eintritt: 1000 Dr.

DELOS

Ausgrabungsstätte, Telefon: 0289/22259, täglich (außer Montag) von 8.30 bis 15 Uhr geöffnet, Eintritt: 1200 Dr., incl. Museum.

Insel-Museum, Tel. 0289/22259, täglich (außer Montag) von 8.30 bis 15 Uhr geöffnet, Eintritt 1200 Dr., incl. Ausgrabungsstätte.

MILOS

Archäologische Ausgrabungen und Museum, Tel. 0287/21620, täglich (außer Montag) von 8.30 bis 15 Uhr geöffnet, Eintritt: 500 Dr.

Katakomben, Tel. 0287/21620, täglich (außer Montag) von 8.30 bis 15 Uhr geöffnet, Eintritt frei.

SANTORIN (THIRA)

Ausgrabung Akrotíri, Tel. 0286/81366, täglich (außer Montag) von 8.30 bis 15 Uhr, Eintritt: 1200 Dr.

Antikes Thera, Tel. 0286/22217, täglich (außer Montag) von 8.30 bis 15 Uhr geöffnet, Eintritt frei.

Insel-Museum, Tel. 0286/22217, täglich (außer Montag) von 8.30 bis 15 Uhr geöffnet, Eintritt: 800 Dr.

SAMOTHRAKI

Ausgrabungsorte, Tel. 0551/41474, täglich (außer Montag) von 8.30 bis 15 Uhr geöffnet, Eintritt: 500 Dr.

Insel-Museum, Tel. 0551/41474, täglich (außer Montag) von 8.30 bis 15 Uhr geöffnet, Eintritt: 500 Dr.

KOS

Asklepieion und andere Ausgrabungsorte, Tel. 0242/28763, Dienstag bis Freitag von 8 bis 19 Uhr, Samstag, Sonntag und Feiertag von 8.30 bis 15 Uhr geöffnet, Montag geschlossen, Eintritt: 800 Dr.

Insel-Museum, Tel. 0242/28326, täglich (außer Montag) von 8.30 bis 15 Uhr geöffnet, Eintritt: 800 Dr.

Hafenkastell, Tel. 0242/28326, täglich (außer Montag) von 8.30 bis 15 Uhr geöffnet, Eintritt: 800 Dr.

Casa Romana, Tel. 0242/28326, täglich (außer Montag) von 8.30 bis 15 Uhr geöffnet, Eintritt: 500 Drachmen.

LESBOS

Archäologisches Museum Eressos, Tel.0251/22087, täglich (außer Montag) von 8.30 bis 15 Uhr geöffnet, Eintritt frei.

Archäologisches Museum Mytilíni, Tel. 0251/22087, täglich (außer Montag) von 8.30 bis 15 Uhr geöffnet, Eintritt: 500 Dr.
Kunst-Museum Theófilos, Tel. 0251/28179, täglich (außer Montag) von 9 Uhr bis 13 Uhr geöffnet, Eintritt: 500 Drachmen.

PATMOS

Die Kirchen der Insel und andere Sehenswürdigkeiten sind frei zugänglich und kosten keinen Eintritt.
Johanneskloster, Tel. 0241/21954, täglich (außer Montag) von 8.30 bis 15 Uhr geöffnet, Eintritt: 800 Dr., sonntags frei.

RHODOS

Die Vorwahl für die Insel Rhodos ist 0241, unter der Rufnummer 21954 sind sämtliche genannten Museen zu erreichen.
Akrópolis von Rhodos, Theater und Stadion, täglich (außer Montag) von 8.30 bis 15 Uhr, Eintritt frei.
Palast der Ritter in Rhodos, Dienstag bis Freitag von 8 bis 19 Uhr geöffnet, Samstag, Sonn- und Feiertag von 8.30 bis 15 Uhr, Eintritt 1200 Dr.
Mittelalterliche Stadtmauer in Rhodos, nur im Rahmen einer Führung zu besichtigen (Dienstag und Samstag von 15 Uhr bis 17 Uhr), Sammelpunkt für interessierte Besucher ist der Hof des Ritterpalastes. Eintritt: 1200 Dr.
Kunst- und Kunsthandwerksausstellung in Rhodos, Dienstag bis Freitag von 8 bis 19 Uhr geöffnet, Samstag, Sonn- und Feiertag von 8.30 bis 15 Uhr, Eintritt: 500 Dr.
Archäologisches Museum, Dienstag bis Freitag von 8 bis 19 Uhr geöffnet, Samstag, Sonn- und Feiertag von 8.30 bis 15 Uhr, Eintritt: 800 Dr.
Akrópolis von Iályssos, Dienstag bis Freitag von 8 bis 19 Uhr, Samstag, an Sonntagen und Feiertagen von 8.30 bis 15 Uhr, Eintritt: 800 Drachmen.
Akrópolis von Lindos, Dienstag bis Freitag von 8 bis 19 Uhr geöffnet, Samstag, Sonn- und Feiertag von 8.30 bis 15 Uhr, Eintritt: 1200 Dr.
Ausgrabungsstätte von Kamiros, Dienstag bis Freitag von 8.30 bis 17 Uhr geöffnet, Samstag, Sonn- und Feiertag von 8.30 bis 15 Uhr, Eintritt: 500 Drachmen.

KRETA

Wenn nicht extra angegeben, gelten auch hier die folgenden Öffnungszeiten: täglich (außer Montag) von 8.30 bis 15 Uhr.
Ag.-Nikoláos-Museum, Tel. 0841/22462, Eintritt: 500 Dr.
Archäologische Ausgrabungen Aghia Triada, Tel. 081/226092, zusätzlich Montag 12.30 bis 17 Uhr geöffnet, Eintritt: 500 Dr.
Ausgrabungen Gortys, Tel. 081/226092, Eintritt 800 Dr.
Archäologische Ausgrabungen Gournia, Tel. 081/226092, Eintritt: 500 Dr.
Haniá Museum, Tel. 0821/20334, Dienstag bis Freitag von 8.30 bis 19 Uhr geöffnet, Samstag, Sonn- und Feiertag von 8.30 bis 15 Uhr, Montag geschlossen, Eintritt: 500 Dr.
Archäologisches Museum Iraklion, Tel. 081/226092, Montag von 12.30 bis 19 Uhr geöffnet, Dienstag bis Sonntag von 8 bis 19 Uhr, Eintritt: 1500 Dr.
Hafenanlage (Koules) in Iraklion, Tel. 081/246211, Eintritt: 500 Dr.
Archäologische Ausgrabungen Knossós, Tel. 081/231940, täglich von 8 bis 19 Uhr geöffnet, Eintritt: 1500 Dr.
Archäologische Ausgrabungen Mália, Tel. 0841/22462, Eintritt: 800 Dr.
Archäologische Ausgrabungen Phästos, Tel. 0892/22615, täglich von 8 bis 19 Uhr geöffnet, Eintritt: 1200 Dr.
Rethymnon Museum, Tel. 0831/29975, Montag von 12.30 bis 19 Uhr, Dienstag bis Freitag von 8 bis 19 Uhr, Samstag, Sonn- und Feiertag von 8.30 bis 15 Uhr, Eintritt: 500 Dr.
Archäologische Ausgrabung Ag. Titus, Tel. 081/226092, täglich (außer Montag) 8.30 bis 17 Uhr, Eintritt frei.
Archäologische Ausgrabung Tylissos, Tel. 081/226092, Eintritt: 500 Drachmen.
Archäologische Ausgrabunge Zakros, Telefon: 0841/22462, Eintritt: 500 Drachmen.

Führungen in Athen

Von April bis Oktober gibt es in Athen „Sound-and-Light"-Vorführungen mit der Akrópolis als Mittelpunkt. Diese „Shows" sind besonders für Kinder ein Erlebnis, auch für die Großen kann es sehr aufregend sein, die Lichtbewegungen von einer gemütlichen Terrasse aus zu beobachten. Die Texte sind aber ein wahrer Jammer; am besten

hört man sich das Ganze nicht in seiner Muttersprache an. Die Vorführung *„Die Akrópolis – mit Text und Licht"* findet zu folgenden Zeiten statt: 21 Uhr (englisch), 22 Uhr (französisch: täglich außer Dienstag und Donnerstag), 22 Uhr (deutsch: nur Dienstag und Donnerstag). Der Eintritt beträgt 1200 Dr., für Studenten 600 Dr. Karten sind vor Beginn der Vorstellung am Pnyka-Eingang erhältlich.

Eine Führung ist für jeden geeignet, der Athen genauer kennenlernen möchte oder gerne ein paar Stunden mit einem Einheimischen verbringen will. Ob allerdings die vielen Fakten, die man zu hören bekommt, alle stimmen, das mag jeder für sich entscheiden. Trotzdem kann ein Führer, der die Leute gut unterhält, schon deshalb sein Geld wert sein. Die Führer bieten sich normalerweise für einen halben oder ganzen Tag an, aber auch für eine ganze Woche. Bezüglich Qualität und Preis sollten Sie sich im voraus bei den Fremdenverkehrsbüros informieren. Viele betreiben das Ganze nur als Geschäftemacherei; die einen sind offizielle Führer, die andern nicht. Um sicherzugehen, regeln Sie alles vorher, auch mögliche Kosten für Benzin und Verpflegung.

Athen-Stadtrundfahrten in deutscher Sprache bietet u.a. Sonnen Tours & Cruises, Karageorgi-Servias-Str. 7, 10563 Syntagma-Platz, Tel. 3228532 an. Sie können montags, mittwochs, freitags oder samstags an einer solchen Stadtrundfahrt teilnehmen. Derselbe Veranstalter organisiert auch „Athen bei Nacht"-Rundfahrten, jeweils montags, mittwochs, freitags und samstags.

Musik

Es lohnt sich immer, sich im neuen Konzerthaus Athens, dem *Megaro Musikis,* nach dem aktuellen Programm zu erkundigen. Hier werden Opern sowie klassische Konzerte gegeben, aber auch Ballette aufgeführt oder griechische Chanson-Abende veranstaltet. Information und Kartenvorbestellung unter folgender Telefonnummer: 728200, 7292247.

Griechische Volkstänze

Im *Filopappou-Theater* werden vom bekannten *Dora-Stratou-Ensemble* jeden Sommerabend – Vorstellungen finden von Ende Mai bis September statt – um 22.15 Uhr Volkstänze vorgeführt. Mittwoch und Sonntag gibt es eine extra Vorstellung bereits um 20.15 Uhr. Die Karten kosten 1900 Dr. bzw. 2200 Dr. Nähere Informationen erhalten Sie unter der folgenden Telefonnummer: 3244395.

Freiluftkinos

Ein besonderes Abendvergnügen in Athen ist es, einen alten Film unter freiem Himmel zu genießen. Was für die Amerikaner das Drive-in ist, das ist für die Griechen ihr Freiluftkino. Sie konkurrieren keineswegs mit den großen Filmtheatern, denn ihr Repertoire besteht aus alten Western, Hollywood-Filmen und solchen, die kein Mensch kennt. Sie werden in Englisch mit griechischen Untertiteln gespielt. Leider sind aber die Nebengeräusche so laut (die Griechen unterhalten sich im Kino ganz ungezwungen), daß man die Dialoge praktisch nicht mehr verstehen kann. Das sollte aber den Abend nicht beeinträchtigen. Nehmen Sie sich also für Ihren Filmabend ein paar Snacks, eine Strickjacke und einen Insektenschutz mit.

Tagesausflüge

Beliebt sind z.B. Tagesausflüge von Athen nach Delphi, Epidauros, Nafplion und zu den Saronischen Inseln. So eine Tagesfahrt kann durchaus von morgens acht bis abends sechs Uhr dauern. Die Veranstalter von Ausflügen, die ihre Büros am Syntagma-Platz haben, bieten Tickets und Führungen an. Bei der Reservierung sollte man sich überlegen, ob man ein Mittagessen wirklich mitbuchen möchte. Denn das wird stets extra berechnet, ist oft nichts Besonderes und teuer dazu. Da der Bus sowieso in irgendeiner Stadt hält, kann man sich ja dort selbst eine Taverne oder ein Restaurant suchen. Diese Empfehlung gilt natürlich nicht für Inselausflüge. Als Passagier ist man ans Schiff gebunden, und auf längeren Strecken tut etwas Abwechslung in Form einer Mahlzeit gut.

Ausflüge mit deutschsprachigem Führer werden z.B. von Sonnen Tours & Cruises, Karageorgi-Servias-Str. 7, 10563 Syntagma-Platz, Tel. 3228532 angeboten:

Zum Kap Súnion jeweils montags und mittwochs.
Nach Delphi jeweils mittwochs und freitags.
Nach Korinth, Mykene und Epidauros jeweils dienstags und samstags
Nach Delphi und zu den Meteora-Klöstern (zwei oder drei Tage) jeweils am Mittwoch.

Kreuzfahrten

Bereits jeder sechste Griechenlandurlauber nimmt an einer Kreuzfahrt durch die Ägäis teil. Man kann dabei wählen zwischen Tagestouren zu den Inseln des Saronischen Golfs oder richtigen Seereisen, die bis zu drei Wochen dauern. Man kommt auf diesen Törns bis nach Gibraltar, Marokko und Barbados. Diese „Schwimmenden Hotels" stechen in Piräus in See. Aber auch einwöchige Seereisen sind bei vielen sehr beliebt. Man besichtigt einige Inseln der Kykladen- und der Dodekanes-Gruppe und geht kurz an der türkischen oder marokkanischen Küste an Land.

Es bestehen aber beachtliche Unterschiede zwischen den diversen Angeboten hinsichtlich der Ausstattung, des Preises und des Bord-Services. Gründliche Information ist daher sehr zu empfehlen. Sie sollten die Athener Stadtbüros der seriösen Schiffahrtsgesellschaften aufsuchen, die ihre Angebote deutlich sichtbar aushängen.

Die *Sun-Line* ist eines der größten Unternehmen, das Kreuzfahrten anbietet und hat deswegen auch ausreichend Erfahrung im Umgang mit ausländischen Gästen. Die Preise werden sogar in fremder Währung, z.B. in Dollar, angegeben (ab 500 $ für einen Dreitagestrip, ab 2000 $ für sieben Tage; das sind etwa 700 DM bzw. 2.800 DM). Näheres ist über jedes Reisebüro oder direkt bei Sun-Line, Iassonos-Str. 3, Piräus, Telefon: 4523417, Fax 4522138 zu erfahren.

Weniger elegant, sondern eher ungezwungen ist die Atmosphäre an Bord der *Viking-Tours*-Schiffe – auch dies ein alteingesessenes Unternehmen von gutem Ruf. Auf den nur ca. 40 m langen Schiffen haben gerade 36 Personen Platz, so daß man sich beinahe wie auf einer Privatjacht fühlt. Schiffsreisen werden ab 140 $ pro Tag und Person (ca. 200 DM) angeboten. Näheres ist bei Viking, Artemidos-Str. 1,

16674 Glyfada, Athen, Tel. 8980729, Fax 8940952 direkt zu erfahren.

Nachtleben

Rembétika-Klubs

Nach dem Ende der Junta-Diktatur atmete man in Griechenland erst einmal auf. Mit dem allgemeinen Aufleben wurde auch der griechische Blues, *Rembétika* genannt, in Athen wieder lebendig. Die Rembétika-Welle erreichte 1981/82 ihren Höhepunkt, mehr als ein Dutzend Klubs beherrschten die Szene, viele davon im Viertel Exárhia. Heute werden noch regelmäßig neue Etablissements eröffnet, aber auch wieder geschlossen.

Man kann jedoch immer noch in relativ familiärer Atmosphäre Rembétika genießen. Wenn Sie einen Rembétika-Abend planen, sollten Sie telefonisch Plätze reservieren (an Wochenenden unerläßlich!), die üblicherweise als Vierer-Tische vergeben werden. Die Veranstaltungen beginnen spät – Sie können ruhig erst ab ca. 22.30 Uhr eintreffen – und kommen dann um Mitternacht erst richtig in Schwung. Um 1 Uhr ist dann in der Regel eine Pause, die man z.B. dazu benutzen kann, nochmals das Lokal zu wechseln. Bei allem Vergnügen kann ein solcher Abend recht teuer werden. Mit mindestens 3.000 bis 5.000 Dr. sollten Sie rechnen.

Die bekanntesten Rembétika-Klubs sind:

Aperítto, Dimokritou-Str. 25, Kolonaki, Tel. 3633954, Sonntag geschlossen. Live-Rembétika, ohne Mikrofon gesungen. Es gibt eine Speisekarte, und Getränke kosten um die 1200 Dr. (in einer Seitenstraße der Akademias-Straße).

Frangosyriáni, Arahovis-Str. 57, Exárhia, Tel. 3800693, Dienstag und Mittwoch geschlossen: Es singen und spielen (Instrumente der 50er Jahre, z.B. Bouzoúki, Baglama, Akkordeon) Nikolas Argiropoulos und Antonis Enitis. Der Service ist allerdings schlecht, es gibt nichts zu essen und die Getränke sind teuer.

Minóre, Notara-Str. 34, Exárhia, in der Nähe des Archäologischen Museums, Tel. 8238630, nur am Wochenende geöffnet.

O Ontas tis Konstantínas, Kountouriotou-Str. 109, im Evangelistria-Viertel,

Piräus, Tel. 4220459, Sonntag und Montag geschlossen. Die Wirtin Konstantina singt selbst. Hier hören Sie Rembétika im echten Ambiente, denn diese melancholischen Lieder fanden in Piräus ihren Ursprung.

Rembetiki Istoría, Ippokratous-Str. 181, Exárhia, Tel. 6424937, Mittwoch geschlossen. Musik von den Ionischen Inseln (zu Füßen des Lykabettos).

Taksími, Isavron-Str. 29, Exárhia, Tel. 3639919, Sonntag geschlossen. Das Lokal befindet sich im 3. Stock eines alten Hauses und ist überlaufen. Auch hier kommt man mit knurrendem Magen raus (kein Speise-Service!). Zur Musik: Eine junge Band spielt hauptsächlich Musik der 50er-Jahre, aber mit zu viel eingeworfenen laika-Passagen (leichter, trivialer Rembétika) als Bonbon für das Publikum. Die Leute sind begeistert von dieser Musik (zu Füßen des Lykabettos).

Bouzoúkia

Ein Bouzoúki-Abend ist zwar teuer, aber auf jeden Fall ein Erlebnis. In einer großen Show mit Tänzern und Live-Orchester treten in den riesigen Bouzoúki-Lokalen die Stars und Sternchen der griechischen Schlagerszene auf. Los geht's erst spät, vor 23 Uhr herrscht gähnende Leere. Man bestellt hier den Whisky (ca. 20 000 Dr. für eine Flasche) oder Wein gleich flaschenweise. Je weiter der Abend voranschreitet, umso weniger hält es das überwiegend griechische Publikum auf den Stühlen, und die Sänger und Sängerinnen werden enthusiastisch mit Blumen beworfen.

Ambáres, Aharnon-Str. 300, Tel. 8673573, Dienstag geschlossen (Metro-Haltestelle Kato Patission).

Ifigéania, Syngrou-Str., 201, Kallithea, Telefon: 9349444, sonntags geschlossen.

Michel, Akti Posidonos 33, Piräus, Tel. 9422858 (am zentralen Hafen von Piräus).

Regina, Syngrou-Str. 140, Kallithea, Tel. 9228902, Montag geschlossen.

Andere Musikklubs

Hier eine Auswahl interessanter griechischer Folk-, Jazz- und internationaler Musikklubs. Manche sind alteingesessen und gehören zum Stadtbild, andere schießen wie Pilze aus dem Boden

und sind von zweifelhafter Qualität. Die Preise sind dort z.T. noch höher als bei Rembétika-Veranstaltungen: Sie können mit 5.000 bis 10.000 Dr. für Eintritt und Verzehr rechnen.

Ambelofyllo, Samothrakis-Str. 3 in der Nähe der Karayanni-Straße und unweit der Platia Amerikis, Kipseli, Telefon: 8678862. Gute Musikkneipe mit griechischer Live-Musik.

Avant Garde, Lembesi-Str. 19, Makrigianni, Tel. 9242737. In-Diskothek mit Techno-Rave-Partys (unterhalb der Akrópolis, beim Tempel des Olympischen Zeus).

Booze, Kolokotroni-Straße 57, Tel. 3240944. Bester Rockklub der Stadt. Getränke ab 1.500 Dr (Nähe Syntagma-Platz, Seitenstraße der Stadiou).

Cantante, Kallifrona- & Stimfalias-Str. 20, Tel. 8622878, Sonntag geschlossen. Jeden Tag lateinamerikanische Musik und Live-Gesang. Freitags und samstags Flamenco-Vorführung (in der Nähe der Platia Amerikis)

Charáma, Skopeftirio-Kaisarianis-Str., Kallithea, Tel. 7664869, Dienstag und Mittwoch geschlossen. Traditionsreiches Lokal. Dimitra Galani interpretiert Lieder von großen griechischen Komponisten wie Theodorakis und Hatzidakis. 4000 Dr. Eintritt, Getränke ab 2.500 Dr.

Diva Jazz Club, Antinoros-Str. 42, neben dem Caravel-Hotel, Tel. 7290322, Montag geschlossen. Guter, namhafter Jazz. Menü ab 6.500 Dr., Getränke 2.500 Dr.

Mad, Syngrou-Str. 49, Tel. 9226694. Zweistöckige Groß-Disco. Während man oben Rock spielt, wird unten zu Trance-Musik getanzt (unweit des Tempels des Olympischen Zeus).

Nilos, Dragoumi- & Krousovou-Str. 1, beim Hilton-Hotel, Telefon: 7218171, Montag geschlossen. Café/Bar mit mexikanischer Küche. Mittwochs und freitags legt D.J. Salvador Flamenco, Salsa und Merengue auf.

Oui, Vassilissis-Georgiou-Str. B 33, neben dem Emmantina-Hotel, Glyfada (Strand), Tel. 8941456, Montag geschlossen. Diskothek, die überwiegend Retro spielt, d.h. Musik aus den 50er bis 80er Jahren.

Piqué, Kypselis-Str. 73, Kypseli, Tel. 8216181. Alte und neue Rocksongs – oft auch live – und im zweiten Stock Ethno-Musik. Getränke ab 1.300 Dr. (am Areos-Park).

Das meiste, was den Touristen an Mitbringseln angeboten wird, ist wertloser Kram. Statt wahllos Souvenir-Kitsch zu kaufen, sollten Sie gezielt Waren aussuchen, die für eine bestimmte Gegend typisch oder nur dort erhältlich sind. So z.B. Naturschwämme aus Kalymnos, Ledertaschen aus Rhodos, handgefertigte Keramik aus Siphnos oder auch die sehr niveauvollen Silberarbeiten einiger Inseln. Der größte Teil des Silberschmucks wird von einheimischen Kunsthandwerkern hergestellt, zu deren Repertoire sowohl der traditionelle Stil als auch moderne Designs gehören. Sie können die Arbeiten, die auf den Inseln gefertigt werden, auch in Läden und Kiosken im Monastiráki-Viertel in Athen erwerben.

Aber auch Körbe, Kupferwaren, Honig, Olivenöl oder das überall erhältliche *loukoúmia* (Türkische Wonne, siehe „Desserts und Süßspeisen") kann man gut einkaufen. Schafwolljacken aus den Berggegenden sind von erstaunlich guter Qualität, ebenso auch Pelze. Sie bekommen wertvolle Ware teilweise um ein Drittel billiger als Vergleichbares in Mitteleuropa.

Auf Märkten und an offenen Verkaufsständen können, ja sollten Sie ruhig handeln. Auch qualitativ hochwertige Ware können Sie ruhig im Preis drücken. Tun Sie so, als ob Sie sich für eine Sache interessieren und machen Sie dann Anstalten wegzugehen. Wenn der Trick nicht funktioniert, können Sie ja zurückkommen und kaufen.

In Kaufhäusern, Boutiquen oder Geschäften einer Ladenkette sollten Sie allerdings nicht zu handeln anfangen. In Warenhäusern wird der Verkauf nach einem komplizierten System abgewickelt, für das Sie Zeit brauchen. Es kann vorkommen, daß Sie in sechs Reihen anstehen müssen, nur um einen Block, Schreibzeug, Briefumschläge oder eine Geburtstagskarte zu bekommen. In den ersten paar Reihen wird der Kunde in die richtige Abteilung geschickt (ein Angestellter schreibt dann für die gewünschten Artikel einen Auftrag für Sie – es kann sich nämlich bei unserem Beispiel durchaus um verschiedene Abteilungen handeln), dann bleiben Ihnen noch je eine Schlange zum Bezahlen und zum Empfang der gekauften Waren. Wenn Sie Glück haben, sind Ihre Sachen bereits aus allen Abteilungen an der Ausgabe eingetroffen. Jedes Teil fein säuberlich verpackt und mit Einzelrechnung versehen, versteht sich.

Athens Edelboutiquen befinden sich vor allem im Kolonaki-Viertel. Hier finden Sie die exklusiven Geschäfte der großen, internationalen Designer. Ideal für einen Schaufensterbummel, auch wenn das nötige Kleingeld fehlt.

Das Leben, der Alltag in Griechenland, wären undenkbar ohne die allzeit geöffneten *períptera* (Kioske). Sie sind Tag und Nacht, auch sonn- und feiertags geöffnet und, obwohl sie für sich genommen nur kleine Buden sind, eine Hilfe für alle Fälle. Ursprünglich wurden dort nur Zeitungen und Tabakwaren verkauft. Doch ihre Inhaber – die meisten Kioske sind Familienbetriebe – sind noch für viele andere Dienstleistungen zuständig: fürs Vergnügen, für Sportartikel, Spielzeug, aber auch als Anlaufstelle für Leute mit Problemen. Psychologische Ratschläge oder medizinische Tips gibt's beim Chef gratis. Man kann aber auch nur seinen touristischen Tagesbedarf decken: Postkarten, Haarshampoo, Tempos u.ä.

Allein in Athen gibt es über 3.000 solcher Kioske. Arbeitszeiten von zwölf Stunden am Stück sind für Kioskbesitzer durchaus üblich – und das bei Gluthitze im Sommer und Kälte und Nebel im Winter.

Die Kioske waren ursprünglich „Geschenke" der griechischen Regierung, mit denen sie ihre verwundeten Soldaten aus dem Balkankrieg und dem Ersten Weltkrieg „versorgte".

Sport

Der Sport in Griechenland spielt sich hauptsächlich am und im Wasser ab. Was den Sport auf der grünen Wiese betrifft, so gibt es in ganz Griechenland nur vier Golfplätze. Der **Golfplatz** in Athen-Glyfada kostet an einem Wochentag für eine Spielrunde 11.000 Dr.. Am Wochenende oder an Feiertagen werden 15.000 Dr. verlangt, ein Wochenticket ist für 63.000 Dr. zu haben (Tel. 8946875).

Sportgeräte für den Wassersport, z.B. **Surfbretter** oder Wassermotorräder, gibt es an vielen Stränden. Die *Griechische Windsurf-Vereinigung* ist unter Tel. 3233696 oder 3230068 zu erreichen. Die **Badestrände** der EOT,

die nicht allzu weit entfernt liegen, können Sie auch telefonisch erreichen:
Alimos: Tel. 9827064
Voula I: Tel. 8959555
Voula II: Tel. 8959569
Vouliagmeni: Tel. 8961830
Varkiza: Tel. 8972102
Porto Rafti: Tel. 029972572
Von Athen aus verkehren folgende Buslinien zu den Stränden:
Westküste
Glyfáda: Linie 120 vom Syntagma-Platz (Haltestelle am Postamt)
Voúla: Linie 122 vom Syntagma-Platz (Haltestelle am Postamt)
Vouliagmeni: Linie 171 von Alsos in Glyfada
Várkiza: Linie 171 von Alsos in Glyfada
Súnion: Orange Linie 14 von der Mavromateon-Straße, Areos-Park.
Ostküste
Néa Makrí, Skiniás, Marathónas, Oropós: Linie 29 (orange) von der Mavromateon-Straße, Areos-Park.

Die EOT veröffentlicht ein ausgezeichnetes kleines Buch mit dem Titel *„Segeln in griechischen Gewässern"* mit Informationen über die Wetterverhältnisse, Küstenfunkstationen, An- und Ablegen an den Häfen u.a. Sehr ausführlich sind auch Versorgungseinrichtungen in den Häfen, die Läden und Tankstellen beschrieben. Die vier Jachthäfen in der Nähe Athens informieren Sie gern über Ausstattung und Service. Hier die entsprechenden Telefonnummern:
Vouliagméni marína: Tel. 8960012-4, Fax 8960415
Zea marína: Telefon-Nr.: 4511480, 4284100-9, Fax 4513623
Alimos: Tel. 9828642, 9880000-5, Fax 9880001
Flisvós: Tel. 9828537, 9829218, Fax 988354
Falls Sie eine Jacht mieten wollen, stellt Ihnen die EOT eine Liste mit entsprechenden Adressen zur Verfügung. Das Chartern einer Jacht ist von der griechischen Regierung per Gesetz geregelt und muß daher in einer ganz bestimmten Form geschehen. Folgende Organisationen sind Ihnen dabei behilflich:
Greek Bareboat Yacht Owners Association, Lekka-Str. 10, 18537 Piräus, Tel. 4526335.
Hellenic Yachting Federation, Akti-Navarchou-Kountourioti-Str. 7, 18534 Piräus, Tel. 4137351/2, Fax 4131191.

Vereinigung Hellenischer Jachtbesitzer, Freaditos-Str.43, Zea Marina, 18536 Piräus, Tel. 4526335.

In über 50 griechischen Häfen sind Treibstoff, Lebensmittel und andere Produkte für Segler erhältlich. Auskünfte erteilen Ihnen die EOT oder die Hafenbehörden.

Literaturhinweise

Bartels, Klaus: Zeit zum Nichtstun. Streiflichter aus der Antike. Schöningh-Verlag, Paderborn 1989
ders.: Homerische Allotria. Hundert neue Streifzüge aus der Antike. Schöningh-Verlag, Paderborn 1993
Bengtson, Hermann: Griechische Geschichte. Von den Anfängen bis die römische Kaiserzeit. Beck-Verlag, München 1994
Bleicken, Jochen: Die athenische Demokratie. Schöningh-Verlag, Paderborn 1994
Habicht, Christian: Athen in hellenistischer Zeit. Gesammelte Aufsätze. Beck-Verlag, München 1994.
Kagan, Donald: Perikles. Die Geburt der Demokratie. Klett-Cotta, Stuttgart 1992
Kraiker, Wilhelm: Funde in Athen. Die Entdeckung der griechischen Kunst. Sternstunden der Archäologie. Muster-Schmidt-Verlag, Göttingen 1971.
Marinatos, Spyridon: Kreta, Thera und das mykenische Hellas. Hirmer-Verlag, München 1986
Meier, Christian: Athen. Ein Neubeginn der Weltgeschichte. Siedler-Verlag, Berlin 1993
Miller, Henry, Der Koloß von Maroussi. Eine Reise nach Griechenland. Rowohlt-Taschenbuchverlag, Reinbek 1978.
Reinsberg, Carola: Ehe, Hetärentum und Knabenliebe im antiken Griechenland. Beck-Verlag, München 1993

Visuelle Beiträge

Fotografie Ashmolean Museum 51
Athener Nationalmuseum 66
Benáki Museum 56, 57, 58, 72, 74, 180
Benáki Museum, Fotoarchiv 60, 61, 80, 81
Britisches Museum 135
Brooke, Marcus 37R
Byzantinisches Museum 54, 55, 197
Pierre Couteau 12/13, 14/15, 25, 26, 27,
36, 70, 78, 85, 90, 95, 100, 102, 107, 110,
112, 118/119, 120/121, 126, 127, 134,
137, 138/139, 140, 145, 148, 156/157,
163, 168, 178/179, 187, 189, 200/201,
214, 215, 218, 219, 222, 224, 230/231
Decopoulos, John 34, 37L, 38, 39, 42, 44, 48,
49, 68, 136, 223, 225
Gennadios Bibliothek 59, 76
Terry Harris 6/7, 114, 146, 165
Markos G. Hionos 16/17, 82/83, 96, 108,
111, 114, 116, 117, 147, 155, 171, 207,
208, 217, 228, 229
Michèle Macrakis Titelbild, 1, 28, 29, 47, 84,
91, 92, 101, 103, 106, 109, 115, 169, 196,
198, 205, 206, 213, 232
Nationalgalerie für Porträtmalerei 77
Princeton Universitätsbibliothek 32/33
Christopher Rennie/Harding Bilderarchiv 6/7
Janos Stekovics 20/21, 23, 24, 30/31, 35,
40/41, 43, 45, 50, 52, 53L, 53R, 64/65, 69,
71, 86, 87, 88, 89, 99, 104L, 104R, 105,
109, 113, 122/123, 131, 132, 133, 138/
139, 141, 143, 152L, 152R, 153, 158, 159,
162, 167, 173, 174, 177, 184, 185, 186,
190, 191, 194, 202, 216, 220, 221
Topham Bilderarchiv 62, 63
Bill Wassman 129, 151, 161, 175, 195, 227
Marcus Wilson-Smith 11, 22, 93, 97, 98, 149,
154, 164, 166, 170, 181, 183, 192, 193,
199, 209, 210/211, 212, 226, 230/231
Phil Wood/Apa 2, 75, 94,

Karten Berndtson & Berndtson OHG

Design Konzept Hans Höfer/V. Barl

257

Register

A
B
C
D
E

G
H
I
J
a
b
c
d
e
f
g
h
i

k
l